KB193784

하나님의 선물, 믿음

- 참 믿음의 본질을 탐구하며 -

하나님의 선물,
믿음

- 참 믿음의 본질을 탐구하며 -

송인철, 송재우 지음

다산글방

하나님께서 중생시키는 은혜는 한 개인에게는 삶을 송두리째 바꾸는 기적이고 교회에게는 새로운 공동체를 세우는 시작이 됩니다.

그러나 현대로 접어들면서 신앙을 너무나 사람의 관점에서 이해하고 훈련하려는 움직임들이 많았습니다. 물론 설교도 너무나 인간 중심적인 설교들이 난무합니다. 우리가 이렇게 각오하면 부흥이 일어나고, 이렇게 결단하면 은혜가 시작되고, 이렇게 회개하면 기적이 일어난다는 설교과 훈련들이 너무나 많습니다.

이러한 때에 잠깐 눈을 들어 하늘을 봤으면 좋겠습니다. 은혜의 시작은 내가 각오하는데서 나오는 것이 아니라, 하늘에 계신 하나님께서 그의 자녀에게 부어주시는 절대적인 하나님의 일하심으로 시작될 뿐만 아니라 완성된다는 사실입니다.

사람의 관점에서 신앙을 설명하는 경향은 우리의 구원관과 신앙관을 왜곡시키는 결과를 초래했습니다. 예수님을 사랑하는 마음만 있으면 그것이 구원받은 것이고, 설교를 듣고 '아멘'하고 큰 소리로 외치고 결단하면 좋은 신앙인으로 인정되는 교회에 살고 있습니다. 적당한 훈련을 적당하게만 수행하면 리더로, 집사로, 권사, 장로로 세워집니다.

큐티에 대한 병폐는 더욱 심각합니다. 우리의 큐티 운동은 철저하게 자기 이야기로 도배되었습니다. 예수님을 바라보는 것이 아니라, 내가 받을 것, 나에게 주실 은혜, 나를 강하게 해주실 것, 내가 지켜야 할 명령, 나, 나, 나로 시작해서 나로 끝나는 것을 묵상이라고 하고 더욱 개인적일수록 은혜로운 묵상이라고 주위의 박수를 받습니다. 그러나 성경은 처음부터 마지막까지 모든 것은 하나님으로부터 시작되고 완성된다는 것을 반복적으로 가르치고 있습니다.

높은 댐에서 수도관이 연결되어 가정으로 물이 흐르게 됩니다. 물줄기가 굵을 수도 얇을 수도 있고, 맑은 물일 수도 흙탕물일 수도 있습니다. 그러나 어떤 물이든지 흐르게 하는 힘은 높은 댐에서 아래로 향하는 강력한 수압입니다. 결코 물이 스스로 흐르는 것이 아닙니다. 그런데 우리는 너무나 우리에게 초점을 맞춰서 마치 물이 스스로 흐르는 것처럼 착각할 때가 있습니다. 이 책은 중생과 성화의 모든 과정 속에서 강력하게 역사하시는 하나님의 영향력을 보기를 소망하면서 쓰게 됐습니다. 이 거대한 목적을 이루는 작은 암스트롱의 발자국 하나가 되기를 기도합니다.

이 책은 많은 분들의 헌금과 기도로 쓰여졌음을 밝힙니다. 서교동교회의 후원권사님들과 김경순 권사님, 이은영 집사님 부부, 송재우 집사 부부, 나윤경, 김범수, 강혜린, 이찬용 부부 그리고 사랑하는 친구인 나옥빈 부부와 임현창 부부에게 감사드립니다.

마지막으로 늘 함께 해준 사랑하는 아내와 민종이, 준하에게 감사합니다.

* 혹시라도 이 책의 내용이 주님의 가르침에서 벗어났다면 그것은 순전히 저의 부족함 때문이며, 중보해주신 분들은 이 책의 내용과 전혀 관계없다는 것을 밝혀둡니다.

차례

1장

하나님의 선물,
성경

1. 우연을 하나님의 기적이라고
강요하지 말아요!

　청년부를 담당할 때, 미술을 전공한 청년이 너무나 진지하게 상담을 요청해서 얘기를 나눈적이 있었다.

　그녀는 고모집에서 살고 있었는데, 고모는 일반교인이지만 신학대학교에서 공부도 했고, 많은 신기한 기적들을 체험하고 기도에 대한 응답도 많이 체험한 터라 시간이 될 때마다 자신의 체험을 그녀에게 들려주었다고 했다. 고모 집 책꽂이에는 신앙간증 책들이 빼곡히 꽂혀 있었는데 고모는 자꾸 책을 읽어보라고 권한다는 것이다. 고모의 등살에 못이겨서 교회를 나왔지만 하나님이 믿어지지가 않는다는 고민을 털어놓았다.

　그래서 물었다. "간증을 듣고 설교를 들을 때에 어떤 느낌이 드는데?"

　그녀가 대답했다. "꼭 그렇게 되기를 바래서 기다리다가 우연히 이루어진 것을 기적이네, 하나님이 살아계시네! 하고 호들갑을 떠는 것 같아요."

　순간 내 머릿속에 두개의 단어가 떠올랐다. '그렇게 되기를 바래서', '우연히'.

　그래서 그녀의 생각들을 더 들어보고 싶어서 물었다.

"그것이 우연인지 진짜로 기적이 일어났는지를 알아내는 것은 너무나 어려운 것 같다. 내가 그것은 '우연이야'라고 믿고 싶다면 우연이라고 결론을 낼 것 같고, 그것은 '하나님의 기적이야'라고 믿고 싶다면 그렇게 결론을 낼 것 같은데… 혹시, 성경 말씀을 읽거나 설교를 들을 때에도 같은 생각이 드니?"

"네. 성경을 읽을 때도, 성경의 저자들이 그렇게 믿고 싶어서 기록한 것 같고, 우연히 이루어진 것을 가지고 '하나님이 살아계시네' 하고 착각하면서 성경을 기록한 것 같아요."

이제야, 왜 이 청년이 그런 의심을 하는지를 이해하게 되었다. 주변에서 일어나는 모든 기적과 기도응답들에 대한 그녀의 판단은 성경에 대한 자신의 관념과 정확히 일치했다. 그녀가 바라보는 신앙과 성경은 그렇게 되기를 바라는 마음이 우연히 일치하는 것이라고 생각했다.

잠깐 기도하고 나서 다음과 같이 설명했다.

성경이 그렇게 되기를 바라는 마음을 가진 사람들이 경험한 우연한 기적들로 가득차있다고 믿는 것과 성경이 진짜 하나님의 계시로 쓰여졌다는 믿음은 기차의 레일과 같다. 두 선로는 평행을 달리며 영원히 만나지 않는다. 사람들은 두 선 중에 하나를 믿기로 선택한다. 그리고 선택한 선에 의해서 주위의 모든 신앙적 사건들과 성경을 판단한다. 우리가 해야 하는 질문은 내가 어떤 선로를 선택했는지에 대한 합리적이고 확실한 이유이다. 어떤 쪽이든 우리는 두 개의 선 중에 하나를 선택하는데, 그 선택의 분명한 근거를 점검해 봐야 한다. 우연이라고 믿고 싶든지, 하나님의 기적이라고 믿고 싶든지 그냥 믿고 싶어서라고 말한다면, 그것은 합리적이지 않고 무책임한 짓이다.

예를 들면 이스라엘 백성들 앞에 홍해가 갈라지는 기적을 믿고 싶지 않았던 학자들은 그 사건은 썰물에 의해서 바다의 물갈라짐 현상을 사람들이 그렇게 믿고 싶어서 홍해의 기적으로 둔갑을 시키고 후대에 기적으로 기록한 것이라 주장한다. 반대로, 그것을 하나님의 기적으로 믿고 싶은 사람들은 물이 양 옆에 높은 벽을 이루었다는 성경의 기록을 글자 그대로 하나님의 기적이라고 믿는다. 두 개는 평행선이다. 불신의 선로를 택하느냐 믿음의 선로를 택하느냐에 따라서 성경과 기적을 해석하는 것이 달라진다.

무엇보다도 하나님께서 정말 살아계시다면 우리가 믿음의 선로를 선택해야 할 분명한 이유들을 수없이 남겨두었을 것이다. 만약 우리가 어떤 레일을 선택할지를 선택할 수 없도록 꽁꽁 숨겨 버리셨다면 하나님은 죄인을 사랑하지도 않고 관대하지도 않으신 분이시다. 그런데 하나님은 우리가 믿음의 선로를 선택할 수 있도록 많은 근거들을 남겨놓으셨다. 이것이야 말로 우리가 충분한 시간을 들여서 주목해야 할 것들이다. 그 근거들은 다음과 같다.

2. 신약성경의 저자들은 목격자였다

목격자를 영어로 eyewitness라고 한다. 눈으로 본 사람들이라는 뜻이다. 신약성경은 목격자들이 자신들이 듣고 본 것들을 기록한 책이다. 이것이야 말로 하나님께서 우리가 믿음의 선로를 선택하도록 하신 매우 중요한 근거다. 이것은 매우 놀랍고 우리가 믿음의 선로를 선택하는 중요한 이유가 된다.

힌두교의 베다의 창조자인 프라자파티(Prajapati)는 그리스도의 희생에 필적하는 신화적 인물이다. 그러나 프라자파티는 신화적인 상징으로써 여러 인물들에게 적용되어졌던 반면, 나사렛 예수는 역사적 인물이었을 뿐만 아니라 그를 보고 만지고 들었던 수많은 사람들이 존재했으며 로마의 역사기록에 조차 예수님에 대한 기록이 남아있다.

불경의 기록과 대조를 하자면 우리는 더욱더 뚜렷이 알 수 있다. 석가모니(고타마 싯다르타)는 일반적으로 기원전 6세기에서 기원전 5세기경 인물로 학자들은 그의 활동 시기를 기원전 563년경에서 기원전 483년경으로 추정한다. 가장 오래된 불경은 '팔리어 경전'인 '티피타카' 또는 '삼장'으로 기원전 3세기경에 작성된 것으로 추정된다. 이 경전들은 원래 구전으로 전해지다가 스리랑카 아누라다푸라에서 기원전 1세기경에 최초로 문자로 기록되었다.

이 중에서도 팔리어 경전의 '수타 피타카', 특히 '디가 니카야'나 '맛지마 니카야'가 가장 오래된 부분으로 알려져 있으며, 이는 붓다가 제자들에게 가르친 내용과 가까운 시기의 자료로 여겨진다. 기록된 시기 자체는 기원전 1세기경이지만, 내용은 그 이전 수세기 동안 구전으로 보존되어 온 것으로 보인다.

쉬운 말로 하면 붓다가 죽은 후 약 400년 동안 구전되다가 기록이 되었다는 말이다. 만약 기원전 3세기경에 작성되었다고 추정되는 '티피타카' 또는 '삼장'을 생각해 보면, 그것이 정말로 기원전 1세기가 아니라 3세기에 작성되었다고 추정하더라도 약 200년 동안을 구전되었다가 기록이 되었다는 말이다. 신약성경과 비교를 해보라. 신약성경은 목격자들이 기록하거나, 목격자들의 말을 들은 사람들이 순서와 주제에 맞춰서 기록했다. 신약성경은 목격자들의 기록이라고 분명하게 말하고 있다.

[베드로 후서 1:16]
주 예수 그리스도의 능력과 강림하심을 너희에게 알게 한 것이 교묘히 만든 이야기를 따른 것이 아니요 우리는 그의 크신 위엄을 친히 본 자라

[요한일서 1:1~3]
1 태초부터 있는 생명의 말씀에 관하여는 우리가 들은 바요 눈으로 본 바요 자세히 보고 우리의 손으로 만진 바라
2 이 생명이 나타내신 바 된지라 이 영원한 생명을 우리가 보았고 증언하여 너희에게 전하노니 이는 아버지와 함께 계시다가 우리에게

나타내신 바 된 이시니라

3 우리가 보고 들은 바를 너희에게도 전함은 너희로 우리와 사귐이 있게 하려 함이니 우리의 사귐은 아버지와 그의 아들 예수 그리스도와 더불어 누림이라

[누가복음1:1~3]

1 우리 중에 이루어진 사실에 대하여

2 처음부터 목격자와 말씀의 일꾼 된 자들이 전하여 준 그대로 내력을 저술하려고 붓을 든 사람이 많은지라

3 그 모든 일을 근원부터 자세히 미루어 살핀 나도 데오빌로 각하에게 차례대로 써 보내는 것이 좋은 줄 알았노니

[사도행전1:1~3]

1 데오빌로여 내가 먼저 쓴 글에는 무릇 예수께서 행하시며 가르치시기를 시작하심부터

2 그가 택하신 사도들에게 성령으로 명하시고 승천하신 날까지의 일을 기록하였노라

3 그가 고난 받으신 후에 또한 그들에게 확실한 많은 증거로 친히 살아 계심을 나타내사 사십 일 동안 그들에게 보이시며 하나님 나라의 일을 말씀하시니라

[고린도전서15:6~8]

6 그 후에 오백여 형제에게 일시에 보이셨나니 그 중에 지금까지 대다수는 살아 있고 어떤 사람은 잠들었으며

7 그 후에 야고보에게 보이셨으며 그 후에 모든 사도에게와

8 맨 나중에 만삭되지 못하여 난 자 같은 내게도 보이셨느니라

[베드로전서5:1]
너희 중 장로들에게 권하노니 나는 함께 장로 된 자요 그리스도의 고난의 증인이요 나타날 영광에 참여할 자니라

신약성경 저자들은 예수 그리스도의 인격에 대한 사실들 및 증거에 관해서 그들의 독자들이나 청중들의 직접적인 지식에 호소하였다. 그 저자들은 "자, 우리가 이것을 보았고 저것을 들었소."라고 말하였을 뿐만 아니라, 그들의 가장 날카로운 비판자들의 면전에서도 "당신들도 이러한 것들을 알고 있소, 당신 자신들도 그것을 알고 있다는 말이오"하고 말하였다.

고린도전서와 같은 편지는 사도 바울이 A.D 57년 경에 썼을 것으로 학자들은 추정한다. 그 시기에는 나사렛 출신의 예수를 목격했던 수많은 사람들이 살아있었고 그분의 말, 행적, 죽음을 기억하고 생존해 있던 수많은 사람들이 있었다. 그들을 향해서 '예수님이 이런 말을 했지 않은가? 그리고 이런 기적을 당신들이 두 눈으로 보지 않았는가? 그분이 이렇게 죽으셨지만 무덤이 비어있지 않은가?'라고 자신과 그들이 보았던 사실에 호소하고 있다.

만약 신약성경의 저자들의 이와 같은 호소가 거짓이었다면 당시의 사람들이 바로 반박을 했을 것이다. 그러나 예수님의 행적과 죽으심과 부활에 대한 어떤 반박도 있지 않다. 그분이 하나님의 아들이라는 것에는 반박할지 모르지만, 그분의 말과 행적, 죽음, 비어있는 무

덤에 대해서는 반박하지 못하고 있다. 왜냐하면 신약성경의 저자들은 목격자들이었고 그들의 말이 사실이었고 반대자들도 자신들이 목격한 사실과 일치했기 때문이다.

신약성경의 저자들은 목격자였을 뿐만 아니라 순교의 상황에서도 자신들이 본것을 증언했다

예수님의 12제자들의 선교와 순교에 대한 자료들은 주로 성경의 기록, 초기 교회의 전승, 교부들의 글, 역사적 기록을 통해 전해진다. 그래서 교부들의 글과 기록들에 대한 논란이 있지만 어느정도 일어난 사실들에 입각한 자료들이라고 여겨진다. 성경은 제자들의 생애를 세세히 다루지는 않지만, 전통적으로 그들의 선교 활동과 순교에 대한 정보는 다양한 전통과 교회 역사 기록에 남아 있다. 여기서는 예수님의 12제자가 각각 어떤 선교 활동을 했고, 어떻게 순교했다는 전승이 있는지 간략히 설명한다.

1) 베드로 (시몬)

- **선교 활동**: 베드로는 초대 교회의 지도자로서 예루살렘에서 시작해 안디옥과 로마에까지 선교를 했다는 전승이 있다. 그는 유대인과 이방인들에게 복음을 전하며, 로마에서 복음을 전하는데 중요한 역할을 했다.

- **순교**: 전통에 따르면, 베드로는 로마에서 네로 황제의 박해 시기

에 거꾸로 십자가에 못 박혀 순교했다고 알려져 있다. 그는 예수님처럼 십자가에 달릴 자격이 없다고 하여 거꾸로 십자가에 달리기를 요청했다고 전해진다.

2) 안드레

- **선교 활동**: 안드레는 주로 그리스, 소아시아(현재의 터키)와 스키타이(현 우크라이나 남부) 지역에서 선교 활동을 했다는 전승이 있다. 그는 주로 이방인들에게 복음을 전한 것으로 알려져 있다.

- **순교**: 안드레는 그리스의 파트라에서 X자형 십자가에 못 박혀 순교했다고 전해진다. 이 십자가는 '안드레의 십자가'로 알려져 있다.

3) 야고보 (세베대의 아들)

- **선교 활동**: 야고보는 예루살렘에서 주로 활동했으며, 예수님의 12제자 중 최초로 순교한 인물로 기록된다.

- **순교**: 사도행전 12장 1-2절에 따르면, 헤롯 아그립바 1세에 의해 칼로 처형되었다. 그는 12제자 중 유일하게 신약 성경에서 순교 기록이 명시된 제자이다.

4) 요한

- **선교 활동**: 요한은 예루살렘에서 활동하다가, 후에 에베소로 이주해 소아시아 지역에서 선교 활동을 했다. 그는 요한복음, 요한

서신, 그리고 요한계시록의 저자로 알려져 있으며, 그의 선교 활동은 주로 소아시아의 교회를 중심으로 이루어졌다.

- **순교**: 전통에 따르면, 요한은 유일하게 순교하지 않은 제자로, 에베소에서 자연사했다고 전해진다.

5) 빌립

- **선교 활동**: 빌립은 소아시아(특히 프리지아 지방)에서 선교했다. 그의 주요 사역지는 현대의 터키 지역이었으며, 그곳에서 많은 사람들에게 복음을 전했다.
- **순교**: 전통에 따르면, 빌립은 프리지아의 히에라폴리스에서 십자가에 못 박히거나 돌에 맞아 순교했다.

6) 바돌로매 (나다나엘)

- **선교 활동**: 바돌로매는 인도, 아르메니아, 페르시아(현재의 이란), 그리고 에티오피아까지 복음을 전했다는 전승이 있다. 그는 주로 동방의 여러 나라에서 선교 활동을 펼쳤다고 전해진다.
- **순교**: 바돌로매는 아르메니아에서 산 채로 껍질이 벗겨진 후 십자가에 못 박혀 순교했다고 전해진다.

7) 도마

- **선교 활동**: 도마는 인도에서 복음을 전한 것으로 유명하다. 그는 인도 남부에까지 복음을 전했으며, 오늘날에도 인도의 일부 지

역에는 "도마의 기독교인들"이라는 전통이 남아 있다.

- **순교**: 도마는 인도의 마드라스에서 창에 찔려 순교했다고 전해 진다. 그의 순교 장소로 알려진 곳에는 도마의 무덤이 있는 교회 가 세워져 있다.

8) 마태 (레위)

- **선교 활동**: 마태는 유대인과 이방인 모두에게 복음을 전했으며, 전통에 따르면 에티오피아와 페르시아 지역에서도 선교 활동을 펼쳤다고 알려져 있다. 그는 마태복음을 기록한 것으로 유명하 다.

- **순교**: 마태는 에티오피아에서 칼에 찔려 순교했다고 전해진다.

9) 야고보 (알패오의 아들)

- **선교 활동**: 야고보는 예루살렘에서 선교 활동을 했다는 기록이 있다. 그는 유대인들에게 복음을 전하는 데 중요한 역할을 했다 고 전해진다.

- **순교**: 전통에 따르면, 야고보는 예루살렘에서 돌에 맞아 순교했 다고 전해진다.

10) 다대오 (유다, 또는 레바)

- **선교 활동**: 다대오는 주로 메소포타미아(현재의 이라크 지역)와 페르 시아에서 선교 활동을 했다는 기록이 있다.

- 순교: 다대오는 페르시아에서 화살에 맞아 순교했다고 전해진다.

11) 시몬 (열심당원)

- **선교 활동**: 시몬은 전승에 따르면, 북아프리카, 이집트, 그리고 페르시아 등지에서 선교했다고 한다.
- **순교**: 시몬은 페르시아에서 순교한 것으로 전해지며, 때로는 도마와 함께 순교했다는 기록도 있다. 그는 십자가형이나 톱에 잘려 죽었다는 전승도 있다.

12) 가룟 유다

- **배반과 죽음**: 가룟 유다는 예수님을 배반하고 후에 자살했다. (마태복음 27:3-5)

12제자의 선교와 순교에 대한 많은 전승과 기록은 교회 전통과 역사적 자료에서 나왔으며, 제자들은 각각 다른 지역에서 복음을 전파하다 순교한 것으로 전해진다.

하나님은 왜 예수의 제자들과 수많은 목격자들이 순교를 당하게 허용하셨을까? 하나님은 그들을 보호하실 능력이 없는 나약한 분이신가? 내가 예수님을 믿기 전에는 이 사실이야말로 하나님을 믿을 수 없는 이유였다. 그런데 하나님께서 그들의 순교를 허용하신 이유는 그들의 증언과 기록들이 목숨만큼 사실이라는 것을 후대에 알리기 위해서였다는 것을 믿기 시작했다. 사도들의 순교는 그들의 증언에 대한 확인도장과 같은 역할을 한다. 우리는 그들의 순교를 통해서 그들의 증언을 믿을 수 있는 근거를 가진 것이다.

이들은 죽는 순간까지 자신들이 보았고 들었던 예수님의 부활과 그분의 말씀을 전하였다. 그들이 죽음까지도 두려워하지 않고 전한 이유는 그들이 보았던 것과 들었던 것을 부정할 수 없었기 때문이다. 그들은 자신이 보았던 것을 직접 기록하기도 하였고 그들이 전해 준 것을 필사자들이 받아 적어서 일정한 형식으로 남겨 놓은 기록물들 이 성경으로 남게 되었다. 이러한 사실은 우리가 신약성경을 신뢰하 게 하는 결정적인 요소이다.

3. 성경은 스스로 하나님께서 말씀하신다고 매 페이지마다 증언하고 있다

성경은 매 장마다 "하나님께서 말씀하시니라", "하나님의 말씀이 선지자에게 임하여", "하나님의 영이 선지자에게 임하니라"와 같은 말이 등장한다. 성경은 논리적으로 이것이 하나님께서 말씀하신 것을 증명하는데 힘쓰지 않고, 그냥 단순하게 "하나님께서 말씀하신다"고 선언한다. 이것을 믿고 안 믿고는 독자들의 몫이다. 하나님께서 말씀하시지도 않았는데, 그렇게 기록했다면 성경을 기록한 사람이나 예언자들은 거짓말장이일 것이다. 반대로, 정말로 하나님의 말씀이 그들에게 임했을 수도 있다. 만약 하나님께서 실제로 말씀하시고 선지자에게 하나님의 말씀이 임했다면 성경은 하나님께서 우리 인류에게 주신 최고의 선물이다.

1) 성경이 하나님의 선물이라면 그분의 인격과 능력을 담고 있어야 한다

하나님의 선물이 성경이라면 그 선물은 원래 주인의 능력과 인격을 품고 있어야 한다.

화가 빈센트 반 고흐(Vincent van Gogh)가 그의 동생 테오에게 선물한 그림으로 가장 유명한 것은 〈해바라기(Sunflowers)〉시리즈이다. 특히, 고흐는 이 해바라기 그림들을 매우 아끼고 사랑했으며, 동생 테오와 그의 가족에게 선물하거나 그들의 지원에 대한 감사를 표현하는 의미로 그렸다고 알려져 있다. 그의 그림에는 다른 사람이 흉내낼 수 없는 고흐의 재능과 사랑이 담겨져 있다. 마찬가지로 성경이 하나님의 선물이라면 사람이 흉내 낼 수 없거나 거짓으로 꾸며낼 수 없는 그분의 능력과 인품과 그분만이 하실 수 있는 메시지가 들어 있을 것이다. 이것을 우리가 확인할 수 있다면 성경이 하나님의 말씀이라는 확신을 가질 수 있을 것이고, 믿음의 선로를 선택할 분명한 근거가 될 것이다.

2) 성경은 사람이 듣고 싶은 것이 아니라 하나님이 말하고자 하는 내용이 담겨있다

성경은 유대인들의 기록물이다. 그들이 가장 원하는 것은 아마도 자신들의 정체성을 확립해 주고 이스라엘이라는 국가를 위대한 국가로 만드는 것일지 모른다. 이러한 백성의 소원을 전문용어로 '백성의 소리'라고 말한다. 그러나 하나님은 유대인들이 바라고 소망하는 '백성의 소리'와 전혀 다른 메시지를 끊임없이 전하셨다. 사람들이 듣고 싶어 하는 것을 기록하는 것이 아니라 하나님 그분이 선언하고자 하는 말씀이 기록되어 있다.

3) 다신이 아니라 유일신

구약성경이 쓰여질 당시의 팔레스타인 지역은 다신론이 일반적이었다. 유대인들이 노예생활을 했던 이집트도 다신론의 국가였다. 이것은 고대 근동의 일반적인 특징이었다.

고대 팔레스타인 지역에는 다양한 국가와 종교적 전통이 있었는데, 일반적으로 이 지역의 대부분의 민족들은 다신교를 믿었다. 그중에서 대표적인 예는 다음과 같다:

(1) 다신교를 믿은 국가들:

- **가나안**: 가나안인들은 바알, 아세라, 다곤 등 다양한 신들을 숭배하는 다신교 전통을 가지고 있었다.

- **블레셋**: 주로 다곤을 포함한 여러 신들을 섬겼으며, 다른 가나안 신들도 숭배했다.

- **모압, 암몬, 에돔**: 이들 주변 국가들은 각기 다른 신을 숭배하며 다신교를 따랐다. 예를 들어, 모압은 주로 그모스를 숭배했고, 암몬은 밀곰을 숭배했다.

(2) 유일신을 믿은 국가:

- **고대 이스라엘**: 이스라엘은 초창기에는 다신교적 요소가 혼재되었으나, 기원전 1천년기 중반부터는 야훼 신앙이 확립되면서 점

차 유일신 신앙으로 자리잡았다. 특히 바빌론 유수 이후 유일신 신앙이 강하게 확립되어, 다른 고대 팔레스타인 국가들과는 종교적으로 차별화되었다.

고대 팔레스타인의 문화적·종교적 다양성 속에서 유일신 사상이 유독 이스라엘에서 발달했으며, 이후 유대교와 기독교, 이슬람교 등 유일신 전통의 기초가 되었다.

이스라엘이 유일신을 믿게 되는 과정은 정말 쉽지 않았다. 초기의 이스라엘은 주변국가들처럼 다신론을 믿었고 주변의 여러신들에게 복과 번영을 기도했던 사람들이었지만 하나님은 출애굽의 과정을 시작으로 끊임없이 그들에게 이방신을 섬기는 것을 금하였고 그것에 순종하지 않을 때는 강력한 고통을 안겨주었다. 이 과정을 기록한 내용이 구약성경이다.

만약 성경의 기록자들이 이스라엘 대중이 믿고자 하는 것을 기록했다면 다신론에 대해서 훨씬 포용적인 내용들이 있었어야 하지만 하나님은 그것을 절대로 용납할 수 없었기 때문에 단호한 메시지를 남기셨다.

4) 번영이 아니라 공의와 정의의 신앙공동체를 만들라

"공의를 물같이 정의를 하수같이 흘릴지로다"라는 구절은 아모스 선지자의 글에서 핵심 문장이다. 하나님은 출애굽을 하면서 젖과 꿀이 흐르는 땅을 약속하셨지만 정작 약속의 대상들을 광야에서 모두 죽게 하였다. 왜냐하면 공의와 정의의 신앙공동체가 아닐 때는 번영이 아니라 죽음으로 대응하셨다. 만약 사람들이 기록했다면 적당한 신앙, 적당한 정의를 이루기만 한다면 번영을 주셨다고 기록했을 것 같다.

그러나 하나님의 기준은 너무나 높고 철저했다. 정탐꾼들을 통해서 적의 동태를 살펴보고 그들의 군사력에 비해서 자신들의 무력은 너무나 형편없다는 것에 좌절했다는 이유만으로 광야에서 40년 동안 모두 죽게 했다는 것이 인간의 상식에서는 이해가 되지 않는다. 그러나 하나님은 적당한 신앙에 대한 번영이 아니라, 분명한 신앙공동체가 될 때에 번영을 약속하셨다.

앞에 언급했던 아모스 선지자는 기원전 8세기경의 선지자였다. 그는 여로보암2세왕이 통치하던 시대에 예언활동을 하였는데, 당시에는 매우 번영하고 주변 나라에 영향력이 강력했다. 그런데 선지자는 하나님의 공의와 정의를 저버리고 사회적 불평등과 약자에 대한 억압을 하는 사회를 바라보면서 하나님의 심판이 문앞에 다가왔다고 예언한다. 기근, 가뭄, 전염병의 자연재해가 일어날 것이며 앗시리아에 의해 멸망당하고 모든 백성들은 포로로 끌려갈 것을 예언했다. 잘 나가던 나라에서 이런 예언을 한다는 것은 매국적 행위로 몰릴것이지만, 그는 그렇게 예언했다. 왜냐하면 하나님께서 그렇게 말씀하셨기 때문이다.

아모스 선지자뿐만 아니라 4명의 대선지자와 13명의 소선지자, 그리고 예언서를 남기지는 않았지만 수많은 선지자들의 기록에 의하면 정작 백성들이 원하던 말이 아니라, 그들의 감정을 거스르고 죄들을 들춰내는 메시지를 전했다. 결국 수많은 선지자들은 많은 예언과 성경의 기록들을 남겼지만, 돌에 맞아 죽고 지하 깊은 감옥에 수감되거나, 톱으로 몸이 두동강이로 썰려서 죽는 운명에 처했다. 그러나 그들은 사람들이 좋아할 말이 아니라 하나님이 전하고자 하는 메시지를 전하였다.

5) 메시야에 의해서 공의와 정의의 새로운 신앙공동체를 세우리라

결국 하나님은 이스라엘 공동체를 철저하게 파괴할 것이라고 수많은 선지자를 통해서 예언하였고 고난받고 순종하는 한명의 종을 통해서 새로운 신앙공동체를 만들 것이라고 예언하셨다. 그 사람이 메시야이고 헬라어로는 그리스도다. 말씀대로 북이스라엘은 앗수르에 의해서, 남유다는 바벨론에 의해서 파괴되고 백성들은 포로로 끌려가게 된다. 이러한 파괴와 메시야에 의한 새로운 나라의 건설은 하나님이 아니고서는 예언될 수 없는 내용이다.

더욱이 세계의 어떤 종교도 예언을 통해서 태어나거나 예언을 통해서 그의 일이 미리 예고되고 예언을 통해서 죽음이 계시된 분은 예수님 외에는 없다. 이슬람의 마호멧 조차도 예언되었다는 객관적인 문서와 기록이 없다. 그러나 메시야이신 예수님은 구약에 수없이 많이 예언되었을 뿐만 아니라, 그를 보고 만졌던 수많은 사람들이 그분이 예언된 메시야라는 것을 증언하였다. 그 예언들이 이루어지는 것을 고려한다면 이것은 창조주이시고 우주의 경영자되신 하나님이 아니시라면 결코 이루어질 수 없는 것들이다.

『Good or God』이라는 책에는 예수님에 의해서 이루어진 예언들이 얼마나 확률적으로 기가막힌지를 설명한 대목이 있어서 인용한다.

* * *

메시야가 오실 것을 내다보는 예언들은 몇백 년에 걸쳐 여러 구약 성경의 책에 기록되었다. 예수님이 탄생하시기 천 년 전에 기록된 것도 있다. 대부분의 성경학자들은 구약 성경 안에 이러한 예언이 300개가 넘는다는 데 동의한다. 예수 그리스도께서 세상에 오셨을 때 그분의 아버지께 이렇게 선언하셨다. "보시옵소서 두루마리 책에 나를 가리켜 기록된 것과 같이 하나님의 뜻을 행하러 왔나이다"(히10:7). 그리고 사람들을 향해 "이 성경이 곧 내게 대하여 증언하는 것이니라"(요5:39)라고 말씀하셨다.

예수님이 이 모든 예언을 성취하신 것은 성경이 하나님의 영감으로 쓰여졌다는 강력한 증거다. 일반적으로 이 결론에 대한 반증은 메시야 예언에 들어맞는 다른 역사적 인물을 발견할 수 있다는 것인데, 어떤 개인이 한 두 개, 심지어 몇 가지 예언을 성취했다고 볼 수도 있다. 하지만 이 모든 예언을 성취한 사람을 발견하는 건 사실상 불가능하다.

예를 들어 설명해 보겠다. 다음 몇 쪽은 좀 더 전문적이고 과학적인 내용이 될 것이다. 하지만 장담하건대 이 정보는 깊이 생각해 볼 만큼 중요하고도 명쾌하다.

1900년대 중반 피터 스토너 교수가 『Science Speaks(과학이 말한다)』라는 책을 출판했다. 이 책에서 그는 확률의 과학으로 그리스도의 예언들을 논했다. 그의 연구 결과에 관해, 해롤드 하츨러 박사는 『Science Speaks(과학이 말한다)』 서문에서 이렇게 말했다.

미국과학 연맹(American Scientific Affiliation) 회원들로 구성된 위원회와 같은 그룹의 행정위원들이 이 책의 원고를 주의 깊게 검토한 결과 제시된 과학적 자료가 대체로 신뢰할 만하고 정확하다는 것을 알게 됐다. 그 안에 포함된 수학적 분석은 타당성 있는 확률의 원칙에 근거한 것이다. 스토너 교수는 이 원칙을 적절하고 설득력 있게 적용했다.

스토너는 이 연구를 12개 반의 600명이 넘는 과학도로부터 결론을 이끌어냈다. 그는 그들이 발견한 사실들을 조심스럽게 따져 보고 데이터를 더 정확한 것으로 만들기 위해 여러 부분을 편집했다. 그들의 첫 평가에는 예수 그리스도에 관한 다음 8가지 예언들이 포함되었다.

1. 그리스도가 베들레헴에서 태어나신다. 미 5:2에서 예언하고, 마 2:1-7; 요7:42; 눅 2:4-7에서 성취.
2. 그리스도보다 먼저 와서 메시지를 전하는 자가 있다. 사 40:3과 말 3:1에서 예언하고, 마 3:1-3; 11:10; 요1:23; 눅1:13-17에서 성취.
3. 그리스도는 나귀를 타고 예루살렘에 들어가신다. 슥 9:9에서 예언하고, 눅 19:28-37; 마 21:1-11에서 성취.
4. 그리스도는 한 친구에게 배신을 당하신다. 시 41:9와 33:12-14에서 예언하고, 마 10:4; 26:47-50; 요 13:21-27에서 성취.

5. 그리스도는 은30개에 팔리신다. 슥 11:12에서 예언하고, 마 26:13; 27에서 성취.

6. 그리스도를 판 돈은 여호와의 전에서 "토기장이"에게 던져진다. 슥 11:13에서 예언하고, 마 27:3-7에서 성취.

7. 그리스도는 그를 비난하는 자들 앞에서 침묵하신다. 사 33:7에서 예언하고, 마 27:12; 막 14:60-61; 13:3-3에서 성취.

8. 그리스도는 십자가 처형을 당하신다. 시 22:16; 슥 12:10; 사 33:3, 12에서 예언하고, 눅 23:33; 요 20:23; 마 27:38; 막 13:24-27에서 성취.

계속 이야기하기 전에, 확률의 과학에 대한 간단한 예를 들어 보겠다. 우리가 노란색 테니스공 9개와 흰색 테니스공 1개를 가져다가 20리터짜리 양동이에 넣어 섞는다고 상상해 보자. 그런 다음 한 사람의 눈을 가리고 양동이에서 공을 하나 집으라고 한다. 그가 흰 공을 집을 확률은 10분의 1일 것이다. 이것은 단순한 확률이다.

이런 맥락에서, 피터 스토너는 위에 열거한 8개의 예언에 관해 다음과 같이 말했다.

우리는 어떤 사람이 지금까지 살면서 8개의 예언을 모두 성취했을 확률이 100,000,000,000,000,000분의 1이라는 걸 알게 된다.

어려운 통계지만, 당신이 수학자나 과학자가 아닌 이상 이것이 어느 정도인지 이해하기 힘들 것이다. 스토너는 아주 현명한 예를 들어 설명한다. 즉 우리가 100,000,000,000,000,000개의 은화를 얻을 수 있다면, 한

가지 문제가 생길 것이다. 바로 그것을 어떻게 보관하냐는 것이다. 온 세상을 뒤져 봐도 그렇게 큰 창고나 건물이 없다. 그 양이 정말 어마어마하다. 동전이 텍사스 주 전체를 60cm 높이로 다 덮을 정도다. 실로 엄청난 양이다.

그런데 우리가 이 동전들을 갖게 되었다고 가정해 보자. 이제 이 은화 중 하나에 표시를 한 다음, 전체 동전더미에 섞어서 텍사스 주 전체에 재분배한다. 그리고 한 사람의 눈을 가린 채 헬리콥터에 태운 다음 텍사스 주 위를 맴돌면서 그 사람이 내려가라고 명령할 때까지 기다린다. 땅에 내리면 그는 여전히 눈을 가린 채 헬리콥터에서 나와 동전 하나를 집는다. 거기서 그가 표시된 동전을 집을 확률이 바로 예언자 시대부터 현대까지 어떤 사람이 메시야에 관한 8가지 예언을 모두 성취할 확률과 같은 것이다.

스토너는 이렇게 말했다.

이것은 이 8가지 예언의 성취만으로도 하나님이 100,000,000,000,000,000분의 1의 가능성을 가진 그 예언들을 기록하도록 영감을 주셨다는 증거가 된다는 뜻이다.

이 가능성은 아무리 생각해도 믿어지지 않는다. 하지만 스토너는 처음 8가지 예언에서 그치지 않는다. 그는 예수님 생애에 대해 예언한 구약 성경의 8가지 예언을 더 살펴보기 시작한다(총16개). 스토너는 이렇게 말한다.

한 사람이 16개의 예언을 모두 성취할 확률은.... 10^{45}분의 1이다.

10^{45}는 1 다음에는 0이 45개가 붙는다는 뜻이다.

스토너는 예를 들어 이 가능성을 설명하는데, 이번에도 풀어서 설명해 보겠다. 만일 우리가 이 숫자만큼의 은화를 보관하려면 이 지구도 너무 좁다. 우리는 그것들을 다 합쳐서 하나의 단단한 공으로 만들어야 할 것이다. 이 구체는 지름이 무려 지구에서 태양까지 거리보다 6배는 더 클 것이다. 즉 55억 마일이다!

나는 자주 하나님의 말씀을 가르치러 다른 나라에 간다. 놀랍게도 우리는 지금 24시간 내에 지구 반대편까지 쉬지 않고 날아갈 수 있다. 사도들이 알았다면 이 시대를 매우 사랑했을 것이다! 하지만 제트기를 타고 아까 말한 그 은화 구체를 한 번 돌리려고 해도 그럴 수가 없다. 아직까지 우리 시대에 그만큼 오래 산 사람이 없어서다. 이 은화로 된 구체를 쉬지 않고 한 번 돌리려면 400년이 넘게 걸릴 것이다! 1620년에 필그림(영국 성공회를 반대해 미국으로 건너간 영국 청교도들)이 메사추세츠 플리머스에 도착했던 날 우리가 비행을 시작했다 해도, 아직 이 은화로 만든 구체를 다 돌지 못했을 것이다.

한 가지 더 명심할 사실이 있다. 앞 예화에서는 은화들이 텍사스 주 전체를 60센티미터 높이로 덮었다고 했다. 그런데 이번에는 심지어 이 구 전체가 은화로 이루어진 것이다. 이 은화 중 하나에 표시를 하고 이 거대한 구체 안에 완전히 섞은 다음, 한 사람의 눈을 가리고 그에게 동전 하나를 집어보라고 한다. 그가 표시된 동전을 집을 수 있을 거라 생각하는가? 이제 예수님이 태어나기 몇백 년 전에 예수님에 대해 쓰인 예언 16가지를 한 사람이 성취할 확률이 어느 정도인지 감이 올 것이다.

하지만 그게 다가 아니다. 스토너는 16가지 성취된 예언에서 그치지 않고, 더 나아가 48가지 예언들을 알아본다. 그 결과는 정말 믿기 어렵지만, 그가 다음에 쓴 글을 이해하도록 노력해 보자.

인간이 이해할 수 있는 한도를 넘어 생각을 확장하기 위해, 처음에 살펴본 8가지 예언 성취의 확률과 비슷하게, 48가지 예언들을 생각해 보자. 지금까지 사용했던 확률의 원칙을 똑같이 적용하면, 어떤 사람이 48가지 예언을 모두 성취할 확률은 10^{157}분의 1이다.

그것은 1 뒤에 0이 157개가 붙는다.

(중략)

* * *

하나님의 말씀은 매일 아침 떠오르는 태양보다 더 신뢰할 수 있다. 예수님은 "천지는 없어질지언정 내 말은 없어지지 아니하리라"(마24:35)라는 말씀으로 이 사실을 확고히 하셨다. 우리 창조주는 그분이 하나님이시며 그분의 뜻이 성경에 나타나 있다는 것을 우리가 알도록 명백한 지문을 남겨 놓으셨다.

성경이 하나님의 말씀이라는 추가적으로 더 읽어볼만한 내용이 부록1에 실려있다. 그리고 하나님의 말씀이라는 믿음이 조금이라도 생겼다면 어떻게 성경을 읽어나갈지에 대한 방법이 실려있다.

4. 과학과 신앙*

　과학과 신앙에 대한 이야기를 시작할 때에는 과학은 '어떻게'를, 신앙은 '누가', '왜'를 다룬다는 것을 가장 먼저 살펴보아야 한다. 과학은 우리 우주에서 일어나는 일들을 실험과 관측에서 기반한 귀납적 법칙으로 설명해줄 수 있지만 '왜' 그 법칙이 있어야 하는지에 대해서는 '그냥 우리 우주가 그래' 밖에는 해줄 수 있는 말이 없다.

　'사과를 손으로 잡고 있다가 놓으면 왜 사과가 땅으로 떨어질까?'라는 질문을 해 보자. 많은 사람들이 "지구가 사과를 당기니까"라고 대답할 것이다. 보통은 이 정도에서 대화가 마무리되지만 조금 더 물어보자.

　"지구가 왜 사과를 당겨?"

　"그건 질량이 있는 두 물체 사이에는 만유인력이 작용하기 때문이야."

　"왜 질량이 있는 두 물체는 서로 잡아당겨야 해?"

　"왜냐하면 만유인력 법칙 만큼의 힘이 작용하기 때문이지."

---

* 송재우 박사의 글 중 5장만을 실었으며 '신앙, 과학, 논리'에 대해 더 자세한 내용은 이 책의 맨 뒤에 수록된 〈부록 4〉를 참조하라.

"내 말은 왜 그 힘이 있어야 하냐는 거야. 왜 꼭 그 힘이 거리의 제곱에 반비례해야 해? 왜 중력 상수 G는 하필이면 그 값이어야 해? 다른 값이면 안 되나?"

"그건 그냥 우리 우주가 그렇게 생긴 거야."

이처럼 "왜?"라는 질문을 과학에게 계속 던지다 보면 결국에는 "자연이 그렇게 되어 있어"라는 답으로 가게 된다. 이것이 수학과 과학의 본질적인 차이다.

수학은 "왜?"를 반복하다 보면 공리계에 도착하게 되고, 그렇기에 "이런 공리들 때문에 그런 결론이 나온거야."라고 대답을 해 줄 수가 있다.

하지만 과학에게 "왜?"라는 질문을 하다 보면 그저 "지금까지 관찰해보니 우리 우주가 그렇더라."라고 밖에 대답할 수 없는 단계에 다다르게 된다. 어쩌면 우리 우주 말고 다른 우주에 서는 두 질량이 서로 당기는 것이 아니라 밀어내고 있을 수도 있다. 그 다른 우주에서의 자연 법칙은 우리 우주에서의 법칙과는 매우 다를 것이다.

이에 반해 신앙은 '누가'와 '왜'에 집중한다. 신앙은 사과가 땅으로 떨어지는 것은, 즉 두 질량 사이에 당기는 힘이 작용하는 것은 하나님께서 우주를 그렇게 만드셨기 때문이라고 말한다. 성경은 많은 경우 '어떻게'에 대해서는 자세히 다루지 않는다. 그 '어떻게'를 찾아내는 즐겁고 재미있는 지적 여행은 우리에게 선물로 주어진 과제이다.

'누가'와 '왜'를 다루는 신앙과 '어떻게'를 다루는 과학을 가지고 사람들이 상대편의 영역을 침범하려 할 때 억지가 생겨나고 논란이 일어난다. 과학으로 신앙을 공격하는 사람들은 '어떻게'가 밝혀지면 그것으로 신이 없다는 것이 증명된다고 생각한다. 그렇게 '어떻게'를 다루는 과학을 바탕으로 '신은 없다'며 '누가'와 '왜'의 영역을 공격하는 사조가 꽤 널리 퍼져있다. 그러면 신앙은 "과학과 신앙은 영역이 다릅니다."라고 차분하게 설명하면 될 터인데 그게 아니라 거기에 말려서 거꾸로 "어떻게"의 영역으로 들어가 과학이 밝혀낸 사실들을 틀렸다고 주장하는 사조가 나타났으니 그게 바로 창조과학이다. 이러다 보니 문제와 갈등은 계속 꼬여만 간다.

간단한 예로 내가 직접 음성인식 밥솥을 만들었다고 해 보자. 그리고 내가 쌀을 씻어서 물에 불린 뒤에 그 밥솥에 넣고 음성인식으로 밥솥에게 "밥 지어!"라고 명령하여 밥을 지었다고 하자. 그런데 그에 대해 어떤 사람이 이렇게 말을 한다.

"물에 씻기고 불리운 쌀이 밥솥에 놓인 뒤에 밥솥 뚜껑이 닫히고 온도가 올라가서 밥이 된 거야. 그러니까 저 밥은 사람 없이 저절로 만들어진 거야."

이것이 과학이 신앙을 공격하는 사조의 방식이다. '어떻게'에 관한 앞부분은 맞지만 '누가', '왜'에 관한 뒷부분은 헛소리다. 설령 내가 밥을 하는 모습을 그 사람이 보지 못했더라도 바른 결론은 '누가 의도를 가지고 밥을 했는지, 아니면 밥솥이 저절로 동작했는지 나는 모르겠다'가 되어야 한다.

그런데 그 말을 들은 다른 사람이 이번에는 이렇게 말한다."저 밥은 저 사람이 배가 고파서 먹으려고 지은 거야. 저 사람이 말을 해서 밥이 만들어진 것이지 밥솥에서 밥이 만들어진 게 아니야."

이것이 창조과학으로 대표되는 신앙으로 과학을 배척하는 사조의 방식이다. '누가'와 '왜'는 맞았지만 '어떻게'에 대해서는 너무나도 편협하게 현상을 해석하고 있다. 이러한 현상이 현재 창조론과 진화론 사이의 갈등을 포함하여 신앙과 과학 사이에서 일어나고 있는 여러 갈등들의 공통된 양상이다.

신앙과 과학은 영역이 다르기에 조화롭게 공존할 수 있다. 어떻게? 각자가 자기의 영역에 있으면서 상대의 영역을 침범하지 않을 때 그럴 수 있다. 그러지 않고 서로가 상대방의 영역을 침범해 들어가는 순간 억지와 비방이 판을 치게 된다. 과학의 영역은 철저히 '어떻게'에 국한되어 있음을, 그리고 신앙은 '누가'와 '왜'를 다루는 것이라는 것을 아는 것이 중요하다.

다음 장에서는 과학이 신앙의 영역을 공격하는 사조가 강해짐에 따라 신앙에서 나타난 또 다른 반응인 과학으로 신앙을 뒷받침하려는 태도에 대해 알아보고 그러한 접근방식의 한계가 무엇인지, 왜 그런 접근방식이 궁극적인 답이 될 수 없는지를 살펴볼 것이다. 그리고 더불어 성경에 나타난 비과학적인 기적들을 신앙이라는 관점 하에서 어떻게 모순 없이 해석할 수 있을지에 대해서도 알아보고자 한다.

2장

하나님의 선물,
믿음

'그는 우리나라 대통령을 믿는다', '내가 예수님을 믿는다', '내가 부처를 믿는다', '당신은 천국과 지옥을 믿는다'라는 말을 들으면 믿음의 주체가 자신이 되거나 사람이다. 주어와 목적어 서술어가 정확하게 일치하기 때문에 믿는다는 동사의 주체는 주어라고 생각한다.

그런데 성경은 믿는 행위의 주체가 사람이지만, 그 행위를 발생하게 한 근원적인 분은 하나님이라고 설명을 한다. 이 논리가 모순적이거나 어렵다고 생각될 수 있다. 그러나 성경은 믿음을 갖게 하는 주체가 하나님이심을 반복적으로 가르치고 있다. 교회를 다니는 많은 사람들이 믿음을 갖게 되는 것은 자신이라고 생각하기 때문에 믿음의 본질을 깨우쳐 가는데 많은 어려움이 생긴다.

전도사 시절에 교회 권사님들이 기도회를 하는데, 잠깐 와서 말씀을 전해달라고 해서 그분들과 얘기를 나눈적이 있었다. '권사님, 믿음이 무엇이라고 생각하십니까?'라고 권사님들에게 물었다. 한결같이 '하나님을 신뢰하는 것'이라고 대답하셨다. 역시나, 주어는 자기 자신이 되는 것이다. 대부분의 교인들은 믿음은 자신이 믿는 것으로 이해를 한다. 그러면 이런 의미가 된다. "내가 예수님을 신뢰하니 나는 믿음이 있는 것이고 구원을 받을 것이다." 신앙의 유무를 결정하고 신앙을 측정할 수 있는 기준이 자신이 된다. 자신이 스스로 믿을 수도 있고 그 믿음을 확증해 주는 것도 자신이다. 그러나 하나님은 전혀 다르게 설명을 하신다.

1. 하나님으로서는 다 하실 수 있느니라

[마19:23-30]

23 예수께서 제자들에게 이르시되 내가 진실로 너희에게 이르노니 부자는 천국에 들어가기가 어려우니라

24 다시 너희에게 말하노니 낙타가 바늘귀로 들어가는 것이 부자가 하나님의 나라에 들어가는 것보다 쉬우니라 하시니

25 제자들이 듣고 몹시 놀라 이르되 그렇다면 누가 구원을 얻을 수 있으리이까

26 예수께서 그들을 보시며 이르시되 사람으로는 할 수 없으나 하나님으로서는 다 하실 수 있느니라

27 이에 베드로가 대답하여 이르되 보소서 우리가 모든 것을 버리고 주를 따랐사온대 그런즉 우리가 무엇을 얻으리이까

28 예수께서 이르시되 내가 진실로 너희에게 이르노니 세상이 새롭게 되어 인자가 자기 영광의 보좌에 앉을 때에 나를 따르는 너희도 열두 보좌에 앉아 이스라엘 열두 지파를 심판하리라

29 또 내 이름을 위하여 집이나 형제나 자매나 부모나 자식이나 전토를 버린 자마다 여러 배를 받고 또 영생을 상속하리라

30 그러나 먼저 된 자로서 나중 되고 나중 된 자로서 먼저 될 자가 많으니라

예수님을 만났던 부자청년은 어려서부터 계명을 착실하게 지켰다. 그런데 주님께서 오셔서 그의 신앙이 수준미달이라는 것을 드러내셨다. 이 부자의 유일한 아킬레스건이 자신의 재산이었는데, 재산의 1/3, 1/2도 아니고 전부를 팔아서 가난한 자들에게 나눠주라고 요구하신다. 이 부자는 큰 실망을 하고 예수님을 떠나간다.

그리고 주님은 천국에 들어가는 것이 얼마나 어려운지를 설명하신다 '부자는 천국에 들어가기가 어렵다. 얼마나 어렵냐하면 낙타가 바늘구멍으로 들어가는 것보다 어렵다' 여기에서 바늘구멍은 성의 작은 문을 말하는 것이 아니라(예수님 당시에는 이 문을 바늘구멍이라고하지 않고 후대에 이 명칭이 생겨났다) 정말로 바늘의 구멍을 말한다.

이 말을 들은 제자들이 얼마나 놀랐을지 상상해 보라! '어려서부터 율법을 지켜왔을 뿐만 아니라, 공회원으로 신앙을 인정받고 열심히 살았던 이 사람이 천국에 못들어간다고? 그러면 대체 누가 들어갈 수 있어?'라고 그들은 의아해했을 것이다. 여기에 주님은 이렇게 설명하신다. '사람으로는 할 수 없으나 하나님으로서는 다 하실 수 있느니라' 이 말을 쉽게 설명하자면 '계명을 지키는 것은 사람이 스스로 할 수 있지만, 믿음을 갖게 하는 것, 그래서 천국에 들어가게 하는 것은 하나님만이 하시는 것이다'라고 풀어 쓸 수 있다.

그러자 베드로가 조심스럽게 묻는다. '우리가 모든 것을 버리고 주를 따랐사온대 그런즉 우리가 무엇을 얻으리이까?' 주님은 열두 보좌에 앉아 열두 지파를 심판하는 권한을 얻게 될것이라고 하시면서 '내 이름을 위하여 집이나 형제나 자매나 부모나 자식이나 전토를 버린 자마다 여러 배를 받고 또 영생을 상속하리라'라고 약속해 주신다. 이 말씀들을 전체적으로 이해해보면, 제자들은 천국에 들어갈 뿐만 아니라 열두 보좌에 앉는 보상을 받을 것을 약속하셨다. 그런데 제자들이 가졌던 신앙은 누가 주신것인가? 바로 하나님께서 주셨다는 의미이다. 예수님의 이름을 위해서 집, 형제, 자매, 부모, 자식, 땅을 버리는 믿음은 누가 주셨다는 것인가? 하나님께서 주셨다. 믿음은 우리가 가졌지만 그 근원은 하나님께서 주셨기 때문에 우리가 갖게 되었다는 의미이다.

2. 이를 네게 알게 한 이

[마16: 16-17]

16 시몬 베드로가 대답하여 이르되 주는 그리스도시요 살아 계신 하나님의 아들이시니이다

17 예수께서 대답하여 이르시되 바요나 시몬아 네가 복이 있도다 이를 네게 알게 한 이는 혈육이 아니요 하늘에 계신 내 아버지시니라

그 유명한 베드로의 신앙고백이다. 그런데 예수님의 정체성, 즉 하나님의 아들되심을 알게하신 분이 하늘에 계신 아버지시라고 설명하신다. 수많은 사람들이 예수님의 설교를 듣고, 그분의 기적을 보고, 그분의 숨소리를 바로 옆에서 들었지만, 그분의 정체성을 알게 된 사람은 몇 사람이 되지 않았다. 그런데 그것을 알게 된 것이 그들 스스로의 지적 판단이 아니라, 하늘에 계신 아버지께서 알게 하셨다는 것이다.

예수님의 정체성을 알게 하시는 분은 성부 하나님이시다. 이것을 극단적인 예로 들자면, 신학 박사학위를 받을 정도로 구약과 신약을 연구하고 역사신학, 조직신학을 연구했을지라도 예수님의 진짜 정체성을 깨닫지 못할 수도 있다는 것이다. 그런데 우연히 교회에 갔는

데 예수님이 누구신지 깨달아지더라는 것이다. 너무 극단적으로 설명한 것 같지만, 실제로 그런 인물이 있었다.

'아프리카를 등에 지고 가는 당나귀'라는 책이 있다. 룽구 목사가 쓴 책인데, 그분은 공산주의에 빠진 테러리스트였다. 교회를 폭파시키려고 폭탄을 가지고 교회를 갔다가 앞에서 설교하는 소리를 듣기 시작했고 예수님이 누구신지를 깨닫게 되어서 그 자리에서 무릎을 꿇고 회개하고 예수님을 믿게 되었다. 그 후로 아프리카 선교의 핵심 인물이 된다. 참 믿기지가 않지만, 이것이 하나님께서 일하시는 방식이다.

3. 의인은 없나니 하나도 없으며

[롬3:10-12]

10 기록된 바 의인은 없나니 하나도 없으며

11 깨닫는 자도 없고 하나님을 찾는 자도 없고

12 다 치우쳐 함께 무익하게 되고 선을 행하는 자는 없나니 하나도 없도다

이 말씀처럼 사람들에게 저항을 받았던 말씀은 없을 것 같다. 신앙이 있든지 무신론을 주장하는 사람들이든 이 말씀을 향해 돌을 던졌다. 그러나 하나님은 분명하게 의인이 하나도 없고, 깨닫는 자도 없고, 하나님을 찾는 자도 없고 선을 행하는 자도 없다고 하신다. "단 한 명도 없다".

너무나 충격적이다. 왜냐하면 역사학에서 종종 말하기를 인류의 역사는 선을 행하고자 했던 사람들에 의해서 발전했다고 말하기 때문이다. 그들이 행했던 선은 대체 무엇이란 말인가? 또, 유사 이래 사람들은 신을 찾기 위해서 수많은 수행과 고뇌를 했기 때문에 수많은 종교가 탄생했지 않았는가? 어째서 하나님을 찾는 사람이 단 한 명도 없다고 말하는가?

[이사야 64: 6]

무릇 우리는 다 부정한 자 같아서 우리의 의는 다 더러운 옷 같으며
우리는 다 잎사귀 같이 시들므로 우리의 죄악이 바람 같이 우리를 몰
아가나이다

우리와 하나님의 기준이 틀리기 때문이다. 이사야 선지자는 우리
의 의가 우리가 보기에는 의롭고 깨끗해 보이지만, 다 더러운 옷과
같다고 설명한다. 다시 말해서 우리가 선하다고 행하는 것들이 하나
님이 보실 때는 꾸정물이 뚝뚝 떨어지는 천쪼가리에 불과하다는 것
이다.

그렇다면 우리는 깨닫는 자도 없고 하나님을 찾는 자도 없다는 말
씀도 쉽게 이해할 수 있다. 이 말은 사람들이 하나님을 찾지만 자신
들이 원하는 하나님을 찾고자 하지 진짜 하나님을 찾지는 않는다는
의미이다. 쉽게 말해서, 사람들은 자신의 가려운 등을 긁어줄 하나님
을 찾지, 자신의 더러운 죄악들을 보게하는 신을 원하지 않는다는 의
미이다.

그렇다면 예수님이 누구신지를 깨닫거나, 진짜 하나님을 찾게 하
시는 분은 하늘 아버지밖에 없다. 그분이 우리의 마음을 감동시키실
때 우리는 예수님이 누구이신지 깨닫게 된다. 왜냐하면 우리에게는
선을 행할 어떤 능력도 깨닫는 지성도 하나님을 찾고자 하는 의지도
다 죄로 오염되었기 때문이다. 죄로 철저하게 오염된 죄인이 '믿음'
이라는 매우 선한 것을 스스로 갖게 됐다는 것은 전혀 논리적이지 않
다. 선을 행하고자 하는 믿음, 하나님을 찾고자 하는 믿음은 오직 하

나님께서만 주신다.

[엡1:8]
이는 그가 모든 지혜와 총명을 우리에게 넘치게 하사 9 그 뜻의 비밀을 우리에게 알리신 것이요 그의 기뻐하심을 따라 그리스도 안에서 때가 찬 경륜을 위하여 예정하신 것이니

[엡2:8]
너희는 그 은혜에 의하여 믿음으로 말미암아 구원을 받았으니 이것은 너희에게서 난 것이 아니요 하나님의 선물이라 9 행위에서 난 것이 아니니 이는 누구든지 자랑하지 못하게 함이라

우리가 복음을 깨닫게 되는 과정을 에베소서1:8-9절은 "하나님께서" 모든 지혜와 총명을 우리에게 주셔서 그 비밀을 깨닫게 하셨다고 설명한다. 우리가 복음을 들으면서 깨닫게 되는 것이 놀랍게도 우리의 지성과 똑똑함이 아니라, 하나님께서 거룩한 지혜와 총명을 주셔서라고 설명한다. 그리고 에베소서 2:8절에서는 "너희에게서 난 것이 아니요"라고 말씀한다.

물론 여기에서 가리키는 것이 "믿음"일 수도 있지만, "구원"일 수도 있다. 그러나 9절과 연결시켜 이해할 때, 믿음이라고 해석하는 것이 자연스러울 것이다. 왜냐하면, 행위에서 난 것이 아니기 때문에 자랑할 것이 없다는 내용과 연결하면 행위와 믿음이 대조를 이루기 때문이다.

믿음이 우리 스스로의 결단과 의지에서 나온 것이라면 자랑할 것

이 있다. 내가 믿었지 않은가? 내가 결단했지 않은가? 그렇다면 자랑할 것이 된다. 그러나 믿음이 하나님의 선물이고 이 믿음을 통해서 구원을 얻게 된 모든 과정이 은혜다. 누구도 자랑할 수 없다. 믿음은 하나님께서 우리에게 주신 가장 소중하고 아름다운 선물이다.

4. 단번에 주신 믿음의 도

[유 3]

사랑하는 자들아 우리가 일반으로 받은 구원에 관하여 내가 너희에게 편지하려는 생각이 간절하던 차에 성도에게 단번에 주신 믿음의 도를 위하여 힘써 싸우라는 편지로 너희를 권하여야 할 필요를 느꼈노니

유다는 예수님의 동생이면서 초대교회의 사도로서 사역을 했다. 그는 믿음에 대해서 무엇이라고 설명하는가? "성도에게 단번에 주신 믿음."("그것은 성도들에게 한번 결정적으로 전해진 그 믿음을 지키기 위해서 여러분이 힘써 싸우라는 것입니다-공동번역", "그러던 참에 나는 이제 여러분에게 성도들이 단번에 받은 그 믿음을 지키기 위하여 싸우라고 권하는 편지를 당장 써야 할 필요가 생겼습니다.-새번역")

놀랍고 심플하게 믿음을 설명한다. 믿음을 주시는 하나님의 방법에 대해서 설명하고 있다. 믿음은 단번에 주신다. 쉽게 말해서 하나님은 점진적으로 믿음을 주시는 것이 아니라, 계단을 올라가듯이 단번에 다음칸으로 옮기시듯이 믿음을 우리에게 주신다.

많은 사람들이 믿음에 대해 오해하는 것은 조금씩 조금씩 그것을 갖게 된다라고 생각하기 쉽다는 것이다. 왜냐하면 세상의 모든 것들

은 그렇게 갖게 되기 때문이다. 구구단을 외우고 곱셈을 하게 되고 나누기를 하고 그 다음에는 미적분을 하게 된다. 세상의 모든 것들이 매우 순차적이기 때문에 믿음도 그러할 것이라고 상상한다. 내가 아주 작은 믿음을 가졌다가 그 다음 단계의 믿음을 갖게 되고 그 다음 단계의 믿음을 갖게 된다고 상상을 한다.

그러나 성경은 단번에 우리에게 믿음을 주신다고 말씀한다. 여기에서의 믿음은 구원하는 믿음을 의미한다. 기적을 일으키는 믿음은 '이런 류는 기도와 금식외에는 행할 수 없다'는 주님의 말씀을 근거로 생각할 때, 기도와 금식을 통해서 믿음이 자라지만, 구원하는 믿음은 자라는 것이 아니라, 단번에 주신다. 그래서 하나님의 은혜이고 선물이다.

그리고 수동태를 사용함으로 우리가 믿음을 가진것이 아니라, 믿음을 갖게 하셨다는 것을 강조한다. 믿음은 수동태이다.

5. 믿음은 개인의 의지라는 주장에 대한 반론

부록에 설명되어 있지만, 이런 주장을 하는 분들이 있다.

"나는 예수님을 나의 구세주와 주님으로 고백한다. 고로 나는 예수님을 믿는다."

이런 주장을 하는 사람들 중에는 고린도전서 12:3에 근거해 자신의 주장을 정당화하는 사람들이 많다.

"그러므로 내가 너희에게 알게 하노니 하나님의 영으로 말하는 자는 누구든지 예수를 저주할 자라 하지 않고 또 성령으로 아니하고는 누구든지 예수를 주시라 할 수 없느니라."

이 논리를 3단 논법으로 정리해 보면 다음과 같이 될 것이다:

대전제: 나는 예수를 주님으로 시인하고 고백한다.
소전제: (고전12:3에 의하면) 이러한 고백은 성령으로만 가능하다.
결 론: 그러므로, 나는 구원받은 사람이다

위의 논증은 논리적으로 말하면 "애매어 사용의 오류"(fallacy of equivocation)를 범하고 있다. 먼저 대전제의 경우, "예수를 주님으로 시인하고 고백한다"는 표현이 적어도 두 가지 의미로 사용될 수 있다는 사실을 간과하고 있다. 한 가지는 마음으로부터 믿지도 않으면서 입만으로 시인하고 고백하는 경우가 있고, 또 다른 한 가지는 성령의 역사로 말미암아 예수 그리스도를 진정으로 구세주로 믿고 마음에서부터 "당신은 나의 주님입니다 이제 주님 뜻대로 살겠습니다"라고 고백하는 경우가 있다. 그렇기 때문에 위의 논증에서는 대전제에서부터 문제가 있다.

그러면 소전제는 어떠한가? 고백이라는 말이 첫 번째 의미로 사용되고 있다면 소전제는 타당하지 않다. 입술만의 고백은 조금만 공부하면 누구나 다 할 수 있다. 그것은 성령과는 아무 상관없이 진행될 수 있다. 마태복음 7:21-23의 경우가 바로 이런 거짓 고백의 전형적인 예일 것이다. 그러나 고백이 두 번째 의미라면 소전제는 타당한 것이다. 그렇기 때문에 대전제와 소전제의 타당성을 검토하지 않은 채 내린 결론은 타당성이 없다.(장두만교수)

또 역시나 로마서 10장9-10절을 근거로 주장하는 분들이 있다.

"네가 만일 네 입으로 예수를 주로 시인하며 또 하나님께서 그를 죽은 자 가운데서 살리신 것을 네 마음에 믿으면 구원을 받으리라 사람이 마음으로 믿어 의에 이르고 입으로 시인하여 구원에 이르느니라."

이 말씀에 분명하게 마음으로 믿으면 의에 이르고 입술로 시인하면 구원을 받는다고 했다. 나는 입술로 시인했기 때문에 구원을 받는다고 주장한다.

이런 안타까운 일이 세례문답의 과정에서도 일어난다. 목회자들이 세례문답자들에게 "구원을 어떻게 받습니까?" 묻는다. 그러면 "내가 교회를 열심히 다녀서, 아니면 헌금을 해서, 선행을 해서"라고 하면 목회자들이 잘못된 점을 지적한다. 그리고 "우리가 구원받는 이유는 내가 예수님을 구세주로 시인했기 때문입니다"라고 설명하면서 로마서 10:9-10절을 보여주면서. "당신이 예수님을 구세주로 시인했기 때문에 당신은 말씀대로 구원받는 것입니다"라고 설명한다.

그들은 여기에서도 '애매어 사용의 오류'(fallacy of equivocation)를 범하고 있다는 것을 모른다. 예수님을 주님으로 시인한다는 것은 정말 믿음을 가지고 주님으로 시인할 수도 있지만, 믿음이 없이 군대 귀신들이 주님 앞에 무릎을 꿇은 것처럼 시인할 수도 있고 귀신들이 하나님은 한 분이신 줄을 믿고 떠는 것과 같이 고백할 수도 있다. 또는 요한일서가 경고하는 영지주의 기독교인들처럼 머리로만 주님으로 고백하고 전혀 마음중심으로 믿거나, 성경이 말하는 믿음의 열매는 전혀 없이 고백하는 사람들도 있다. 그러한 믿음은 하나님으로부터 난 믿음이 아니라, 스스로 믿음이 있다고 주장하는 가짜 믿음에 불과하다.

과거 30여 년 동안 한국교회를 혼란스럽게 했던 이단중의 하나가 구원파이다. 이들이 구원에 대해 주장하는 것은 예수님을 구세주로 믿고 시인하면 구원을 얻는다는 위의 성경구절이다. 그래서 언제 어디서 구세주로 시인했느냐가 매우 중요하다. 그 시간이 거듭난 시간이라는 것이다. 지금까지 언급한 구절들을 보면 틀리지 않아 보인다. 그런데 예수님을 구세주로 시인하면 모두가 예수님을 믿는다고 할 수 있는가? 역시 '애매어 사용의 오류'이다. 전혀 신학적인 고민이 없고 성경의 다른 부분에서는 전혀 다른 것을 말하고 있다는 사실도 무시한 것이다.

그런데 안타까운 것은 일반교회에서도 구원파 이단의 구원관을 그대로 가지고 와서 세례문답을 하고 교인들을 가르친다는 것이다. 그래서 한국 교회는 값싼 믿음, 값싼 구원이 정식 구원인 양 행세하고 있다. 그래서, 구원파와 똑같이 믿는 일반교인들 뿐만 아니라 목회자들도 있다.

하나님께서 믿음을 선물로 주신다. 그런데 하나님은 믿음을 주실 때에 그 믿음이 반드시 열매를 맺게 하신다. 그래서 열매로만 그 믿음이 진실한지를 알 수 있다.

6. 신학적인 관점에서 정리한 믿음*

1) 잘못된 믿음은 어떤 것인가?

(1) 복음 진리에 대해서 지적으로 동의하는 것은 진정한 구원의 믿음이 아니다. "나는 복음을 다 안다, 다 동의한다, 다 옳은 말이다"고 하는 것과 "예수 그리스도를 진정으로 믿는다"는 것은 전혀 다르다. 머리에서의 지식(head knowledge)은 마음으로부터 믿어지기 전까지는 아무런 유익이 없다. 한 사람이 진정으로 예수 그리스도를 구세주로 믿기 위해서는 믿음의 3요소, 즉, 지. 정. 의가 모두 동시에 행사되어야 한다. 라이리(Charles Ryrie)는 이렇게 말한다: "믿음의 3측면은 구별될 수 있겠지만, 구원의 믿음이 발생할 때에는 세 가지 모두가 통합적으로 일어나야 한다."

(2) 전도자를 따라 일정한 형태의 기도를 앵무새처럼 따라서 하는 것은 참된 믿음이 아니다. 한 사람이 동일한 과정을 수십번 반복할 수도 있을 것이다. 그러나 마음으로부터 믿지 않으면 그러한 형식적

---

* 장두만, '주재권 구원 무엇이 문제인가?'에서 잘 정리되어 있는 부분을 인용하고 그것에 대한 설명을 추가함.

인 과정 자체는 아무런 유익이 없다. 영접기도는 했지만 진정한 영접은 못했을 수도 있다. 진정한 영접은 구원얻는 믿음과 같은 의미이다. (요1:12)

(3) 참된 믿음은 주재권과도 상관없다. 참으로 구원받은 사람은 구원받자 마자 예수 그리스도를 자신의 주님으로 모시고자 하는 간절한 소원이 있다. 그러나 그것은 구원받는 그 순간 실제적인 주재권이 반드시 확립된다는 것을 의미하는 것은 아니다. 하나님의 특별한 은혜로 구원받는 순간부터 주재권이 확립된 사람이 있을 수도 있을 것이다. 그러나 그것은 구원의 조건도 아니고 구원과 동시적인 것도 아니다. 그것은 구원의 결과로 올 수 있는 것이다.

(4) 뿐만 아니라, 다음과 같은 것은 모두 참된 믿음과는 상관이 없는 것이다.

① "나는 하나님이 살아계신 것을 믿는다."

이 말은 자신이 유신론자라는 것을 밝힌 것 외에는 별다른 의미가 없다. 모든 그리스도인은 다 유신론자이다. 그러나 모든 유신론자가 다 그리스도인이 아니라는 사실은 긴 설명이 오히려 사족(蛇足)이 될 정도로 너무나 자명한 사실이다. 성경에 의하면, 귀신들도 하나님이 살아 계신 것을 믿고 벌벌 떤다고 했다 (약 2:19)

② "나는 OO교회의 회원이다."

좋은 교회의 회원이 되는 것은 좋은 일이지만, 그것이 한 사람의 영원한 운명을 보장해주는 것은 결코 아니다. 교회 출석후 몇 주 동안의 새 가족반 과정을 이수하고, 약 6개월 지난 후 학습문답을 공부해 "학습"을 받고, 그로부터 약6개월 후 세례 문답 공부를 한 후 침례(세례)를 받으면 교회의 회원이 되는데, 그것이 참된 믿음과 무슨 상관이 있단 말인가? 물론 그런 과정을 통해서 참된 믿음이 생길 수도 있겠지만, 참된 믿음이 없이도 그런 과정을 모두 성공적으로 이수할 수 있다.

③ "나는 천국 가기 위해서 열심히 하고 있다."

참된 믿음은 나의 열심이나 행위와는 아무런 상관이 없다. 구원은 내가 어떤 사람이냐, 내가 무엇을 하느냐 하는 것과는 아무런 상관이 없고, 오직 예수 그리스도의 십자가와만 연관이 있다. 구원은 하나님의 은혜로 인해 믿음으로 주어지는 선물이다 (엡 2:8). 오늘날 교회에 다니는 사람들 중에는 성경 진리를 제대로 배우지 못해서 열심히만 하면 천국이 보장될 것으로 착각하는 사람들이 너무 많이 있다. 이러한 구원관은 성경이 분명히 정죄하고 있는 행위에 의한 구원관 (work salvation)이다

④ "나는 예수님을 나의 구세주와 주님으로 고백한다."

(위에서 설명했기 때문에 생략했음)

⑤ "나는 모태신자이다."

요한복음 1:13에 의하면, "이는 혈통으로나 육정으로나 사람의 뜻으로 나지 아니하고 오직 하나님께로서 난 자들이니라"고 했다. 성경은 "모태신자"라는 것은 존재하지 않는다고 분명히 가르치고 있다. 그럼에도 불구하고 너무나 많은 사람들이 모태신자임을 자랑하고 있다. 그런 신앙은 절대로 없다. 모태 죄인은 있어도 모태 신앙이라는 것은 없다(시 51:5). 신앙은 예수 그리스도와의 일대일의 만남을 통해서만 가능한 것이다. 모태 신앙이라는 것은 기독교 가정에서 태어났다는 것 외에는 별 다른 의미가 없다. 기독교 가정에서 태어난 사람은 다른 종교를 믿는 가정에서 태어난 사람보다는 예수 믿어 구원받을 가능성이 훨씬 많지만 기독교 가정 출신이 모두 거듭난 신자가 아니라는 것은 너무나 분명한 사실이 아닌가?

⑥ "나는 하나님의 능력으로 불치병을 고쳤다."

하나님의 능력으로 불치병 치유를 받는 것은 정말 기쁜 일이지만 육체적인 치유가 내적인 영혼의 치유와는 상관이 없다. 육체적인 치유가 영혼의 치유로 나아갈 수도 있겠지만 육체적인 치유만으로 끝나는 경우도 비일비재하다.

⑦ "나는 방언을 한다."

방언의 은사는 성령의 역사로 배우지 않은 외국어를 말할 수 있는 능력을 말한다. 방언 은사가 지금도 지속되느냐 중단되었느냐,

그리고 오늘날의 방언 현상을 어떻게 설명할 것이냐에 관해서는 학자들 사이에도 많은 논란이 있는 문제이기 때문에 여기서는 길게 논하지 않겠다. 그러나 방언이 사탄의 역사로도 가능하고, 연습하고 배워서 할 수도 있고, 심리적인 현상으로도 가능하기 때문에 방언을 한다고 해서 모두 참된 믿음을 가지고 있다고 말하는 것은 몹시 위험한 일이다.

⑧ "나는 하나님을 사랑하며 그의 뜻대로 살고자 한다."

오늘날 교회에 다니는 사람들이 자주 범하는 오류 중에 하나는 예수 그리스도 없이도 하나님(=성부 하나님)을 사랑할 수 있다고 착각하는 것이다. 물론 이렇게 생각하는 사람들이 모두 의식적으로 그렇게 생각하지 않을 수도 있겠지만 올바른 성경 교육 부재로 인해 무의식적으로 그런 사고를 가지고 있는 경우가 많다. 성경은 이 문제에 관해서 분명히 가르치고 있다. 예수님만이 하나님께로 갈 수 있는 유일한 길이다(요14:6). 요한일서 5:11-12에서는 이렇게 말하고 있다. "또 증거는 이것이니 하나님이 우리에게 영생을 주신 것과 이 생명이 그의 아들 안에 있는 그것이니라 아들이 있는 자에게는 생명이 있고 하나님의 아들이 없는 자에게는 생명이 없느니라." 예수 그리스도를 제대로 알지 못하고, 예수 그리스도를 믿는 분명한 믿음이 없이는 어느 누구도 감히 "나는 하나님을 사랑한다"고 말할 수 없다. 만일 예수 없이 하나님을 사랑한다고 생각하는 사람이 있으면 그것은 순전한 짝사랑에 불과하다.

2) 참된 믿음은 무엇인가?

참된 믿음은 우리의 구원자이신 예수 그리스도를 전인격적으로 신뢰(whole-hearted trust)하는 것이다. "전인격적"이라는 것은 지, 정, 의 전체를 모두 포함하는 개념이다. 어떤 사람이 예수 그리스도를 전인 격적으로 믿으면 구원받게 되고, 그렇게 되면 그의 삶에 전인격적인 변화가 생긴다. 예수를 진심으로 믿으면 예수 믿기 전과 예수 믿은 후가 분명히 구별된다는 말이다. 성경은 이렇게 가르치고 있다: "그 런즉 누구든지 그리스도 안에 있으면 새로운 피조물이라 이전 것은 지나갔으니 보라 새 것이 되었도다"(고후 5:17).

◆ 참된 믿음과 거짓 믿음은 어떻게 구별할 수 있는가?

(1) 참된 믿음은 열매로 안다. 거짓 믿음은 열매를 맺지 못하지만 참된 믿음은 내재하시는 성령의 능력으로 열매를 맺게 된다. 예수를 믿고 구원받았다고 고백을 하지만 아무런 변화의 열매가 없다면 그 믿음은 참된 믿음이 아니다.

(2) 한 사람이 예수 그리스도를 전인격적으로 믿으면 바로 그 직 후부터 변화의 열매가 나타난다. 예수를 전인격적으로 믿고 구원받 으면 분명한 변화의 증거가 있다는 것은 교파 관계없이 모든 학자들 이 이구동성으로 주장하고 있다. 장로교의 대표적인 신학자 가운데 한명이었던 찰스 하지(Charles Hodge)도 중생은 "영적 죽음에서 영적

인 생명으로 옮겨가는 즉각적인 변화"라고 했고, 또 다른 장로교 신학의 대표자 중 한 명인 워필드(B. B. Warfield)도 유사한 주장을 하고 있다:

중생이란 성령 하나님의 역사로 인해(딛3:5;엡4:24) 영혼 속에 일어나는 근본적이고 완전한 변화이다(롬 12:2; 엡 4:23). 이로 말미암아 우리는 "새로운 사람"(엡 4:24; 골 3:10)이 되어, 더 이상 세상을 따라가는 것이 아니라(롬12:2; 엡 4:22; 골 3:9), 지식과 진리의 거룩함으로 하나님의 형상을 따라 다시 지은 바가 된 것이다(엡 4:24; 골 3:10; 롬12:2)."

침례교 신학자인 스트롱(A. H. Strong)은 다음과 같이 말하고 있다:

그것[=중생]은 즉각적인 변화이다. 중생은 점진적으로 서서히 이루지는 일이 아니다. 변화를 준비하기 위한 하나님의 섭리와 성령의 역사는 점진적일 수 있고, 중생이 있기 전과 후에 자신의 중생을 인식하는 것도 서서히 올 수 있다, 그러나 중생 그 자체는 성령의 영향으로 인해 일어나는 순간적인 일이며, 한 순간 영혼의 성향이 바뀌어 하나님에게 적대적이던 사람이 하나님을 사랑하는 사람이 된다.

중생과 그 후의 변화에 관해서 에릭슨(Millard J. Erickson;침례교)도 같은 주장을 하고 있다:

첫째, 그것[=중생]은 새로운 그 무엇, 즉, 사람의 자연적 성향의 전체적인 반전을 포함 하고 있다....나아가서 신생[=중생] 그 자체는 즉각적인 것같이 보인다. 신생을 묘사함 에 있어서 그것이 단일한 행동이 아니라 하나의 과정이라는 암시를 하는 내용은 어디에서도 찾아 볼 수 없다.

(3) 한 사람이 참으로 거듭나면 경험하게 되는 변화에는 두 종류가 있다. 즉, 내적인 변화와 외적인 변화이다. 내적인 변화는 구원받으면 즉각적으로 일어나는 변화요, 외적인 변화는 즉각적인 경우도 있고 점진적으로 이루어지는 경우도 있다. 성경은 진정으로 거듭난 신자가 내주하시는 성령의 능력으로 인해 경험하는 내적인 변화에 대해서 분명하게 가르치고 있다. 그러한 변화 중 몇 가지를 예로 들면 다음과 같다.

① 죄에 대한 분명한 인식과 그 해결

구원은 죄 용서이기 때문에 구원받으면 '나 같은 큰 죄인이 하나님의 아들 예수 때문에 용서받았구나. 나의 과거, 현재, 미래의 죄가 완전히 해결되었구나!' 하는 해방감이 분명히 있다(눅 5:31-32; 엡 1:7; 히 10:17; 요일 2:12; 계 1:5). 자신이 하나님 앞에서 죄인인 것도 제대로 모르고 그 죄가 완전히 용서받은 것도 모른다면 그것은 결코 구원일 수가 없다.

② 주님의 은혜에 대한 감사

나 같은 죄인을 사랑하시고 용서하신 주님의 은혜에 대해서 이전과는 다른 차원의 감사가 있고, 또 그 주님을 마음으로부터 사랑하게 된다(벧전 1:8; 요일 5:1-3). '주님'이라는 말만 들어도 가슴이 해지기도 하고, 주님만 생각하면 가슴이 뭉클해지기도 하고, 주님에 대해서 마음에서부터 감사와 감격이 솟아나서 눈물을 흘리기도 하는 등의 변화가 있다.

③ 내적 평안과 기쁨

구원받으면 마음에 엄청난 평안과 기쁨을 체험하게 된다(요 7:38; 행 8:39; 행 16:34). 나의 심령 속에서 솟아오르는 기쁨 때문에 주체하지 못할 정도로 기뻐하게 된다.

④ 말씀에 대한 새로운 이해

과거에는 영적인 눈을 뜨지 못했기 때문에(눅 6:40; 고후 4:4) 말씀이 잘 이해도 안되고 재미도 없었는데, 거듭나면 말씀이 이해되고, 믿어지고, 좋아진다. 과거에 알고 있던 말씀이 새로운 의미로 깨달아지기도 한다(골 3:10). 말씀뿐만 아니라 찬송에 대해서도 새로운 인식이 생긴다. 과거에는 그냥 습관적으로 찬양했지만, 구원받고 나면 가사 하나하나가 바로 자신의 간증이요 신앙고백인 것을 깨닫게 된다.

⑤ 구원받지 못한 다른 영혼에 대한 관심

구원받고 나면 구원받지 못한 영혼을 진정으로 불쌍히 여기고 그에게 복음을 전해야겠다는 부담감이 생기기 시작한다(요 4:39; 행 9:20,

22). 대개 부모나 친지 등 가까운 사람에 대한 부담에서 그 범위가 점점 더 확대되어 간다.

⑥ 취향 및 가치관의 변화

구원받고 나면 과거에 관심 가지고 있던 것, 과거에 좋아하던 것, 과거에 추구하던 것이 시시하게 보이고 그 대신 새로운 가치관이 형성된다(눅 19:8; 요일 2:15). 한순간에 세상을 보는 눈이 달라진다.

⑦ 죄를 안 지으려고 하고, 죄에 대해서 민감해짐

구원받고 나면 화인 맞은 양심이 살아나기 때문에 죄에 대해서 굉장히 민감해지고, 조그마한 죄만 지어도 금세 반응이 와서 괴로워하게 된다. 그렇기 때문에 죄를 굉장히 두려워하게 되고, 죄를 안 지으려고 발버둥치게 된다(요일 1:5-10; 3:5-6, 9).

⑧ 다른 신자들을 사랑하고 그들과 영적 교제가 됨

거듭나면 과거에 흉금을 터놓고 대화하던 친구와 말이 통하지 않는 것을 느끼기도 한다. 특별히 영적인 문제나 신앙적인 문제에 관해서는 너무 답답함을 느끼게 된다. 그러나 거듭난 그리스도인과는 말이 통할 뿐만 아니라 그 교제가 너무 재미있고 시간 가는 줄 모르게 된다. 그뿐만 아니라 그들을 참으로 사랑하게 되고, 그들이 참으로 소중한 형제요 자매임을 알게 된다. 과거에 전혀 본 적이 없는 사람이라도 거듭난 사람이면 금세 영적인 대화가 통한다(요일 1:3-4; 3:14).

아버지가 같기 때문에 공통점이 굉장히 많은 것이다. 그러나 거듭나지 않은 채 교회에 다니는 사람과는 – 비록 그가 육신의 부모이고 형제일지라도 – 전혀 말이 통하지 않고 오히려 다툼만 생기는 것을 경험하게 된다.

⑨ 주님 뜻대로 살고자 하는 마음

거듭나면 예수님을 삶의 전 분야를 주장하시는 주인으로 모시겠다는 소원과 마음의 결단이 자발적으로 따른다. 그의 말씀에 순종하겠다는 마음이 생기고(요일 2:3-5), 주님을 위해서라면 뭐든지 할 수 있을 것 같은 마음이 생긴다. 또 집이라도 팔라면 팔 것 같고, 불 속에라도 뛰어들라면 뛰어들 것 같은 마음이 생긴다. 물론 나중에는 그런 마음이 식기도 하고 변하기도 한다. 그러나 실제적인 삶이 그 정도에까지 미치지 못하는 경우가 굉장히 많다. 구원받은 사람이 금세 실제적인 주재권이 확립되지 않은 경우가 대부분이지만, 적어도 예수 그리스도를 주님으로 모시고 그의 뜻대로 살겠다는 마음의 각오와 결단은 생긴다.

한 사람이 예수 그리스도를 믿는다고 고백한 직후에 위에서 언급한 내적인 변화가 일어났다면 그 사람은 진정한 구원의 믿음을 가졌을 가능성이 굉장히 많다. 그러나 변화의 정도는 사람에 따라 다소간의 차이가 있을 수 있다는 사실을 감안해야 하고, 또 어떤 경우에는 애매해서 한 사람이 정말 구원의 믿음을 가졌는지의 여부를 알기 몹시 어려울 수 있다는 것도 인정하면서 우리의 한계를 겸허하게 받아들여야 할 것이다. 그럼에도 불구하고 위에서 제시한 변화의 열매는 참 믿음과 거짓 믿음을 가리는 일반적인 척도로서 상당히 유용할 것으로 생각한다.

3) 열매에 대해 잘못 적용할 수 있다

장두만 교수님께서 믿음이라고 할 수 없는 경우와 참믿음이라고 할 수 있는 것을 매우 간략하지만 핵심들을 잘 설명했다. 여기에서 우리는 참믿음이 열매를 통해서만 확인이 가능하다는 것을 확인할 수 있다. 문제는 이 열매들 하나하나가 매우 모호하게 해석될 수 있는 모호성을 가지고 있다는 것이다.

예를 들면 바울이 고린도후서에서 거짓교사들을 맹비난하면서 그들을 의의 일꾼인것처럼 가장하는 사탄의 일꾼이라고 비난했다. 그런데 그들에게도 복음에 대한 열정, 주님을 사랑하는 마음, 말씀에 대한 열정, 교인을 위한 열심, 죄에 대한 회개, 어느 정도의 평안들을 가지고 있었고 오히려 스스로 환상을 보고 주님의 계시를 받았다고 할 정도로 기도에도 깨어있는 사람들처럼 보였다. 분명히 그들에게는 믿음에 따르는 열매들이 있어 보인다. 만약 그들에게 위에서 언급한 열매들을 적용시켰다면 그들은 자신들은 분명하게 참열매들을 맺고 있다고 자신할 것이다. 하지만 그들이 맺은 열매들은 모조품에 지나지 않는다. 그래서 바울은 그들을 사탄의 일꾼이라고 맹비난했다.

결국 이 열매들이 진짜 열매인지 모조품에 불과한지에 대한 추가 설명이 필요하다. 왜냐하면 사탄은 우리의 신앙을 파괴하기 위해서라면 얼마든지 이 열매들의 모조품을 만들어 낼 수 있기 때문이다. 그렇다면 성령님께서만 맺게 하실 수 있는 진짜 열매와 모조품을 어떻게 구분할 수 있는가?

하나님의 선물,
거듭남

"사탄이 믿는자를 지옥으로 끌고 가는 방법 중에서

가장 쉬우면서, 항상 성공하는 방법은

신앙인들이 스스로가 안전하다고 느끼게 하는 것입니다."*

故 장두만 교수는 그분의 논문("주제권구원 무엇이 문제인가?")에서 진심으로 거듭난 성도의 비율이 전교인의 10%가량으로 생각한다고 했다.

그 말이 사실이라면, 90%의 교인들은 자신들이 구원의 문제에서 안전하다고 느끼며 지옥으로 가고 있다는 말이 된다. 만약 교회가 구원이 불확실한 90%의 영혼에 대해서 책임을 져야 함에도 그들을 깨우치지 못하고 있다면 직무유기의 큰 잘못을 하고 있다. 하나님께서 '이 게으르고 악한 종아, 나머지 아홉은 어디 있느냐?'고 물으실 때 뭐라고 변명할 것인가?

교회와 교인의 수가 많아졌지만, 세상을 향한 교회의 파워는 왜 약해지는 것일까? 세상에 빛과 소금의 역할을 감당해야 할 교회는 오히려 교회 내의 문제만으로도 허덕이고 있다. 그 근본적인 원인은 바로 진실한 회심자들을 얻는 데 교회가 실패하고 있기 때문이다.

이번 장을 통해서 아직 거듭남이 불분명한 사람들이 거듭남의 길

---

* 스크루테이프의 편지 내용 중 요약.

을 발견하기를, 스스로 안전하다고 느꼈던 거짓된 신앙인들이 성령님의 CPR을 통해 정말로 살아나기를 소망한다.

1. 거듭남의 중요성

[요3:1-12]

1 그런데 바리새인 중에 니고데모라 하는 사람이 있으니 유대인의 지도자라

2 그가 밤에 예수께 와서 이르되 랍비여 우리가 당신은 하나님께로부터 오신 선생인 줄 아나이다 하나님이 함께 하시지 아니하시면 당신이 행하시는 이 표적을 아무도 할 수 없음이니이다

3 예수께서 대답하여 이르시되 진실로 진실로 네게 이르노니 사람이 거듭나지 아니하면 하나님의 나라를 볼 수 없느니라

4 니고데모가 이르되 사람이 늙으면 어떻게 날 수 있사옵나이까 두 번째 모태에 들어갔다가 날 수 있사옵나이까

5 예수께서 대답하시되 진실로 진실로 네게 이르노니 사람이 물과 성령으로 나지 아니하면 하나님의 나라에 들어갈 수 없느니라

6 육으로 난 것은 육이요 영으로 난 것은 영이니

7 내가 네게 거듭나야 하겠다 하는 말을 놀랍게 여기지 말라

8 바람이 임의로 불매 네가 그 소리는 들어도 어디서 와서 어디로 가는지 알지 못하나니 성령으로 난 사람도 다 그러하니라

9 니고데모가 대답하여 이르되 어찌 그러한 일이 있을 수 있나이까

10 예수께서 그에게 대답하여 이르시되 너는 이스라엘의 선생으로

서 이러한 것들을 알지 못하느냐

11 진실로 진실로 네게 이르노니 우리는 아는 것을 말하고 본 것을 증
언하노라 그러나 너희가 우리의 증언을 받지 아니하는도다

12 내가 땅의 일을 말하여도 너희가 믿지 아니하거든 하물며 하늘의
일을 말하면 어떻게 믿겠느냐

니고데모라는 사람이 예수님을 찾아왔다. 그는 많은 직함을 가진
사람이었다. 공회원, 랍비, 바리새파라는 직함을 가지고 있다. 아마
도, 그가 명함을 만들었다면, 앞 뒷면이 빼곡했을 것이다. 그런 그가
무엇이 궁금했는지, 아니면 자신의 신앙에, 무엇이 부족하다는 것을
느꼈는지, 예수님을 찾아와 해결하고 싶어했다.

그는 매우 소극적인 사람이었다. 자신이 진짜 궁금해 하는 것이
있는데도 단도직입적으로 말하는데 서툰 사람이었다. 그래서 예수
님을 만나서 자신의 질문과 궁금함을 물어보는데 늦장을 부린다. 그
가 처음으로 한 말은 "당신의 표적과 말을 들어보니 당신은 하나님께
로부터 온 사람이 분명합니다"라는 말이었다. 그리고 본론을 얘기하
지 않는다.

그런데 예수님은 대화의 본질을 간파하신다. 이점이 매우 중요하
다. 우리는 돌려 돌려 말하는 교인들을 많이 알고 있다. 사과깎기도
아닌데, 빙글빙글 돌려 말한다. 예수님의 언어는 거의 항상 단도직입
적이었다. 왜인가? 그 이유는 그 영혼이 살고 죽는 문제이기 때문이
며, 그 영혼이 망할 것인지, 살것인지를 결정하는 문제이기 때문이
다. 만일 본인의 가족 중의 한 명이 물에 빠져 허우적 거리는데, 수영
복 챙겨 입고 수경과 수영모를 챙겨서 구조할 사람은 아무도 없을 것

이다. 지금 당장 한 영혼이 멸망에 빠져 죽어가는데, 사과깎기 하듯 말하는 사람이라면, 그 영혼을 사랑하는 것이 아니다. 예수님은 니고데모의 사과깎기 대화를 거절하고 단호하게 말씀하신다.

'거듭나지 아니하면 하나님의 나라를 볼 수 없느니라.'

예수님과 니고데모의 대화는 참 이가 맞지 않는다.
니고데모는 '당신은 하나님으로부터 온 분이시다.' 예수님은 '거듭나지 않으면 하나님의 나라를 볼 수 없다.'
니고데모는 '어떻게 뱃속에 들어가서 두 번째로 나느냐?' 예수님은 '거듭나지 않으면 하나님의 나라에 들어갈 수 없다. 육으로 난 것은 육이요 영으로 난 것은 영이다.' 니고데모에게 하는 모든 질문에 예수님은 "네가 거듭나야 한다"고 말씀하신다. 왜냐하면, 니고데모에게 필요한 것은 어떤 것보다도 거듭남이기 때문이다.

이렇게 거듭남은 종교생활을 얼마나 오래했는지, 그가 어떤 지위에 있는지에 관계없이 가장 중요하다. "어떻게 하면 현재의 고통에서 벗어날 수 있을까요?", "내 결혼문제를 해결해 주실 수 있나요?", "가족 때문에 너무나 상처가 큽니다. 해결할 수 있을까요?"
어떤 질문을 예수님께 하더라도, 예수님은 당신에게 이렇게 대답하실 것이다. "네가 먼저 거듭나야 한다."
당신은 이렇게 대꾸할지도 모른다. "아니, 지금 저에게 5천만원을 대출 받는 것이 필요해요.", "예수님, 지금 저에게는 직장이 필요해요."

당신의 종교적인 필요를 예수님께 물어 볼 수도 있다. "예수님, 다음달에 교회에서 어떤 훈련을 받아야 할까요?" 그런데 예수님은 당신에게 이렇게 말씀하신다. "네가 거듭나지 않으면, 하나님의 나라에 들어가기는커녕, 구경조차 못할 것이다" 당신이 어떤 질문을 하더라도, 예수님의 제 1차 관심은 당신이 거듭나는 것이다. 거듭남은 모든 질문의 답이고, 문제를 해결할 수 있는 Key다.

2. 거듭남에 대한 교회 역사

기독교 역사에서 "거듭남"에 대한 가르침은 시대와 전통에 따라 다양한 변화와 발전을 겪었다. "거듭남"이란 일반적으로 성령을 통해 죄인에서 의인으로 변화되는 영적 재생을 의미하며, 이는 예수 그리스도를 통해 새로운 삶을 얻는 것을 말한다. 이 개념은 예수님과 니고데모의 대화에서 나온 요한복음 3장의 "거듭나야 한다"는 가르침에 근거한다.

다음은 주요한 기독교 전통에서 거듭남에 대한 이해가 어떻게 발전해 왔는지를 요약한 것이다.

1) 초기 기독교 : 1세기 - 5세기

- 초기 교부들은 거듭남을 세례와 깊이 연결하여 이해했다. 초기 기독교에서는 세례를 통해 성령의 은혜를 받고 거듭나는 것으로 여겼다.

- 이 시기에는 세례를 통해 죄 씻음과 새로운 시작이 이루어진다는 점이 강조되었고, 세례를 통해 하나님의 가족에 편입된다는 점이 중요시되었다.

2) 중세 교회 : 6세기 - 15세기

- 중세 가톨릭 교회는 거듭남을 성례전과 연결했다. 세례와 함께 성체 성사(성찬례)와 고해 성사 등을 통해 하나님의 은혜가 주어진다고 보았다.
- 중세 신학자들은 거듭남을 단순한 영적 체험이 아니라, 교회가 제공하는 성례를 통해 하나님의 은혜가 점진적으로 주입되는 과정으로 이해했다.

3) 종교 개혁 : 16세기

- 종교 개혁자들은 거듭남을 보다 개인적인 신앙 체험으로 이해했다. 특히 마르틴 루터와 존 칼뱅 같은 개혁자들은 "오직 믿음으로" 구원을 받는다는 교리를 강조했다.
- 이 시기에는 거듭남이 성례전의 외적인 행위가 아니라, 믿음을 통해 성령이 내적으로 변화시키는 사건으로 이해되었다.
- 개신교 전통에서 세례는 여전히 중요했지만, 거듭남은 하나님의 은혜와 믿음을 통한 '단회적 사건'으로 설명되었다.

4) 청교도 및 부흥 운동 : 17세기 - 19세기

- 청교도들과 부흥운동가들은 거듭남을 강력한 내적 체험으로 이

해했다. 존 웨슬리 같은 인물은 거듭남을 개인적인 회심과 감정적 경험으로 보았으며, 성령의 임재를 통한 신자의 삶의 변화가 중시되었다.

- 이 시기에는 부흥 집회와 개인적인 기도 모임을 통해 성령의 체험과 거듭남이 강조되었다.

5) 근대와 현대 : 20세기 - 현재

- 근대에 들어서면서 거듭남은 다양한 신학적 해석을 통해 이해되었다. 복음주의 전통에서는 여전히 성령의 역사와 회심을 통한 거듭남을 강조한다.

- 오순절 및 은사주의 운동에서는 성령 세례와 거듭남을 구분하면서, 성령의 체험을 통한 특별한 은사가 신자의 삶에 중요한 역할을 한다고 주장한다.

- 자유주의 신학에서는 거듭남을 도덕적 변화나 사회적 참여와 연관짓는 경향이 있으며, 예수의 가르침을 실천하는 삶을 거듭난 삶으로 보기도 한다.

기독교 역사에서 거듭남에 대한 가르침은 세례와 같은 외적 성례에서 내적이고 개인적인 성령의 체험으로 발전해 왔다. 시대에 따라 성령의 역사, 개인적 회심, 그리고 교회의 역할에 대한 강조점이 달라졌지만, 거듭남은 여전히 기독교 신앙의 핵심 주제로 남아 있다.

여기에 조금더 설명을 덧붙이자면, 16세기에 들어 종교 개혁이 일어나면서 거듭남에 대한 관심이 부각되었다. 마르틴 루터와 장 칼뱅 등 개혁자들은 신앙을 통한 구원, 즉 개인적인 믿음을 통한 거듭남의 필요성을 강조했다.

이 시기에는 교회 제도보다는 개인적 신앙과 내적 변화가 강조되어 거듭남의 개념이 새롭게 조명되었다. 그러나 문제는 교리 안에 머물러 있다는 것이다. 내가 이신칭의 교리를 믿는다고 하면 구원을 받은 것이다. 그 믿음이 교리에 대한 지적 동의인지, 성경이 말한 진짜 믿음인지에 대한 깊은 고민들은 보이지 않는다. 교리를 머리로만 알 수도 있고, 거듭나지 않고도 그 교리에 동의할수도 있다. 귀신도 하나님이 한분이신것과 그분의 전지전능함에 동의하고, 자신들을 구원하여 낙원에 들어가게 해준다면 복음에 동의할 수도 있다. 그러나 그것은 성경이 말하는 믿음이거나 거듭남이라고 말하지 않는다. 물론 바른 복음, 바른 교리는 매우 중요하지만, 그것을 내가 동의하는 것과 거듭남이 일치하지 않는다.

청교도와 18세기의 대각성 운동은 "거듭난 신앙"에 중점을 두었다. 영국과 미국에서 전개된 대각성 운동은 내면의 회심과 영적 각성을 중요시했으며, 설교자들(예: 조나단 에드워즈, 조지 휫필드)은 사람들이 죄를 뉘우치고 거듭나도록 촉구했다.

청교도가 중심이 된 회중교회에서는 '거듭남'의 주제가 설교되었고 연구되었다. 무엇보다도 교회 내에서 거듭남에 대한 중요성이 부각되었으며, 세례 문답에서 거듭남은 성도의 신앙을 살피는 중요한 기준이 되었다. 세례를 받기를 원하는 교인은 자신의 거듭남의 과정과 상황을 믿을 수 있는 지도자들과 회중 앞에서 설명해야 했으며,

회중들은 그 사람의 회심에 대해 판단하고 거듭남이 분명할 때에 세례를 베풀었다.

그러나 지금은 어떠한가? 거듭남이라는 주제는 교회에서 매우 어색한 주제가 되었다. 혹시나 '거듭남'을 자주 설교하거나, 가르치는 교사가 있다면, 구원파가 아니냐는 의심을 받기도 한다. 이단 때문에 너무나 중요한 주제가 교회 내에서 거세를 당하고 있는 상황이다. 이러한 상황은 비참하게도 사탄이 분명히 원하는 것이다. 거듭남이 무엇인지에 대한 설교는 듣기도 어려울 뿐만 아니라, 거듭남의 정의를 말할 수 있는 성도가 몇이나 될까? 이것이 현재 교인들의 현실이다.

3. 거듭남의 정의

– 요한복음3장에서

　요한복음 3장에서 말하는 거듭남이 무엇일까? 3장 내에서만 그 의미를 알기는 어렵지만, 3장에서 드러난, 거듭남에 대해 정리하면 이렇다.

　거듭남은 성령으로 다시 태어나는 것을 말하며 그것은 육체적으로 태어나서 살아왔던 모든 것들, 즉 가치관, 정체성, 감정, 의지, 생각의 틀등의 모든 것이 전혀 다르게 변화되는 것을 말한다.

　거듭남의 개념에 대해 우리가 쉽게 오해할 수 있는 것이 있다. 그것은, 예수님이 오신 후에 거듭날 수 있다고 생각한다. 이러한 개념을 세대주의라고 말한다. 믿음도 거듭남도 복음도 성령도 세대를 나누어서 다르게 정의한다. 그래서 거듭남은 예수님의 부활이후나, 오순절 성령강림 이후에 있는 현상으로 이해한다. 그러나 예수님은 아브라함의 믿음이나 우리의 믿음이나 동일하고 예수님의 부활 전이나 후나 거듭나는 것은 동일하다고 선언하신다.

　예수님이 십자가를 지시고 부활하시기 전의 사람들은 거듭나지 못했을까? 아니다. 그렇다면, 예수님은 니고데모에게 거듭남을 모른다고 책망하지 않으셨을 것이다. '이스라엘의 선생으로서 당연히 거듭남에 대해 알아야 하고, 거듭나야 되지 않느냐' 예수님의 십자가 사건 이전에 태어났던 사람이나 이후에 태어난 사람에게 거듭남은 동일하다.

그리고 거듭남은 수동태이다. 우리가 원한다고 주어지는 것이 아니다. 우리가 알 수 있는 것은 성령으로 태어난 사람은 다른 모습으로 새롭게 태어난다는 사실이다. 전혀 새로운 모습으로 태어나는 것이다.

[고후5:17]
그런즉 누구든지 그리스도 안에 있으면 새로운 피조물이라 이전 것은 지나갔으니 보라 새 것이 되었도다.

거듭남은 십자가 사건 이후나 이전이나 동일하게 거듭남을 통해서 구원을 받는 것이다. 그것에 대한 사건이 모세가 광야에서 뱀을 든 사건이라는 것이다. 뱀을 든 사건이 의미하는 바는 무엇인가?

[요3:14-15]
14 모세가 광야에서 뱀을 든 것 같이 인자도 들려야 하리니
15 이는 그를 믿는 자마다 영생을 얻게 하려 하심이니라

백성들이 호르산에서 출발하여 홍해길을 따라 에돔 땅을 우회하려 하였다가 길이 험하기 때문에 백성의 마음이 상했다.

[민21:5-7]
5 백성이 하나님과 모세를 원망하여 이르되 어찌하여 우리를 애굽에

서 인도해 내어 이 광야에서 죽게 하는가? 이곳에는 먹을 것도 없고 물도 없도다 우리 마음이 이 하찮은 음식을 싫어하노라 하매

6 여호와께서 불뱀들을 백성 중에서 보내어 백성을 물게 하시므로 이스라엘 백성 중에 죽은 자가 많은지라

7 백성이 모세에게 이르되 말하되 우리가 여호와와 당신을 향하여 원망함으로 범죄하였사오니 여호와께 기도하여 이 뱀들을 우리에게서 떠나게 하여 이 뱀들을 우리에게서 떠나라 하소서…

물이 없어서 먹을 것이 없어서 불평하는 것은 우리에게 너무나 당연하다. 당장 회사에서 급여를 주지 않았다고 상상해보라. 불평이 터져나오는 것이다. 이스라엘 백성들도 당연한 반응을 보였다. 그들이 불뱀에 의해 죽게 되는 순간 그들이 깨닫게 되었다. 그들은 다시 태어난 것이다. 원망하는 것이 죄이고, 자신들이 하나님을 향해 죄를 지었다는 것을 깨달은 것이다. 거듭나는 것은 과거에 죄로 보이지 않던 죄들이 보이는 것이다.

어떤 낯선 분이 작은 교회에 큰 액수의 돈을 가져왔다. 작은 교회를 지키고 있던 목사님은 깜짝 놀라면서 이것이 무슨 돈인지를 물었다. 그러자, 이런 말을 했다고 한다. 지금까지 사업을 하면서 너무나 잘됐다. 그런데 이것을 감사하지 않으면 벌받을 것 같다는 생각이 들었다. 그 전에는 내가 잘해서라고 생각했는데, 감사하지 않는 것이 큰 죄라는 생각이 들어서 가지고 왔다고 자기의 이야기를 담담하게 전하더라는 것이다. 이것이 은혜이다. 감사하지 않은 것이 죄로구나라는 것을 아는 것이 거듭남의 시작이다.

또, 불뱀 사건에서 뱀에 물려 죽어가던 백성들은 사망을 생명으로 바꾸시는 분은 오직 하나님이라는 믿음을 가지게 되었다. 백성들이 불뱀들에게 물려서 죽게 되었다. 불뱀은 사망을 상징한다. 그런데 그 사망을 상징하는 불뱀을 높은 장대에 놋뱀으로 만들어 들라는 것이다. 그것을 보는 자마다 구원을 얻는다는 것이다. 이것은 예수님의 십자가 사건에 대한 정확한 예표이다. 예수님은 십자가에서 사망을 당하신다. 사흘후에 그 사망을 이기고 부활하신다. 장대 위의 놋뱀을 보는 자마다 자신의 사망이 생명으로 바뀌게 된다. 십자가 위의 예수님을 믿음으로 바라보는 자마다 사망이 생명으로 바뀐다. 왜냐하면 하나님이 생명이시고, 예수님께서 사망을 이기시고 생명을 주시는 분이시기 때문이다. 거듭남이라는 것은 예수님이 십자가에서 사망을 이기시고 생명을 주셨다는 것을 믿음의 눈으로 바라보는 것이다.

그리고 거듭난 자의 모습을 요3:36은 이렇게 말씀한다. "아들을 믿는 자에게는 영생이 있고 아들에게 순종하지 아니하는 자는 영생을 보지 못하고 도리어 하나님의 진노가 그 위에 머물러 있느니라" 예수님의 정체성을 보게 되었을 때 그분을 믿는 사람은 그분을 자기 인생의 주인으로 모시고, 그분께 순종한다. 이전까지는 다른 것들의 종이거나, 자신이 주인행세를 했었는데, 이제는 진짜 주인이 예수님이신 것을 알게 되고 순종하게 된다는 것이다.

거듭난 사람의 새롭게 변화된 모습을 요한복음 3장 안에서 정리하면 아래와 같다.

거듭난 사람은 바람이 임의로 불 듯이 전혀 새로운 영혼으로 변화된다. 이것은 전에 경험하지 못했던 모습이며, 인간의 감정과 지식으로 만들어지지 않는 모습이다.

1. 보이지 않던 죄가 보이고 그것을 회개한다.
2. 유일한 구원자로 하나님과 예수님을 믿음의 눈으로 보는 것이다.
3. 순종하게 된다.(요한복음3:36절)

4장

하나님의 선물,
성령

1. 성령님이 내 안에 내주하시는 것을 알 수 있는가?

◈ 어린 아이의 신앙이지만 성령님이 내주하신다

[고전2:14-15]
육에 속한 사람은 하나님의 성령의 일을 받지 아니하나니 저희에게
는 미련하게 보임이요 또 깨닫지도 못하나니 이런 일은 영적으로라
야 분변하느니라 신령한 자는 모든 것을 판단하나 자기는 아무에게
도 판단을 받지 아니하느니라

'육에 속한'이라고 번역된 헬라어 원어는 '푸키코이'인데, 성령님
이 내주하지 않고 거듭나지도 않은 상태를 의미하며 유다서 4절에서
도 사용된다.

[유 4]
이 사람들은 당을 짓는 자며 육에 속한 자며 성령은 없는 자니라

비슷하지만 '육신에 속한 자'가 있다.

[고전3:1]

형제들아 내가 신령한 자들을 대함과 같이 너희에게 말할 수 없어서
육신에 속한 자 곧 그리스도 안에서 어린 아이들을 대함과 같이 하
노라

여기서 '육신에 속한 자'는 헬라어 원어로 '사르키노스'이며 본문
의 의미는 크게 성화되지 않은 그리스도인, 어린 아이와 같은 그리스
도인을 의미한다. 이들은 비록 신앙에서는 어린 아이지만, 성령님이
내주하는 사람들이다. 하지만 어린 아이처럼 실수를 자주 하고, 변화
되지 않은 과거의 좋지 못한 것들을 여전히 가지고 있다.

고린도교인들이 신앙에서 어린 아이라고 불려진 이유는 여러가지
변화되지 못한 모습들 때문이었다. 고린도교인들은 자신들이 추종
하는 지도자들을 따라서 분열되고 신앙을 자라게 하는 분은 하나님
이신데, 눈에 보이는 지도자들의 업적만을 보고 추종하는 어리석음
이 있었다. 자신들의 분열과 시기가 하나님의 공동체를 파괴하고 있
다는 것을 깨닫지 못하는 어리석음이 있었다. 심지어 계모를 취한 성
도를 어떻게 판단해야 할지를 몰라서 모른채 하는 과오를 범한다.

그들의 성찬식은 술잔치가 되버리는 부끄러운 모습조차 있었다.
이러한 모든 결점에도 불구하고 바울은 그들에게 성령님이 내주하신
다고 인정하였다. 바울은 무엇을 근거로 고린도교인들에게 성령님
이 내주하신다고 하였을까? 반대로 교인으로 불리지만 성령님이 내
주하지 않을 수 있는가?

2. 성령님의 일반적인 역사만을 체험하는 사람들은 성령님이 내주하시는 것이 아니다

성령님의 일반적인 역사라는 것은 육의 사람(거듭나지 않은 자연인)이 성령님의 일시적인 은혜와 능력을 체험하는 것을 말한다. 거듭나지 못한 사람일지라도 어떤 성령의 은사가 있을 수 있고 비상한 지혜와 공예를 다루는 실력을 갖출 수 있다. 주님은 성령님이 내주하지 않고 일반적인 역사만 일어나는 사람들을 조심하라고 경계하셨다.

[마7:22~23]

22 그 날에 많은 사람이 나더러 이르되 주여 주여 우리가 주의 이름으로 선지자 노릇 하며 주의 이름으로 귀신을 쫓아 내며 주의 이름으로 많은 권능을 행하지 아니하였나이까 하리니

23 그 때에 내가 그들에게 밝히 말하되 내가 너희를 도무지 알지 못하니 불법을 행하는 자들아 내게서 떠나가라 하리라

성령님은 일시적으로 어떤 사람에게 역사하셔서 귀신을 쫓아내게 하실 수 있고, 병을 고치게 하실 수도 있지만, 그런 능력이 있다고 성령님이 내주하신다는 것을 증명해주지 않는다. 어떤 교회는 방언 하

는 것은 구원을 얻었다는 표라고 가르치는데, 이러한 주장은 신학적, 성경적 근거가 전혀 없는 주장이다. 성령님은 일시적으로 어떤 사람에게 환상을 보게 하실 수 있지만, 그것이 성령님께서 내주하시는 증거가 되지 않는다. 발람은 메시야께서 오셔서 원수를 이기고 승리자가 되실 것을 환상을 통해서 보았다.

[민24:17]
내가 그를 보아도 이 때의 일이 아니며 내가 그를 바라보아도 가까운 일이 아니로다 한 별이 야곱에게서 나오며 한 규가 이스라엘에게서 일어나서 모압을 이쪽에서 저쪽까지 쳐서 무찌르고 또 셋의 자식들을 다 멸하리로다

그러나 일시적인 성령님의 은혜를 체험했다고 그를 거듭났다거나, 성령님이 내주하신다고 인정하지 않는다. 민수기 24장 2절, 사무엘상 10장 10절, 11장 6절, 16장 14절, 고린도전서 13장 1~3절, 히브리서 6장 4~6절과 여러 성경 구절들이 입증하는 것처럼 성령님의 일반적인 은혜를 받았다고 거듭났다거나 성령님이 내주하신다고 인정하지 않는다.

3. 성령님이 내주하실 때에 하나님의 본성을 전달해주신다*

성경은 성도들을 성령님의 성전이며 처소이며, 영구적인 거주지라고 묘사한다. 성령님은 거듭나지 않은 사람에게 일반적 은혜와 영향을 줄 수 있지만, 그 안에 내주하지 않기 때문에, 거듭나지 못한 사람들은 성령님의 이름으로 일컬음을 받거나 거룩한 본성이 없다. 하나님의 영은 성도들 안에 내주하시면서 자신의 고유한 본성을 전달하심으로써 열매를 맺게 하시기 때문에 성도들에게 생명의 원리로 작용한다. 그리스도의 영은 그리스도의 영광을 우리에게 비추시고 우리를 그분의 영광스러운 모습처럼 변화시키신다.

[고후3:18]
우리가 다 수건을 벗은 얼굴로 거울을 보는 것 같이 주의 영광을 보매 그와 같은 형상으로 변화하여 영광에서 영광에 이르니 곧 주의 영으로 말미암음이니라

그러나 마귀나 위선자들의 특징은 주님의 영광과 본성을 보는 시

---

* 조나단 에드워즈의 『신앙 감정론』 인용.

력이 없다. 하나님의 위대하심, 전능하심, 편재하심에 대한 시력은 있을지라도 하나님의 공의로우심과 무한하신 자비하심과 신실하심에 대한 시력이 없거나, 피조물속에 있는 것들 수준으로 바라보는 시력밖에 없다. 그래서 위선자들의 특징은 경건함을 흉내 낼수는 있지만, 자신의 본질을 바꾸지는 못한다.

성령님은 성도의 마음 속에 내주하시며, 거기에서 생명의 씨 또는 원천으로서 일하시고 자신을 전달하신다. 그렇게 함으로써 당신의 달콤하고 신적인 본성을 통해 영혼을 하나님의 아름다우심과 그리스도의 기쁨에 참예하는 자로 만드시고, 그 성도가 성령과 교통하며 성령에 참여하게 함으로써 성부 하나님과 성자 예수 그리스도와 참된 교제를 누리게 하신다.

성도들의 심령 속에 있는 은혜는 그 정도에 있어서는 하나님의 것보다는 무한히 적지만 그 성질에 있어서는 하나님의 거룩함과 같은 것이다. 성령님은 여러 방식으로 거듭나지 못한 사람들에게 영향을 줄 수 있지만, 결코 그들에게 당신의 고유한 본성을 주시지는 않으신다.

그래서 성경은 성도들을 "신의 성품에 참예하는 자가 된다"고 묘사한다(벧후1:4). 하나님이 그들 안에 거하시고 그들이 하나님 안에 거하신다고 묘사하며(요일4:12, 15~16, 3:24), 그리스도가 성도 안에 있고(요17:21; 롬8:10), 성도는 살아 계신 하나님의 성전이 되며(고후 6:16), 그리스도의 생명으로 살며(갈2:20), 하나님의 거룩하심에 참예하고(히12:10), 그리스도의 사랑이 그들 안에 거하며(요17:26), 그의 기쁨을 충만히 가지며(요17:13), 하나님의 광명 중에 광명을 보며, 하나님의 복락의 강수로 마시우게 되며(시36:8~9), 하나님과 사귐이 있고, 또는 하나님과 교통하며, 함께 하는 것으로 묘사한다.

　성령님께서 본성을 성도에게 전달하시는 것은 거듭나지 않은 사람들이 일상에서 경험하고 체험하는 것을 초월하며, 일상에서 느끼는 감동과 의지와 지식을 초월하여 질적으로 다른 어떤 것을 전달하시는 것이다. 그것은 일반인들이 계발해서 체험할 수 없으며, 거듭나지 않은 상태에서 체험한 여러가지 경험들을 결합해서 얻는 것도 아니다. 거듭나지 않은 사람은 성령님께서 본성을 전달하시는 것을 전혀 생각할 수도 경험할 수도 없다. 왜냐하면 본질적으로 전혀 다른 종류의 것이기 때문이다.

4. 변화의 확실성

[롬8:26-30]

26 이와 같이 성령도 우리의 연약함을 도우시나니 우리는 마땅히 기
　도할 바를 알지 못하나 오직 성령이 말할 수 없는 탄식으로 우리
　를 위하여 친히 간구하시느니라

27 마음을 살피시는 이가 성령의 생각을 아시나니 이는 성령이 하나
　님의 뜻대로 성도를 위하여 간구하심이니라

28 우리가 알거니와 하나님을 사랑하는 자 곧 그의 뜻대로 부르심을
　입은 자들에게는 모든 것이 합력하여 선을 이루느니라

29 하나님이 미리 아신 자들을 또한 그 아들의 형상을 본받게 하기
　위하여 미리 정하셨으니 이는 그로 많은 형제 중에서 맏아들이 되
　게 하려 하심이니라

30 또 미리 정하신 그들을 또한 부르시고 부르신 그들을 또한 의롭다
　하시고 의롭다 하신 그들을 또한 영화롭게 하셨느니라

　교인들이 가장 많이 애용하는 말씀이 28절 "모든 것이 합력하여
선을 이루느니라"라는 문구이다. 어떤 성도가 시험에 떨어지거나 사
업에 실패했을 때, 또는 불상사를 당했을 때 이 문구를 사용한다. 사
용하는 의도는 분명하다. 지금 당하는 불행도 하나님께서 사용하셔

서 당신을 나중에는 성공하게 한다는 의미로 사용한다.

그러나 성경은 전혀 그러한 의도로 사용되지 않았다. 28절의 전후를 보면 여기에서 선을 이룬다는 것은 예수 그리스도의 형상을 본받아 변화되게 한다는 의미이다. 하나님은 모든 것이 합력하게 해서 우리를 그리스도의 형상으로 변화되게 하신다. "모든 것"이 가리키는 것은 바로 26절에 나오는 '우리의 연약함'이다. 우리의 연약함은 그리스도를 닮은 것이 아니다.

거듭나도 우리의 연약함이 그대로 남아 있는데 이것을 붙들고 기도하시는 분이 계시다. 바로 성령님이시다. 우리가 연약해서 도저히 변화시킬 수 없다고 생각하는 것 조차도 성령님께서 기도하시는 것을 통해서 우리를 주님의 형상으로 변화시키신다는 약속의 말씀이 26절이다.

이 말씀은 하나님의 자녀들 중에 예외를 설정하지 않았다. 많은 사람이 변화될 것이라고 말씀하지 않으셨다. 하나님께서 자녀로 부른 모든 사람이 의롭게 되고 영화롭게 변화될 것이다. 하나님의 아들의 형상을 닮아가게 될 것이다. 왜냐하면 우리가 기도조차 하지 못할 때에 성령님께서 우리를 위해서 탄식으로 간구하실 뿐만 아니라, 하나님 아버지께서 그것을 들어주시기 때문에 우리는 반드시 변화된다. 만약 그리스도의 형상으로 변화되지 않는다면 성령님께서 내주하시지 않은 것이다.

이 짧은 구절은 우리가 반드시 변화될 것이라고 세번을 강조하고 있다. 성령님께서 너의 변화를 위해 간구하시거든. 그리고 하나님은 모든 것을 협력해서 너를 선하게 변화시키시거든. 하나님은 부르실 뿐만 아니라, 의롭게 하시고 영화롭게 하실 거거든. 이렇게 세번의 강조를 통해 우리는 확신할 수 있다. 하나님께서 자녀로 부르셨다면 반드시 주님의 모습을 닮는 사람이 될 것이라는 믿음이다.

그러나 많은 교인과 교회에서 이러한 진리에 적당하게 물을 탄다. '예수님을 믿어도 자기 성질은 못고친다'는 말이 대표적이다. 그리고 변화되지 않는 것이 당연한 것이고 혹시라도 조금만 변해도 대단한 것처럼 주목하고 나팔을 불기 시작한다. 중고등부 수련회에서 실제로 있었던 일이다. 학생 한명이 수련회의 기도회 때 눈물을 흘리며 기도하니 그 학생은 교사들의 수련회 간증의 중심이 되었다. 변화되는 것이 당연한 것이고 반드시 변화될 것이라고 하는데, 이것이 특이한 일이 되었다는 것이 교회의 현실이다.

> "한 사람이 예수님을 구주로 고백했지만 삶에 전혀 변화가 없는 가장 중요한 이유는 예수님을 주님으로 영접하지 않았기 때문이 아니라 처음부터 진정으로 예수 그리스도를 구세주로 믿은 적이 아예 없기 때문이다. 한사람이 예수님을 구세주로 고백한다고 해서 반드시 예수님을 진정으로 믿었다고 볼 수 없다. 그들은 고백은 했지만 영생을 소유한 자는 아닌 것이다."
>
> – 장두만 교수

5. 믿음이 연약한 자가 받은 성령님의 본성

[롬14:1-10]

1 믿음이 연약한 자를 너희가 받되 그의 의견을 비판하지 말라

2 어떤 사람은 모든 것을 먹을 만한 믿음이 있고 믿음이 연약한 자
는 채소만 먹느니라

3 먹는 자는 먹지 않는 자를 업신여기지 말고 먹지 않는 자는 먹는
자를 비판하지 말라 이는 하나님이 그를 받으셨음이라

4 남의 하인을 비판하는 너는 누구냐 그가 서 있는 것이나 넘어지는
것이 자기 주인에게 있으매 그가 세움을 받으리니 이는 그를 세우
시는 권능이 주께 있음이라

5 어떤 사람은 이 날을 저 날보다 낫게 여기고 어떤 사람은 모든 날
을 같게 여기나니 각각 자기 마음으로 확정할지니라

6 날을 중히 여기는 자도 주를 위하여 중히 여기고 먹는 자도 주를
위하여 먹으니 이는 하나님께 감사함이요 먹지 않는 자도 주를 위
하여 먹지 아니하며 하나님께 감사하느니라

7 우리 중에 누구든지 자기를 위하여 사는 자가 없고 자기를 위하여
죽는 자도 없도다

8 우리가 살아도 주를 위하여 살고 죽어도 주를 위하여 죽나니 그러
므로 사나 죽으나 우리가 주의 것이로다

9 이를 위하여 그리스도께서 죽었다가 다시 살아나셨으니 곧 죽은
　 자와 산 자의 주가 되려 하심이라
10 네가 어찌하여 네 형제를 비판하느냐 어찌하여 네 형제를 업신여
　 기느냐 우리가 다 하나님의 심판대 앞에 서리라

　믿음이 약한 자와 믿음이 강한자를 대조하고 있다. 그런데 믿음이
약한 자의 특징이 주님을 위해서 먹지 않을 뿐만 아니라 하나님께 감
사드린다는 것이다.(먹지 않는 자도 주를 위하여 먹지 아니하며 하나님께 감사하느
니라(롬14:6))

　우리가 생각하는 믿음이 약하다는 의미와 사뭇 다르다. 우리는
'저 사람은 믿음이 없어'라는 의미를 믿음이 없어서 여전히 술을 끊
지 못하거나, 담배를 끊지 못하고 자기 성질을 죽이지 못해서 함부로
말을 하거나 여전히 폭력적일 경우에 사용한다.

　그런데 로마서에서 묘사하는 '믿음이 약한 사람'에 대한 묘사는
예수님을 믿고 우상에게 제사지낸 고기를 끊고 채식하기로 결심한
것으로 묘사한다. 왜냐하면 그는 살아도 주를 위해서 살고 죽어도 주
를 위해서 죽기로 결심했기 때문에 고기를 먹느니 차라리 주님을 위
해서 죽겠다는 결심을 했기 때문이다. 이 정도의 사람이 믿음이 약한
사람이다. 만약 지금 그러한 교인이 있다면 주위 사람들의 칭송이 자
자했을 것이고 목사나 선교사가 되라고 했을 것이다.

　그러면 믿음이 강한 사람은 대체 어떤 믿음을 가졌을까? 둘의 차
이는 '우상은 아무것도 아니며 우상에게 바쳐진 재물도 속되지 않다'
는 것을 알고 모르는 것이다. 이것은 복음으로 나의 가치관 세계관이
바뀌는 것을 의미한다. 그러기 위해서는 시간이 필요하다.

하지만 믿음이 강한자나 약한자나 공통점이 있는데, 그것은 먹어도 주님을 위해서, 먹지 않아도 주님을 위해서, 살아도 주님을 위해서, 죽어도 주님을 위해서 죽겠다는 분명한 의지이다. 이러한 의지가 없는 것은 거짓된 믿음이다. 성령님은 우리 안에 중생하는 믿음을 주실 때에 이러한 신비로운 의지를 주신다. 우리 안에 "살아도 주님을 위해서 살고 죽어도 주님을 위해서 죽고 싶다"는 마음이 있다면 이것은 성령님께서 주신 것이다.

◈ 믿음이 강한 자와 믿음이 약한 자의 동거

[롬14:6-8]
6 날을 중히 여기는 자도 주를 위하여 중히 여기고 먹는 자도 주를 위하여 먹으니 이는 하나님께 감사함이요 먹지 않는 자도 주를 위하여 먹지 아니하며 하나님께 감사하느니라
7 우리 중에 누구든지 자기를 위하여 사는 자가 없고 자기를 위하여 죽는 자도 없도다
8 우리가 살아도 주를 위하여 살고 죽어도 주를 위하여 죽나니 그러므로 사나 죽으나 우리가 주의 것이로다

믿음이 약한자는 믿음의 본질을 가졌지만, 약점 즉 연약한 점을 가졌다는 것이다. 믿음의 본질은 살아도 주를 위해서 살고 죽어도 주를 위해서 죽는다는 거룩한 열정이 창조되는 것이다. 믿음이 연약한 자는 믿음의 본질을 가지고 있어서 우상에게 바쳐진 고기를 먹지 않

기로 결심을 하였다. 하지만 모든 음식은 감사함으로 먹으면 버릴 것이 없다는 복음적 세계관이 아직 그의 지적, 감정적, 의지적 영역에 자리잡지 못했다. 그래서, 오늘 본문은 3가지를 우리에게 교훈을 주고 있다.

첫 번째는 믿음에 대한 바른 정의를 가질 필요가 있다는 것.
두 번째는 믿음의 연약한 부분을 어떻게 강화할 수 있는지에 대해서.
세 번째는 믿음이 강한자와 연약한 자가 어떻게 교회에서 함께 하나가 될 수 있는지에 대해서.

먼저 믿음에 대한 바른 정의는 하나님의 선물이라는 점이다. 그래서 선물이라는 것은 우리가 스스로 가질 수 없는 것을 갖게 된다는 의미가 있다. 만약 우리 스스로 노력해서 얻게 되는 것이라면 하나님께서 선물로 주실 필요가 없다. 오늘 본문에는 믿음이 연약한 자의 특징을 설명하고 있다.

[롬14:6]
날을 중히 여기는 자도 주를 위하여 중히 여기고 먹는 자도 주를 위하여 먹으니 이는 하나님께 감사함이요 먹지 않는 자도 주를 위하여 먹지 아니하며 하나님께 감사하느니라

믿음이 있다는 사람은 두 가지가 있다는 것을 말씀한다. 이 두 가지는 동시에 존재하지 하나만 존재하지 않는다. 귀신도 하나만 존재

하는 것은 얼마든지 할 수 있다.

첫째는, 마음 중심에 강력한 로드쉽(예수님을 주인으로 여기는 마음)**이 생긴다는 것이다.**

고기를 먹지 않기로 결심을 한다. 당시에 고기라는 것은 매우 중요한 음식이다. 지금이야 고기가 흔한 시대지만, 우리가 어렸을 때만 해도 한달에 한 번 고기 먹으면 잘 사는 것이었다. 정육점에서 돼지고기를 비계가 있는 상태로 듬성듬성 썰어서 김치찌게 끓여먹는 날이 고기 먹는 날이었다. 그리고 소고기는 명절이나 되어야 먹을 수 있고, 그것도 무국에 넣어 물빠진 고기 정도만 먹을 수 있었다.

중동에서 양과 염소라는 것은 우유와 옷을 얻을 수 있는 중요한 수단이었다. 그런 소중한 것을 잡는다는 것은 큰맘을 먹지 않으면 안 됐다. 그런데 믿음이 생기고 이런 고기를 평생 먹지 않기로 결심한다는 것은 대단한 일이다. 왜냐하면, 당시에 거의 모든 고기는 우상에게 제물로 바쳐진 후에 잡았기 때문이다. 우상에게 바쳐지지 않은 고기를 찾기가 어려웠다. 그래서 믿음을 가진 사람은 주님을 두려워하는 마음으로 고기를 먹지 않겠다고 결심하곤 했다.

그런 결심을 하는 사람을 믿음이 약한 자라고 바울은 부른다. 고기를 먹지 않기로 한 그의 강력한 로드쉽은 어디에서 나왔을까? 하나님의 선물이라는 것이다.

"내가 살아도 주를 위해서 살고 죽어도 주를 위해서 죽나니"라는 마음이 대체 어디에서 왔는가? 스스로의 결심을 통해서 올 수도 있지만, 내가 손해를 보고 내 전 재산을 버리게 되고 내 인생이 망하게 되는데도 주님을 사랑하기로 결심한다는 것은 마귀가 흉내 낼 수 없는 강력한 로드쉽이다. 물론 자신에게 이익이 될 때 그 대상을 사랑하고 순종할 수 있지만, 자신에게 절대적으로 손해를 보게하고 자신의 존재를 망하게 할 때에도 그 대상을 사랑하고 순종할 수 있다는 것은 귀신이 흉내 낼 수 없는 믿음이다. 이러한 강력한 로드쉽이 하나님의 선물이라는 것은 너무나 당연한 논리이다.

주님을 믿게 되면 주님 외의 어떤 존재도 나에게 큰 존재감을 드러내지 못한다. 예수님을 믿은 후에도 사람들의 소리에 좌지우지 되는 사람이라면 아직 믿은 것이 아니다. 믿음의 선물을 받은 사람은 주님의 소리 외에는 다른 사람들의 소리가 들리지 않게 된다.

선교한국에 참석한 적이 있었다. 내가 속한 선교단체의 수련회에 참석을 안 하고 엉뚱한 선교한국에 참석한다고 하니까 내가 속한 단체에서 난리가 났다. 어떻게 총무가 수련회를 안 간다고 하냐? 그런데 나는 기도하면서 주님께서는 선교한국에 참석하기를 원하시는 것 같다는 응답을 받았다고 하자 또 난리가 났다. 정말 나는 단체의 배신자 취급을 당했다. 나를 멘토링해주던 누나만이 그것이 주님의 뜻이라면 그것에 순종해야 한다고 확신을 주었다. 누가 가르쳐 주지 않았지만 나는 믿음을 갖게 된 후로 사람의 소리가 잘 들리지 않고 주님의 소리가 더욱 크게 들렸다.

왜 아브라함이 믿음의 조상인가?
하나님께서 아브라함에게 말씀하셨다. "너는 너의 본토 친척 아비 집을 떠나 내가 네게 지시할 땅으로 가라" 고향을 떠나서 아무도 모르는 땅으로 간다. 이것이 결코 쉽지 않다.

"네 아들 이삭을 제물로 바쳐라" 바로 다음날 100세에 낳은 아들 이삭을 데리고 모리아산으로 올라간다. 그 산이 지금의 예루살렘이다. 이 믿음이 하나님의 선물이다. 강력한 로드쉽이다.

그리고 로드쉽의 확장된 의미는 강력한 로드쉽을 가지면서 동시에 어떤 결과에도 감사한다는 것이다.

"먹는 자도 주를 위하여 먹으니 이는 하나님께 감사함이요 먹지 않는 자도 주를 위하여 먹지 아니하며 하나님께 감사하느니라."

믿음을 정확하게 정의하고 있다. 문제를 내 보자. 아브라함이 고향과 부모집을 떠나서 낯설고 생명의 위협을 받는 외국으로 갔을 때 불평했을까, 아니면 감사했을까? 감사했다는 것이다. 이것이 믿음이다. 이러한 믿음은 결코 귀신이나 사탄이 흉내내지 못한다. 성경 어디에도 자신에게 해가 되는 순종을 하고 귀신이 감사했다는 말은 없다. 사탄도 하나님의 명령에 복종은 하지만 감사하지는 않는다. 어디에도 그러한 표현이 없다.

다윗이 사울에게 쫓겨다니기를 거의 10년 동안 떠돌이 생활을 하면서 적국까지 가서 정신병자처럼 행동해서 겨우 살기도 하고 굴에서 노숙하며 살고 몇 번이나 사울왕의 군대가 자신을 죽일 뻔한 위기를 겪는다. 그때에 다윗이 감사했을까? 감사했다. 무엇을 감사했을까?

"내가 사망의 음침한 골짜기를 다닐지라도 해를 두려워하지 않을 것은 주의 지팡이와 막대기가 나를 안위하시나이다."

주께서 나와 함께 하시는 것만으로도 감사드린다. 이것이 신비한 믿음이다. 내가 지금 하나님을 따라 갔는데 사망의 음침한 골짜기다.

불평을 한다. 그것은 성경이 말하는 믿음이 아니다. 그런데 감사가 입에서 떠나지 않는다. 이것이 믿음이다. 이것은 사람이 스스로 만들 수 없는 믿음이다. 신비한 믿음이다.

둘째는 믿음이 연약하다는 의미는 무엇이고 각자의 믿음의 연약한 부분을 어떻게 강화시킬 수 있는지를 말해준다.

14장에서 믿음이 약하다는 것은 로드쉽이 약하다는 의미가 아니다. 강력한 로드쉽이 있지만, 복음에 의해 그의 세계관이 바뀌지 않은 사람이다. 즉, 우상은 아무것도 아니고, 심지어 우상에게 바쳐진 고기라 할지라도 하나님께 감사함으로 먹으면 버릴 것이 없다는 것을 머리로 믿고 마음으로 확신하고 행동으로 옮기지 못하는 것을 믿음이 약하다고 표현했다.

반대로 믿음이 강하다는 것은 강력한 로드쉽을 갖고 있으면서 우상에게 바쳐진 고기라도 하나님께 감사함으로 먹으면 버릴 것이 없다는 것을 생각으로 마음으로 행동으로 보여주는 사람이다. 이것은 어떻게 보면 복음으로 세계관을 바꿔나가는 사람이다.

많은 사람들이 강력한 로드쉽을 갖게 되지만 복음적인 가치관을 갖지 못해서 혼돈스러워하는 신앙의 초기 단계가 있다. 이러한 상태를 믿음이 약하다고 말한다. 대표적인 예가 고린도교회이다. 고린도교회는 강력한 로드쉽이 있었다. 하지만 파벌의 문제에 대한 복음적 가치관을 갖지 못했다. 어떤 사람은 베드로를 최고로 따르고, 어떤 사람은 아볼로를 따르고 어떤 사람은 바울을 따랐다.

그래서 바울은 그들을 야단치면서 너희가 베드로의 이름으로 세례받았나? 라고 야단친다. 그리고 분명한 세계관을 제시한다.

"너희가 일꾼들에게 속해서는 안 되고 그들은 너희를 위해서 하나님께서 세운 사람들일 뿐이고, 그들을 너희에게 주신 것이다."

바울의 논리로 지금의 교회를 설명하면 예수님을 믿고 어떤 영적 지도자를 열렬히 추종하는 사람이 있다. 그런 사람을 신앙이 약한 사람이다라고 부르는 것이다. 왜냐하면 '내가 그 지도자에게 속한 것이 아니라 나를 위해서 하나님께서 세우시고 더 필요하면 더 좋은 사람들을 보내주신다'는 믿음의 세계관이 없기 때문이다.

또 교인들끼리 법정소송을 하는 문제에 대해, 바울은 "교인들 중에 판단해줄 사람이 없단 말이냐? 너희가 믿지 않는 자들 앞에서 소송을 함으로 하나님의 영광을 가린다"고 지적했다. 어떻게 보면 예수님을 믿기전에는 법정소송을 하는 것이 너무나 당연한 것이었다. 그래서 예수님을 믿고 나서도 교인들끼리 분쟁이 생기자 법정소송을 했다. 하지만 바울은 법정보다 더욱더 고차원의 법을 가진 사람들이 성도들이라는 것을 일깨워준다. 그들의 생각을 복음적인 세계관으로 다시 새롭게 한 것이다.

고린도교인들이 믿음은 약했지만, 바울이 그들을 깨우치자, 어떻게 했는가? "아차, 그렇지, 그렇게 하나님께 순종하는 것이 바른거야." 깨닫고 행동으로 고쳐나갔다. 고린도교회가 바울의 지도를 받기 전의 상태가 믿음이 약한 상태라는 것이다.

그러면 믿음이 약한 자와 강한자는 어떻게 함께 공동체를 이룰 수 있는가? 지금까지 얘기했던 것 속에 그 답이 있다. 바울은 로마서 14장에서의 고기 문제와 고린도교회가 가지고 있던 파벌, 성만찬 문제, 교인들간의 분쟁, 계모를 취한 형제에 대한 문제에 대해서 다른 입장을 취한다. 먼저 고기 문제에서는 바울은 믿음이 약한 형제에게 그 수준을 맞춰주라고 당부한다. 심지어 내 형제가 실족한다면 나는 영원히 고기를 먹지 않겠다는 결단을 내비친다. 우리가 상상할 수조차 없는 태도로 믿음이 약한자를 용납하고 큰 사랑으로 대한다.

그런데 고린도교회가 가지고 있던 파벌, 성만찬 문제 등등에 대해서는 단호하게 대한다. 내가 너희를 방문할 때 문제를 일으킨 자들을 결코 용서하지 않겠다는 압박을 가한다.

바울의 이러한 태도는 믿음이 약한 부분이 무엇이냐에 따라 다른 태도를 취했다는 것을 알 수 있다.

그렇다면 바울은 어떤 문제에 대해서 관용적이고 포용적인 태도를 취했는가?

[롬14:17]
하나님의 나라는 먹는 것과 마시는 것이 아니요 오직 성령 안에 있는 의와 평강과 희락이라

[롬14:207]
음식으로 말미암아 하나님의 사업을 무너지게 하지 말라

즉, 음식은 하나님의 나라를 세우는 일의 본질이 아니라는 것이다. 하나님의 나라와 관계 없는 비본질적인 문제에 대해서는 믿음이 약한 자들의 입장을 고려해서 행동하라는 것이다.

우스게 얘기지만 실화인 얘기가 있다. 어떤 시골 교회에 새로운

목사님이 부임했는데 피아노가 왼쪽에 있어야 하는데 오른쪽에 있어서 고민하다가 왼쪽으로 옮겼다가 교인들이 충격을 받아서 싸움이 나고 결국은 잘렸다는 얘기가 있다. 그런데 이것이 실화라는 것이 문제다.

양측이 모두 다 공동체를 이루는 데 실패한 것이다. 무엇에 실패했는가? 피아노가 어디에 위치하는지는 복음의 본질적인 문제가 전혀 아니다. 믿음이 강한 사람이 믿음이 약한 사람의 생각에 맞춰줘야 한다. 쉽게 말해서 믿음이 강한 목사님이 믿음이 약한 성도들의 생각에 맞춰줘야 한다. 왜냐하면 믿음이 약한 성도들은 피아노가 왼쪽에 있는 것이 하나님의 일이라고 생각하기 때문이다.

반대로 본질적인 문제가 있다. 예를 들면 해방이 되고 신사참배의 문제에 대해서 고려파가 교단에게 회개와 근신을 요구했을 때, 그렇게 할 수 없다는 결정을 총회가 내린다. 결국 고려파가 총회를 정죄하고 고려신학교를 세우고 갈라졌다. 신사참배는 너무나 심각한 복음의 본질적인 문제이다. 이 문제를 어설프게 덮으려다가 교회가 갈라져버린 문제이다. 이 문제에 대해서는 바울이 고린도교회에 취했던 태도와 똑같이 강경하게 대해야 한다.

교회의 일반적인 모습은 어떤가? 본질적인 문제에 대해서는 너무나 관용적인 태도를 보이면서 김장에 소금을 두 바가지 넣느냐 세 바가지를 넣느냐를 가지고는 권사회가 싸우고 갈라진다. 이것이 교회가 타락하는 첫 번째 단계이다.

조나단 에드워즈가 뉴샘프턴교회에 요구했다. 세례는 회심이 분명하게 소명되는 사람에게 줘야 한다. 그래서 세례자가 자신의 회심의 과정을 설명하고 자신의 신앙을 명백하게 설명할 수 있어야 세례를 줄 수 있다고 했다. 그러자 몇 년 동안 세례 신청자가 한명도 나오지 않았다. 당시에 세례는 너무나 중요했다. 뉴잉글랜드에서는 세례를 받았다는 증명이 있어야 사업을 하고 공직에 나갈 수 있었는데, 교인들은 자기 자식들이 세례를 못받게 되자 화가 나서 에드워즈를 돈을 밝힌다는 누명을 씌워서 쫓아내버렸다.

물론 당시 상황을 다르게 해석하는 분들도 있지만, 그의 전기와 나의 상상력을 추가해 보면 위의 얘기가 핵심이다. 그리고 뉴잉글랜드에서 일어났던 뜨거웠던 부흥도 얼어붙게 된다. 본질적인 문제에 대해서는 포용이 아니라 진리를 세워나가야 한다. 그러나 비본질적인 문제에 대해서는 믿음이 약한 자들의 생각들을 이해하고 포용할 때 교회는 하나가 되고 성장해 나갈 것이다.

6. 신앙의 열매를 분별하는 것의 중요성

"사단은 사람들이 내적인 신앙에 대해 무지하다는 것을 알고서 거짓된 감정들이라는 형태로 가라지를 심어서 자신들이 하나님께서 선택한 백성들 가운데 속해 있다고 믿는 많은 사람들을 오도하고 혼란에 빠뜨렸다. 다른 한편으로 감정적인 신앙이 크게 유행한 후에 일어난 반작용들을 보고서 사단은 다른 방향으로 작전을 바꾸어 감정 자체가 악한 것이라는 믿음을 확립시키려고 했다. 이 두 가지 경우에서 모두 참된 신앙은 곤란을 겪게 되었다."[*]

에드워즈의 책을 서평했던 스미스 박사의 글이다.

육에 속한 사람과 육신에 속한 그리스도인의 차이는 하늘과 땅의 차이다.
"육에 속한 사람은 하나님의 성령의 일을 받지 아니하나니 저희에게는 미련하게 보임이요 또 깨닫지도 못하나니 이런 일은 영적으로라야 분변하느니라 신령한 자는 모든 것을 판단하나 자기는 아무에

---

[*] 『신앙감정론』 39쪽.

게도 판단을 받지 아니하느니라"(고전2:14-15)

육에 속한 사람(자연인, 거듭나지 못한 사람)은 성령님께서 내주하셔서 전달해 주시는 거룩한 것들을 깨닫지도 못하고 그 중요성을 알지도 못하고 순종할 수도 없다. 그러나 육신에 속한 그리스도인은 비록 어린아이와 같은 신앙이었지만, 성령님이 내주하셔서 성령의 일을 깨닫게 하시고 회개하게 하고 순종하게 하신다.

고린도교회는 어린아이처럼 수많은 사고를 치고 문제를 일으켰지만 바울의 편지를 받고서 그것을 성령님의 감동으로 받아들여서 애통해하고, 근심하고, 회개하여 순종에 이른다. 그래서 고린도 교인은 육에 속한 사람이 아니라 육신에 속한 그리스도인이다.

"보라 하나님의 뜻대로 하게 된 이 근심이 너희로 얼마나 간절하게 하며 얼마나 변증하게 하며 얼마나 분하게 하며 얼마나 두렵게 하며 얼마나 사모하게 하며 얼마나 열심 있게 하며 얼마나 벌하게 하였는가 너희가 그 일에 대하여 일체 너희 자신의 깨끗함을 나타내었느니라."(고후7:11)

복음서에서 가장 안타까운 인물은 열렬한 마음으로 예수님을 찾아왔던 부자청년일 것이다. 그는 하나님의 나라에 들어가기 위해서 무엇을 해야 하는지를 진지하게 물었다. 어려서부터 율법을 철저하게 지키는 것을 생활화했기 때문에, 자신이 천국 백성임을 인정받고 싶었던 것 같다.

그런데 예수님은 뜻밖의 요구를 하신다.

"네게 있는 모든 소유를 팔아 가난한 자들에게 나누어 주고 너는 나를 쫓으라."

부자 청년은 슬픈 기색으로 돌아서서 예수님을 떠나 버린다. 이 청년은 종교심이 뛰어났지만, 거듭나게 하는 성령님의 내주하심은 없었다. 그래서, 그는 하나님을 적당하게 사랑하고, 예수님을 적당하게 존경했지만, 자신의 삶을 내려놓고 예수님을 쫓을 정도로 그분에 대한 존경과 사랑과 그분의 놀라우심과 진리에 대한 감각은 없었다. 이런 감각은 성령님께서 그분의 본성을 전달해 주실 때 가질 수 있다.

반대로 복음서에서 가장 로또 맞은 인물이 있다. 예수님의 십자가 오른편에서 못박혔던 강도이다. 그는 하나님과 상관없이 살았지만, 십자가에서 사형당하는 동안 예수님이 하나님의 아들이시며 메시야의 영광과 아름다움과 말씀의 영원한 진리되심을 보게 된다. 그리고 마지막 유언처럼 예수님께 "당신의 나라에 임하실 때에 나를 기억하여 주소서"라는 부탁을 하고 주님은 "오늘 네가 나와 함께 낙원에 있으리라"는 최고의 선물을 받게 된다.

이 강도는 율법과 상관없이 평생을 살았지만, 성령님께서 그에게 예수님에 대한 감각을 주셨고, 그분을 마음을 다해 목숨을 다해 존경하고 사랑하게 되었다. 아마도 그가 처형되지 않았다면, 바울같은 헌신된 전도자가 되었을 것이다.

우리는 부자청년과 십자가상의 강도가 맺은 열매에 대해 생각할 때 어떤 것이 성령님께서 맺게 하신 진짜 열매인지 헷갈릴수 있다. 우리 주위에도 부자청년처럼 교회와 성경공부에 열심인 사람들이 있지만 반대로 삶이 복잡다단해서 교회에는 겨우 예배에만 참석하는 사람이 있다. 그들이 맺은 열매가 성령님께서 주신 참된 열매인지를 구별하지 못한다면 부자청년처럼 그 결말이 매우 절망적일 수 있다.

우리는 이 열매를 어떻게 잘 구분할 수 있을까?

다음 장은 그러한 부분을 분별하는 기준들을 설명하고 있다. 열매를 분별하는 데 종합적이고 결정적이지는 않지만 자신이 맺는 믿음의 열매들을 이해하는 데 도움이 될 만한 해석의 도구가 될 것이다.

5장

영의 새로운 것으로 섬김

[롬7:6]

이제는 우리가 얽매였던 것에 대하여 죽었으므로 율법에서 벗어났으니 이러므로 우리가 **영의 새로운 것**으로 섬길 것이요 율법 조문의 묵은 것으로 아니할지니라

[롬6:22]

그러나 이제는 너희가 죄로부터 해방되고 하나님께 종이 되어 거룩함에 이르는 열매를 맺었나니 그 마지막은 영생이라

[롬8:12-14]

12 그러므로 형제들아 우리가 빚진 자로되 육신에게 져서 육신대로 살 것이 아니니라

13 너희가 육신대로 살면 반드시 죽을 것이로되 영으로써 몸의 행실을 죽이면 살리니

14 무릇 하나님의 **영으로 인도함을 받는 사람은** 곧 하나님의 아들이라

1. "영의 새로운 것"은 무엇인가?

여기에서 '새로운 것'의 의미는 사람들이 지적, 감정적, 의지적으로 만들어 낼 수 없는 어떤 것을 의미이다. 이것을 성경적 용어로는 '거룩함'이라고 말할 수 있는데, 이 용어의 어근을 살펴보면 '다르다'는 뜻이 있다.

사람에 의해서 만들어지는 것들은 전혀 다르지 않고 새롭지 않다. 사람이 만든 의지, 사람이 만든 감정, 사람이 만든 사랑, 사람이 만든 충성은 성령에 의한 것이 아니다. 오직 성령님은 우리의 영을 거룩하고 새롭고 전혀 다르게 만드신다. 그것으로 섬기라고 명령하고 있다.

워크맨 중에 WM-D6C라는 소니제조사의 프로페셔널급 카세트 플레이어가 있다. 그 안에 CX20084라는 IC칩이 있다. 소니에서 개발한 칩인데, 카세트 테이프의 속도를 일정하게 유지시켜주는 역할을 한다. 당시에는 혁신적인 기술이다. 쉽게 말해서 테이프가 일정한 속도로 진행해야만 일정한 소리가 난다.

그런데 이것을 설계하고 제작하는 것이 절대로 쉽지 않다. 수리하는 사람들이 이 작은 칩을 중국의 수많은 제조사를 통해서 구입해서 교체해 보았다. 가격도 몇백 원부터 10만 원에 이르기까지 다양하다. 그러나 모두 짝퉁이다. 중국 부품으로 교체했던 세계 각지의 매니아들이 중국산을 욕하는 동영상을 우리는 쉽게 발견할 수 있다. 플레이를 누르지도 않았는데 모터가 돌기도 하고, 발열이 점점 심해져서 연기가 나는 영상이 올라온다. 물론 비싼 칩은 얼마 동안 정상으로 작동하기도 한다. 그러나 몇십 분 후에 스파크가 나면서 고장나 버린다. 왜인가? 원천기술이 없기 때문이다. 비슷하게 흉내내서 만들었지만, 원천기술이 없기 때문에 쇼트가 일어나고 내구성이 약하고 제 기능을 하지 못한다.

'영의 새로운 것으로 섬길지니'라는 말씀이 딱 그러한 것이다. 진짜 거듭난 사람과 종교인이 완전히 틀리다는 것이다. 종교인도 육신을 죽일 수 있는 것처럼 보이고, 하나님을 사랑하는 것처럼 보이고, 말씀에 열심인 것처럼 보일 수 있다. 유사해 보이지만, 중국산 짝퉁처럼 결국에는 구별된다.

거듭나지 못한 사람들은 절대로 영의 새로운 것으로 섬길 수가 없다. 짝퉁 영성은 전원을 넣으면 처음에는 잘 돌아가고 누구보다 정상처럼 보이다가 어느 한계에 도달하면 열이 나고 연기가 나기 시작한다. 왜냐하면 성령님께서만 우리의 영을 새롭게 하셔서 거룩한 능력을 주실 수 있기 때문이다.

아브라함은 영의 새로운 것으로 하나님을 섬겼을까? 맞다. 그래서 믿음의 조상이다.

그는 절대 거듭나지 않고서는 나타날 수 없는 거룩한 열매들을 맺고 살았다. 그는 어떤 거룩한 열매들을 맺었을까?

2. 영이 새로워질수록
죄에 대한 시력이 높아진다

[롬4:2-8]

2 만일 아브라함이 행위로써 의롭다 하심을 받았으면 자랑할 것이
  있으려니와 하나님 앞에서는 없느니라

3 성경이 무엇을 말하느냐 아브라함이 하나님을 믿으매 그것이 그에
  게 의로 여겨진 바 되었느니라

4 일하는 자에게는 그 삯이 은혜로 여겨지지 아니하고 보수로 여겨지
  거니와

5 일을 아니할지라도 경건하지 아니한 자를 의롭다 하시는 이를 믿는
  자에게는 그의 믿음을 의로 여기시나니

6 일한 것이 없이 하나님께 의로 여기심을 받는 사람의 복에 대하여
  다윗이 말한 바

7 불법이 사함을 받고 죄가 가리어짐을 받는 사람들은 복이 있고

8 주께서 그 죄를 인정하지 아니하실 사람은 복이 있도다 함과 같으
  니라

우선 자신은 심판 받을 수밖에 없는 죄인이라는 깊은 깨달음이 있
었다. 영의 새로운 것으로 섬기는 사람은 시간이 흐를수록 자신 안

에 있는 죄를 보는 시력이 더욱 더 높아진다.

처음에는 돋보기로 보는 것 같다가 나중에는 현미경으로 보는 것처럼 자신 안의 죄를 보게 된다. 그러나 종교인이나 위선자들의 특징은 신앙의 연수가 많아질수록 자신이 죄 덩어리라는 사실을 보지 못하고 겉을 흰색 페인트로 칠한 개똥처럼 겉은 매우 깨끗한 것처럼 자랑하지만 그 속은 똥으로 가득찬 것과 같다.

구원을 위해서 죄인이라는 것을 인정하는 죄인 흉내는 낼 수 있지만, 영이 새롭게 되지 못했기 때문에 자신 안의 들보(돌기둥같은 죄덩어리)와 같은 죄를 보는 감각은 없다. 왜냐하면 성령님께서 그들의 영을 새롭게 하지 않았기 때문이다. 이것이 예수님 시대의 제자들과 바리새인들의 차이다.

제자들은 주님과 함께 하는 시간이 길어질수록 자신들의 믿음 없음과 사랑의 부족함과 죄에 대해 더 깊이 깨닫지만, 바리새인들은 자신을 정죄하는 예수님에게 분노로 반응하였다. 제자들은 성령님께서 주시는 죄에 대한 시력을 가졌지만, 반대로 바리새인들은 성령님께서 주시는 시력은 없고 양심이나 율법에 비춰서 깨닫는 수준밖에는 죄에 대한 깨달음이 없었다.

죄를 보는 시력이 높아진다는 말은 무엇인가? 이전에는 보이는 죄만 회개했다면 예수님을 가깝게 섬길수록, 그 빛난 영광에 가까이 갈수록 자신의 어둠이 짙어지는 것을 깨닫는 것이다.

태양빛이 강할수록 그림자가 짙어지는 것과 같이 전에는 자신이 지었던 죄에 대해 피상적이고 형식적으로 보았는데, 주님을 만나고 나니 마음속의 어둡고 추악하고 썩은 냄새가 풍기는 죄를 보게 된다.

베드로가 예수님을 만나고 "나는 죄인입니다. 나를 떠나소서"라는 고백은 성령님께서 깨닫게 해주셨기 때문에 할 수 있었다.

그런데 그것으로 끝나는 것이 아니라 점점 더 자신 안에 있는 죄들을 직면하게 된다. 갈릴리 바다에서 파도를 보고 무서워하는 자신의 불신을 깨닫게 되고 칭찬 받을 신앙고백을 하고 나서는 주님으로부터 '사탄아 물러가라'는 책망을 받기도 한다. 나중에는 예수님을 모른다고 세 번이나 부인하고 사탄에 의해 넘겨져서 망할 뻔 한다.

교회 야사에 의하면 그는 새벽녘에 기도하면서 자신의 죄를 매일 회개했다고 한다. 이 회개는 과거의 사건에 대한 회개일 수 도 있지만, 주님을 믿을 수록 자신 안에 있는 뿌리 깊은 죄에 대한 탄식이었을 것이다. 베드로가 예수님과 동행하는 시간이 깊어질수록 자신의 깊은 죄성을 보게 되고 그 죄를 회개하고 돌이켜서 박해를 견뎌내고 결국에는 위대한 사도로 순교한다.

바울은 어떠한가? 그는 예수님을 믿기 전에는 자신은 자랑할 것들이 많았다. 유대인이며 바리새인중의 바리새인이고 가말리엘 학파에 속한 자신은 다른 유대인과 비교했을 때 자신을 매우 의롭다고 생각했을 것이다. 그런데 주님을 만나고 나서 죄의 법이 자신을 끌고 가는 것을 보게 된다. 아무리 자신이 원하는 선을 하고자 해도 죄의 법은 만유인력의 법칙처럼 자신을 어김없이 끌고 가서 죄를 품게 하고 죄를 짓게 한다는 것을 깨닫는다. 그는 죄에 대한 시력이 여기서 멈추는 것이 아니라 사역 말년이 될수록 더욱 세밀해진다. 소아시아와 유럽까지 선교했던 그가 자신의 죄에 대해서 더욱더 보게 되어 아들뻘 되는 디모데에게 자신을 '죄인 중의 괴수'로 지칭한다.

[빌2:15]

미쁘다 모든 사람이 받을 만한 이 말이여 그리스도 예수께서 죄인을
구원하시려고 세상에 임하셨다 하였도다 죄인 중에 내가 괴수니라

다윗은 어떠한가? 그가 왕이 되어 자신의 죄를 한탄하며 기도했던
내용이 시편51편에 나온다. 그는 자신이 모태에서부터 죄를 품고 태
어났다고 고백할 정도로 자신의 죄에 대해 깜짝 놀란다.

[시51:3-5]

3 무릇 나는 내 죄과를 아오니 내 죄가 항상 내 앞에 있나이다
4 내가 주께만 범죄하여 주의 목전에 악을 행하였사오니 주께서 말
  씀하실 때에 의로우시다 하고 주께서 심판하실 때에 순전하시다
  하리이다
5 내가 죄악 중에서 출생하였음이여 어머니가 죄 중에서 나를 잉태하
  였나이다

18세기 미국의 전신이었던 뉴잉글랜드의 1차 대각성운동을 일으
켰던 인물 중의 한 분이 조나단 에드워즈이다. 그는 목회자로 신학자
로 수많은 책의 저자로 부흥운동을 변호하고 성령운동의 불씨가 되
었던 사람이지만, 그는 자신의 일기에 이렇게 기록한다.

"주님께서 이 도시에서 가장 악한 죄인을 찾으신다면 그것은 바로
나일 것이다."

하나님의 영은 거룩한 영이시기 때문에 우리의 죄악들을 더욱더
밝히 보게 하고 더 뛰어난 시력으로 보게 하신다.

또한 새로운 영은 자신의 죄만 밝히 보게 하는 것이 아니라, 다른 사람의 죄에 대해서도 보게 하고 깨어있게 하는 특징이 있다.

[갈6:1]
형제들아 사람이 만일 무슨 범죄한 일이 드러나거든 신령한 너희는 온유한 심령으로 그러한 자를 바로잡고 너 자신을 살펴보아 너도 시험을 받을까 두려워하라

사도 요한은 예수님의 환상을 통해서 소아시아의 일곱교회들의 모습을 현미경처럼 들여다 보게 된다. 사데 교회는 살아있는 것처럼 보이지만 실상은 그 신앙이 죽은 것이나 다름없음을 보게 되고 라오디게아교회는 그의 신앙이 너무나 역겨워서 주님께서 토할 것 같은 상태임을 보게 된다.

이사야선지자는 하나님의 영을 통해 예루살렘에서 수많은 절기와 기도하는 사람들의 손이 피에 물들어 있는 것을 보게 된다. 백성들 스스로는 깨끗하다고 생각하며 하나님께 각종 제사와 기도와 찬양을 드렸지만, 이사야는 그들의 손이 피로 젖어 있음을 본다.

[사1:13-15]
13 헛된 제물을 다시 가져오지 말라 분향은 내가 가증히 여기는 바요 월삭과 안식일과 대회로 모이는 것도 그러하니 성회와 아울러 악을 행하는 것을 내가 견디지 못하겠노라
14 내 마음이 너희의 월삭과 정한 절기를 싫어하나니 그것이 내게 무거운 짐이라 내가 지기에 곤비하였느니라

15 너희가 손을 펼 때에 내가 내 눈을 너희에게서 가리고 너희가 많이 기도할지라도 내가 듣지 아니하리니 이는 너희의 손에 피가 가득함이라

◈ 다른 사람의 죄보다 자신의 죄를 더욱 밝히 본다

새로운 영으로 각성된 사람들은 자신의 죄에 대해서 높은 배율로 보게 될 뿐만 아니라 다른 사람들의 죄에 대해서도 그 이전에는 보지 못했던 어둠을 높은 배율로 보게 된다. 그러나 다른 사람의 죄보다도 자신의 죄를 보는 시력이 더욱 강하다. 왜냐하면 다른 사람의 마음과 생각을 들여다 볼 수 없지만, 자신의 마음과 생각은 실시간으로 확인하기 때문이다.

고 한경직 목사님은 템플턴상을 수상하는 영광스러운 자리에서 자신을 '저는 신사참배했던 죄인입니다'고 고백했다. 신앙이 깊어질수록 주님을 더욱더 가까이 섬길수록 핑계를 대는 것이 아니라 자신은 더 큰 죄인중의 괴수라는 것을 알게 되는 것이 새로운 영으로 변화된 사람들이다.

그러나 여기에는 매우 주의해야 할 부분이 있다. 그중의 하나가 자신의 죄와 타인의 죄에 대한 배율의 차이이다. 위선자들의 특징은 자신의 죄에 대해서는 관대하고 타인의 죄에 대해서는 잡아먹을 것처럼 대든다. 자신의 죄에 대해서는 맹인이 되고 타인의 죄에 대해서는 현미경으로 들여다 본다. 이것이 위선자들의 특징이며 그들은 새로운 영으로 하나님을 섬기는 것이 아니다.

그래서 예수님은 율법학자들을 책망하시면서 '너희가 근채와 회향의 십일조는 드리되 율법의 더 중한 바 의와 인과 신은 버렸다'고 책망하셨다. 자신들은 이렇게 하나님 앞에 큰 죄인이면서 세리와 창기들과 이방인들을 죄인이라고 정죄하고 다녔다. 심지어 예수님을 죄인 취급하며 죽이려고까지 시도했다. 왜인가? 자신의 죄에 대해서는 맹인이며 타인의 죄에 대해서는 현미경을 들이대기 때문이다. 이것은 전혀 새로운 영으로 행동하는 것이 아니다.

새로운 영은 거의 항상 자신의 죄에 대해서는 현미경으로 보는 것처럼 보게 하고 타인의 죄에 대해서는 그보다 작은 배율의 망원경으로 보게 된다. 이 비율이 역전되는 것은 항상 위선의 영이며 정죄의 영이지 성령님께서 하시는 일이 아니시다. 그 이유는 우리는 절대로 타인의 마음과 생각까지 들여다 볼 수 없기 때문이다. 하나님 외에는 절대로 그러한 능력을 갖지 못하기 때문이다. 빛 되신 하나님께 다가갈수록 자신의 숨겨진 행동, 자신이 꽁꽁 숨겨두었던 마음과 생각들과 악한 의도들이 훤히 드러나기 시작하고 자신이 더 큰 죄인이라는 것을 알게 된다. 아무리 좋은 신앙의 사람들도 이 두 가지가 역전되었을 때 항상 실족하거나 타락하거나, 배교의 길을 걷게 되었다는 것을 우리는 기억해야 한다.

한국교회에서 청교도 신학의 거장으로 알려진 목사님이 계시다. 그분이 설교를 하면 사람들이 눈물을 흘릴 정도로 감동을 주는 설교가였고 매우 큰 교회로 부흥하는 은혜까지 있었다. 그분의 설교는 많은 사람들을 감동시켰고, 회개하게 했고 새로운 마음으로 각성하게 하는 역할을 했다. 그런데 이분이 타인의 죄에 대해서는 현미경으로 들여다보게 되고 자신의 죄에 대해서는 맹인이 되면서 문제가 발생하게 된다. 물론 그분의 설교를 리서치하다 보면 자신의 죄에 대한 자각도 있으시고 안타까워하시지만 그 정도가 이전과 동일하거나 점점 감각이 떨어졌다는 것이 문제이다.

우리는 다들 그렇게 말한다. "자신의 죄에 대해 안타까워하는 것만으로도 훌륭한 것 아닙니까?" 하지만 죄에 대한 감각이 전과 동일하거나 죄에 대한 애통함이 전보다 떨어졌다면 그것은 하나님과의 교제가 끊어졌을 때 나오는 증상이다. 결국 그분은 스캔들을 일으키게 되고 결국은 목사를 사임하게 됐다. 내가 너무나 존경하던 분이였기에 그 이야기를 들으면서 마음에 상심이 컸다. 그리고 왜 그러셨을까라는 고민을 하게 되었다. 물론 그분은 자신의 잘못을 회개하고 다시 새롭게 되셨을 것으로 믿지만 수많은 사람들의 마음에 상처를 주었다. 내가 고민하고 합리적으로 생각했던 이유는 자신과 타인의 죄에 대한 배율이 뒤바뀌었다는 것이다. 이러할 때 위선적인 모습이 나오고 실족하게 된다.

이러한 사례 중에 회개하기는 커녕 배교의 길을 걷게 되는 경우도 있다. 21세기 한국교회의 차세대 리더라고 불리우는 목사가 여러 여자성도를 성추행한 것이 드러났지만, 회개하기는 커녕 오히려 그 교회를 사임하고 그 교회와 가까운 곳에 새로운 교회를 세우고 '흠 있는 목자가 더 아름답다'는 헛소리를 하는 배교의 길을 걷는 경우도 있다. 이분도 한국교회를 각성하게 하는 설교로 유명했던 분이고 우리로 회개하게 하는 역할을 했던 분이신데 왜 이렇게 되었을까 의아해할 것이다. 그 이유는 자신과 타인의 죄에 대한 배율이 뒤바뀌었기 때문이다. 새로운 영으로 살게 될 때에 이 배율은 뒤바뀌지 않는다. 그러나 성령님의 은혜가 멈추었을 때, 타인의 눈에 있는 티끌은 크게 보고 자신의 들보는 작게 보게 된다.

다윗이 그러했다. 나단선지자가 와서 어떤 부자놈이 한 마리 양을 키우는 가난한 사람의 양을 집어 삼켰다는 이야기를 듣고 난리를 피운다. 그놈은 죽어 마땅한 놈이라고 분노를 한다. 그런데 나단 선지자는 다윗을 가리키며 '그 부자 놈은 당신입니다'라고 한다. 그때 다윗은 자신의 죄가 얼마나 큰지를 보게 되고, 자신과 타인의 죄를 보는 배율이 거꾸로 되어 있다는 것을 깨닫게 된다. 그리고 배교가 아닌 회개의 길을 선택한다.

참 놀랍지 아니한가? 배율이 거꾸로 되었을 때가 우리가 위선으로 인해 멸망의 낭떠러지 모퉁이를 밟고 있다는 사실이다. 회개하여 주님이 계신 초장으로 가든지 한발을 헛디며 낭떠러지로 떨어지는지의 갈림길이다. 그것을 가르쳐주는 증상은 타인의 죄에 대해 더 날뛰는지 아닌지를 보면 알 수 있다.

또한 이 배율이 잘못되었을 때에 나타나는 두드러진 특징은 하나님께서 베푸시는 사죄에 대한 감격이 사라지고 타인을 용서하기가 무척 어렵다는 것이다.

[롬5:3-8]
3 성경이 무엇을 말하느냐 아브라함이 하나님을 믿으매 그것이 그에게 의로 여겨진 바 되었느니라
4 일하는 자에게는 그 삯이 은혜로 여겨지지 아니하고 보수로 여겨지거니와

5 일을 아니할지라도 경건하지 아니한 자를 의롭다 하시는 이를 믿는
　자에게는 그의 믿음을 의로 여기시나니
6 일한 것이 없이 하나님께 의로 여기심을 받는 사람의 복에 대하여
　다윗이 말한 바
7 불법이 사함을 받고 죄가 가리어짐을 받는 사람들은 복이 있고
8 주께서 그 죄를 인정하지 아니하실 사람은 복이 있도다 함과 같으
　니라

복이 있다고 세 번이나 반복된다. '복이 있다'는 것은 '행복하다'는
것이다. 자신의 죄를 현미경으로 들여다 보니 자신도 도저히 역겨워
서 고개를 돌리게 되는데 주님께서 '나도 너를 정죄하지 아니하노니
가서 다시는 죄를 범하지 말라'고 용서하실 때에 그 감격이 얼마나
크겠는가? 아브라함의 믿음에는 이러한 특징이 있다는 것이다. 의롭
지 않고 죄 투성이인 자신의 믿음을 보시고 의롭다고 하시는 하나님
에 대한 감격과 감사가 있다. 밥을 안 먹어도 배부르고 기쁘고 행복
하다. 그런데 배율이 거꾸로 된 사람들의 특징이 이 감격이 없다. 시
간이 흐를수록 이 감격이 작아지다가 안개처럼 사라진다.

　많은 교인들이 임종할 때의 모습을 보면 참 대조되는 모습들이 있
다. 자신의 수많은 죄들을 용서해 주신 하나님에 대한 감사와 감격으
로 마지막을 마치시는 분들이 있는가 하면 죽음에 대한 두려움과 걱
정으로 마치시는 분들이 있다. 우리가 주님을 믿는 연수가 많아질수
록 이 기쁨은 작아지거나 사라지는 것이 아니라, 더욱 더 커지고 분
명해지고 더욱더 행복하다. 고 옥한흠 목사님의 마지막 임종하실 때

의 말씀이 '아 그렇게 보고 싶던 주님을 보는구나'였다. 나를 사랑하시고 나의 죄를 용서해주셨던 그 사랑하는 주님을 뵙는다는 기쁨과 감격이 있으셨다.

그러나 배율이 거꾸로 된 사람들은 이 행복이 없다. 새로운 영이 아니라 종교인으로써 예수님을 믿고 영접했던 사람들은 이 행복이 처음 믿었던 순간뿐이다. 왜냐하면 자신의 죄를 위해 예수님이 십자가에서 돌아가셨다는 기쁜 소식을 영의 새로운 것으로 받아들이는 것이 아니라, 자신의 생각으로 받아들일 때, 즉 생각과 양심으로 그것을 받아들일 때에 기쁨으로 받아들인다. 돌밭에 떨어진 씨앗과 같이 처음에는 기쁨으로 반응한다. 처음에는 복음을 기쁨으로 받으나 말씀으로 인한 환난이 오면 말라 비틀어져버리는 신앙이다. 이 행복은 시간이 지날수록 감격은 옅어지고, 과거의 감격을 기억하는 것으로 겨우겨우 연명하며 산다. 그렇기 때문에 타인을 용서하는 것이 더욱 더 힘들어진다.

이런 사람들을 빗대어 주님은 비유로 말씀하셨다. 일만 달란트 빚을 탕감받은 사람이 오백 데나리온 빚진 자를 용서하지 못한다. 왜인가? 일만 달란트 빚이 탕감받았는데, 심리적으로는 오십 데나리온 정도밖에 되지 않았기 때문에 자신에게 오백 데나리온 빚진 자가 찾아오니 용서하지 못하고 감옥에 보내버린 것이다. 주님은 중심으로 너희 형제를 용서하지 않으면 하늘 아버지께서도 너희를 용서하지 않으실 것이라고 말씀하셨다. 새로운 영으로 살아가는 사람은 절대로 이렇게 될 수가 없다는 것을 말씀하신 것이다. 어떻게 일만 달란트(일반인이 가질 수 없는 액수이고 달란트는 국가간 전쟁배상금을 표현할 때 종종나온다) 빚이 탕감됐는데 그런 사람이 오백 데나리온 빚진 자를 용서하지 못한다는 것이 불가사의한 일이다. 새로운 영으로 살아가는 사람은 자신의 죄를 용서해 주시는 하나님에 대한 감격은 더욱 커지고 타인의 죄에 대해서는 더욱더 관대해지게 된다.

현실의 삶을 들여다 보자. 어떤 사람의 죄가 드러나게 되었을 때에 나타나는 교인들의 태도가 두 가지로 나뉜다. 첫 번째는 우리도 같은 죄인인데 용서하는 것이 당연하다는 반응이 있고, 두 번째는 그런 죄에 대해 우리가 단호하게 처벌하지 않으면 교회의 질서가 바로 서지 않는다는 입장이다.

물론 두 가지 다 타당하다. 그러나 그 죄가 나를 향한 것일 때에 우리의 태도는 어떠한가? 내가 사기를 당하고 내 아내가 스캔들의 대상이 되었거나 내가 폭력을 당했을 때, 어떻게 하는가?

교회는 대부분 문제를 문제로 만들어서는 안 된다고 하여 다 덮어 버리자고 말한다. 우리가 주님으로부터 용서를 받았으니 다 덮고 용서하자고 말한다. 그래서 사건을 조사조차 하지 않는다. 그 피해자들의 심정은 어떠하겠는가? 피해는 분명히 일어났는데 사건의 전후조차 알 수 없고 가해자와 가해 내용조차 분명해 지지 않은채 덮는 것이 은혜일까? 죄는 죄로 드러나야 한다.

교회는 교인들이 얼마나 극악무도한 죄인인지를 드러내는 과정을 두려워해서는 안 된다. 그 모든 악한 죄가 드러났을 때에 비로서 용서할 수 있다. 왜냐하면 그러한 죄성이 내 안에도 있다는 것을 알기 때문이다.

광복 후에 개신교는 신사참배에 대해서 회개해야 한다고 의견의 일치를 보았지만, 용서하고 덮자는 사람들이 다수였기에 사건에 대한 조사가 제대로 이루어지지 않았다. 물론 조사를 했던 경우도 있지만 묻어버린 사건들이 훨씬 많았다. 그리고 총회에서는 신사참배했던 목사와 교인들도 교회를 지킨 공로가 있으니 용서하자는 결론을 내렸다.

이런 결론이 났을지라도 당사자들은 자신의 죄가 얼마나 큰지를 생각하고 스스로 사임하든지 근신했어야 한다. 그런데 그들은 반대로 내가 그런 죄를 지었지만, 교회를 지키느라고, 신학교를 지키기 위해서, 교인을 지키기 위해서라고 변명을 하고 어떤 처벌도 받지 않았다. 이것은 영의 새로운 것으로 섬기는 것이 아니다.

노회와 목회자들이 셀프 용서에는 관대하면서 타인이 실수로 자신의 발을 밟는 것에는 분노한다면 그것은 전혀 성령님의 열매가 아니다.

3. 환난 중에도 하나님의 약속을 더욱더 믿고 확신한다

[롬5:3]
다만 이뿐 아니라 우리가 환난 중에도 즐거워하나니 이는 환난은 인내를

환난은 즐거워 할 수 없다. 환난은 고통이고 사람을 매우 우울하게 만든다. 그런데 믿음으로 구원을 받은 사람들의 특징이 하나님과 평화를 누리고 환난 중에도 평화를 누린다고 되어 있다.

[롬5:1]
그러므로 우리가 믿음으로 의롭다 하심을 받았으니 우리 주 예수 그리스도로 말미암아 하나님과 화평을 누리자

"화평을 누리자"를 최신의 번역들은 모두 "하나님과 화평을 누립니다"라고 번역한다. 명령형이나 권면형이 아니라 현재형 동사다. 그 사람이 하나님과 평화를 누리고 있다는 것에 대한 분명한 특징이 무엇인가? 3절 말씀처럼 환난 중에도 즐거워하는 것이다.
어떻게 이렇게 될 수 있는가? 1절처럼 하나님과 평화를 누리고 있

기 때문이다. 그런데 믿는 척 하는 사람들은 환난이 오면 원망한다. 환난이 오면 말씀대로 살지 않고 편법으로 살려고 한다.

아브라함에게 있어서 환난은 자식이 없는 것이다. 고대에는 자식이 없는 것은 신의 저주를 받은 것으로 여겨졌다. 그런데도 성경은 이렇게 기록한다.

"백 세나 되어 자기 몸이 죽은 것 같고 사라의 태가 죽은 것 같음을 알고도 믿음이 약하여지지 아니하고."

그의 믿음은 약해진 것이 아니라, 오히려 믿음이 견고해지고 하나님께 영광을 돌렸다. 환난이 오지만, 기뻐하고 하나님께 영광을 돌린다. 이것이 하나님의 영이 만든 진짜 믿음의 모습이다.

예] 김OO 권사님 부부는 서대문 근처에 건물이 세 채가 있었다. 부자였다. 그 건물을 근거로 사업을 하다가 몇억의 빚을 지게 되었다. 그 권사님은 온갖 궂은 일을 하면서 가족을 부양했다. 삶이 팍팍하고 매일 힘들었지만, 그분은 하나님 앞에 기도할 때 제일 먼저 감사드린다. '하나님 아버지께서 나와 함께 해 주시니 감사합니다.' 이것이 믿음이다. 약속의 말씀을 믿고 환난 중에도 즐거워하고 말씀대로 살기로 결단한다.

겨자씨 비유에 돌밭에 떨어진 씨앗은 잘 자라다가 말씀으로 인한 환난을 당하면 믿음을 저버린다. 환난을 당하면 믿음이고 신앙이고 갖다 버리는 것은 짝퉁이다. 아브라함의 믿음은 환난속에서도 약속의 말씀을 믿고 즐거워하는 것이다. 어떻게 즐거워할 수 있는가? 약속을 해 주신 하나님이 나와 함께 동행하기 때문이다.

예] 러시아와 미국이 자기 나라 범죄자를 서로 교환하곤 한다. 러시아에서 미국의 여자농구스타가 마약소지로 8년을 선고받고 복역 중이었다. 그런데 그녀는 절망하는 것이 아니라 매일 기뻐하고 즐거워했다. 왜냐하면 미국 대통령이 약속했기 때문이다. '내가 범죄자 트레이드로 너를 집으로 오게 해 줄게.' 마찬가지로 환난을 당할지라도 약속의 말씀을 더욱더 믿는 것이 아브라함이 가졌던 원형 믿음이고 새로운 영으로 살아가는 사람들의 모습이다.

예] 어떤 식당 사장님이 사업이 어느 정도 되는데 떼돈을 벌 수 없어서 술을 함께 팔면 돈을 많이 벌 수 있을 것 같은데 신앙적 양심이 계속 걸려서 계속 나에게 묻는다. '술장사하는 것은 아니고 사람들이 술을 찾는 데 없는 것도 이상하니까 술을 파는 것은 믿음을 저버리는 것인가? 유럽에서는 목사님도 장로님도 펍에서 만난서 맥주 한잔씩 하면서 회의한다. 술에 취하는 것이 죄이지 술을 적당히 마시는 것은 죄 짓는 것이 아니다.' 나는 대답했다. '우리 나라는 믿음이 약한 자를 위해서 그렇게 하면 안 된다. 바울이 우상에게 바쳐진 고기가 믿음이 약한 자를 실족케 한다면 나는 영원히 고기를 먹지 않겠다고 했다. 술을 파는 것이 문제가 아니라 믿음이 약한 자들이 실족할 수 있고, 세상 사람들이 하나님을 믿는 것도 별 것 아니라는 생각을 하게 만들기 때문에 안된다. 그리고 우리가 이렇게 살아갈 때 하나님은 반드시 기억해 주신다.' 그는 이 약속의 말씀을 듣고 술을 안 팔기로 결단하고 즐거워했다. 이것이 믿음이다.

예] 몇 년 전에 미국의 연쇄 살인범을 재판하는 영상을 본적이 있다. 수십명의 여자를 죽였기 때문에 재판장은 살해당한 피해자 가족들의 분노를 풀어줄 방법을 찾다가 법정에서 살인범에게 자신의 속마음을 얘기하도록 했다. 수많은 가족들이 그 살인범을 욕하고 저주하다가 울고 실신했다. 살인범은 눈하나 깜빡하지 않았다. 그런데 한 노인이 나와서 자신의 딸을 죽인 그 살인범을 향해 이렇게 말했다.

"어젯밤에 주님께 내가 어떻게 해야 하느냐고 물었습니다. 그런데 주님은 저에게 말씀하셨습니다. 내가 너를 용서했듯이 너도 그 살인범을 용서하고 축복해라. 그래서 저는 당신을 용서하기로 했습니다. 그리고 당신을 축복하기로 했습니다."

그 노인은 한마디 한마디를 힘들었지만 분명한 소리로 또박또박 자신의 뜻을 전달했다. 그 말을 듣자 살인범은 눈물을 흘리기 시작했다. 그 노인은 자신의 인생에서 가장 큰 환난을 당했을 때 주님께서 원하시는 대로, 말씀대로, 약속대로 행했다. 이것이 아브라함이 가졌던 믿음이다.

4. 하나님을 더욱더 깊이 사랑하게 된다

[롬8:35]
누가 우리를 그리스도의 사랑에서 끊으리요 환난이나 곤고나 박해나 기근이나 적신이랴

1) 성도가 하나님을 사랑하는 근거*

"성도에게 있는 영적이고 은혜로운 사랑은 주로 하나님이 행하신 일 자체가 탁월하기 때문에 일어나는 것이지 하나님의 역사가 성도에게 가져다 줄 어떤 유익 때문이 아니다."

"위선자는 자기를 즐거워한다. 자아가 기쁨의 가장 주된 기초다. 참된 성도는 하나님을 즐거워한다. 위선자의 마음은 우선 자신의 특권과 자신이 누리거나 누릴 행복 때문에 기뻐하고 즐거워한다."

"하나님이 행하신 일들 가운데서 보이는 아름답고 유쾌한 하나님의 본성을 바라볼 때 생기는 이 달콤하고 황홀한 즐거움은 이후에 하

---

* 더 자세한 내용은 『신앙감정론』 책을 참고하라.

나님께 속한 일들이 자신의 것이 되었다는 것을 생각할 때 생기는 기쁨의 원천이 된다. 하지만 위선자들이 느끼는 감정의 순서는 정반대다. 그들은 먼저 즐거워하고 하나님께 귀히 여김을 받는다고 생각하며 우쭐해진다. 그리고는 그것을 근거로 하나님도 사랑스럽다고 생각한다."

"위선자들은 자기 자신들이 영적으로 좋은 상태에 있다고 확신하고, 그런 가르침을 좋게 느끼고, 하나님과 그리스도께서 얼마나 자신들을 소중하게 여기셨는가에 대해 듣는 것을 가장 기뻐한다는 것은 놀랄 일이 아니다. 따라서 그들의 기쁨은 자기 자신에 대한 기쁨이지, 하나님에 대한 기쁨은 아니다."

"그래서 그들은 자신들의 체험을 그리스도와 그리스도의 아름다움과 온전하심의 자리에 놓는다. 그리고 그리스도 예수를 즐거워하는 대신에, 그들의 찬탄할 만한 체험을 즐거워한다."

"위선자들의 감정은 자주 이런 식으로 드러난다. 그들은 먼저 상상으로 떠오르는 어떤 인상이나 충격에 감동받는다. 그들은 이런 인상들과 충격들을 하나님이 자신들을 사랑하시고 자신들을 행복하게 해 주시며 자신들에게 높은 권세를 주시겠다는 하나님의 증거나 직통 계시로 받아들인다. 이런 현상들은 때로는 성경 본문과 함께, 때로는 성경 본문 없이도 일어난다. 그들은 이런 현상들을 위대한 계시로 받아들이게 되므로 감정이 고조된다. 그리고 그들의 감정이 고조되면, 그 고조된 감정들을 크고 놀라운 체험이라고 부른다. 또한 그들은 하나님께서 이런 감정들을 크게 기뻐하신다고 생각한다. 그리고 이런 생각은 그들을 더 감동시키며, 자신들의 감정에 대해 다시 감동하게 된다. 따라서 그들의 감정은 때때로 자신이 거기에 완전히 빠질 때까지 점점 더 고조된다. 그리고 그 위에 자만과 격렬한 열정이 일어난다. 이 모든 것은 오직 **상상과 자아 사랑과 교만**이라는 기초 위에 공중누각처럼 지어진다."(강조는 에드워즈의 강조가 아님)

"위선자들은 자신들이 경험한 위대한 일들, 그들이 체험한 놀라운 계시적 현상들, 하나님께서 자신들을 사랑하신다는 강한 확신, 그들의 안전한 영적 상태, 그들이 천국에 갈 것이라는 확신에 대해 더 많이 말하는 것이다. 하나님과 그리스도의 달콤한 영광을 참되게 발견하고 즐거워하는 참된 성도는 자신이 보는 바 하나님의 영광에 완전히 사로잡혀서 자기 자신이나 자신의 업적을 바라볼 여유가 없다. 그가 묵상하는 황홀한 대상에서 눈을 돌려 자신의 체험을 살피고, 그 체험이 아주 큰 업적이며, 다른 사람들에게 해 줄 좋은 이야기가 생겼다고 스스로 생각하면서 시간을 보내는 것은 그에게는 견딜 수 없는 태만이요 실패다. 위선자들의 사랑과 기쁨이 모두 자아 사랑이라는 원천에서 나오듯이, 그들이 느끼는 죄에 대한 슬픔, 겸비와 복종, 신앙적 갈망과 열심 같은 다른 감정들도 자아 사랑에서 나온다."

"성도는 하나님의 모든 완전하심을 기뻐한다. 하나님의 무한한 위대하심, 능력, 지식, 그리고 두려운 위엄을 묵상하는 것은 성도에게 즐거운 일이다. 하지만 하나님의 거룩하심 때문에 하나님을 사랑하는 것이 성도가 하나님을 사랑하는 가장 근본적이고 본질적인 것이다. 바로 여기서 하나님에 대한 참된 사랑이 시작된다. 모든 지성적인 존재들의 참된 아름다움과 사랑스러움은 가장 본질적으로 그들의 도덕적 탁월성 또는 거룩함에서 비롯된다."

"느부갓네살 왕이 사람들에게 쫓겨나서 짐승들과 살다가 특별한 은혜로 회복되었을 때 그는 더 크게 하나님의 광대하심을 느꼈다. 하나님의 놀라운 위대하심을 깨닫고 그는 크게 감사했으며 가장 고상한 말로 하나님을 높이고 찬미하며, 모든 세상이 자신과 함께 하나님을 높이고 찬미하며, 모든 세상이 자신과 함께 하나님을 높이고 찬미하자고 요구했다. 이와 같이 거듭나지 않은 사람이 하나님의 무한한 광대하심과 위엄에 크게 감동하면서 이 위대한 하나님께서 자신을 당신의 특별한 자녀와 특별히 총애하는 자로 만드시고, 지극하신 사랑으로 자신에게 영원한 영광을 약속하셨다고 자만하게 된다면 자연스럽게 이것이 그에게 아주 큰 기쁨과 찬양을 불러일으킬 것이다."

2) 전혀 새로운 사랑의 열매

[요일4:10]
사랑은 여기 있으니 우리가 하나님을 사랑한 것이 아니요 하나님이 우리를 사랑하사 우리 죄를 속하기 위하여 화목제물로 그 아들을 보내셨음이라

[요일4:19]
우리가 사랑함은 그가 먼저 우리를 사랑하셨음이라

예수님을 믿는 사람들은 사랑의 사람으로 변한다. 그러나 성령님으로 거듭난 사람들의 사랑과 종교인들의 사랑은 그 모양은 비슷하지만, 본질적인 면에서 하늘과 땅 차이다. 성령님은 하나님의 사랑을 우리 마음속에 비추시는데 그 사랑은 매우 새롭다는 특징이 있다. 그분의 사랑이 새롭다는 것은 우리가 상상하거나 경험하지 못했던 사랑이라는 뜻이다.

죄로 인해 타락한 인간은 '선을 행하거나, 깨닫거나 하나님을 찾는 자가 없다'. 이 말은 하나님 안에 있는 사랑을 상상하거나 깨닫거나 그러한 사랑을 실천할 사람은 없다는 뜻이다. 우리가 거듭날 때 성령님은 하나님 안에 있던 사랑의 본질을 우리에게 전달하신다. 반대로 자연인은 성령님이 역사하시지만 하나님 안에 있는 전혀 새롭고 거룩한 사랑이 아니라, 자신들에게 익숙한 사랑을 상상하는 것에 그친다.

네팔에서 힌두교인들을 대상으로 패션어브크라이스트 영화를 상영한 적이 있다. 많은 사람들이 종교는 다르지만, 눈물을 흘렸다. 예수님이 제자들을 사랑하고 인류의 죄를 위해서 죽었다는 사실에 그들은 깜짝 놀랐다. 그리고 영화가 끝나자 아무 일이 없었다는 듯이 그들은 자신들의 종교로 돌아갔다. 물론 이러한 영화상영이 아무런 의미가 없는 것은 아니다.

일반인 대부분도 예수님의 희생과 사랑에 눈물을 흘릴 수 있다.

성령님께서 그들의 마음에 하나님의 사랑을 조명하셨기 때문이 아니라, 그들이 이전에 상상하고 경험했던 사랑의 모습을 예수님께 투영하여서 그분이 참 좋은 분이고 그분의 사랑이 참 따뜻하다고 느꼈기 때문에 눈물을 흘린다. 그러나 이러한 사랑을 알았다고 해서 그들이 구원에 이르거나, 하나님을 알게 되었거나, 성령님이 그들 안에 거하는 것은 아니다.

하나님의 사랑이 먼저 우리의 어둠과 눅눅하고 곰팡이 핀 마음에 비춰져야지만 우리의 영은 새로워질 수 있다. 그 사랑이 우리에게 비춰질 때 우리는 전혀 새로운 사랑을 알게 되고 느끼게 된다. 우리의 감각은 이것이 전혀 새로운 것임을 감지한다. 그래서 주님의 사랑을 체험한 사람들의 고백은 대체로 유사한 부분이 있는데 그것은 전에 내가 생각하지 못했던 사랑이었다는 간증과 고백이다. 눈물을 흘리기도 하고 감격하기도 하고 그 사랑의 아름다움에 사로잡히게 된다. 너무나 강력한 적에 사로잡힌 포로처럼 그분의 사랑에 사로잡히게 된다.

힌두교인들이 영화를 보면서 자신들이 상상하거나 경험했던 사랑을 예수님께 투영하는 사랑과는 본질적으로 다른 사랑을 알게 된다. 그러면 어떤 면에서 그 사랑이 다를까?

먼저, 전혀 새로운 사랑임을 체험한다. 너무나 새롭기 때문에 얼어붙어 버리거나 그 자리에서 숨이 멎을 것 같기도 하고, 울기도 하며 너무나 행복해서 지금 당장 죽어도 좋을 것 같다는 상상을 하게 된다. 이전에 우리 인간이 상상하거나 경험했던 사랑과는 전혀 다른 사랑이다.

청년들을 대상으로 '치유와 방언'이라는 수련회를 한 적이 있다. 첫째 날 마음의 치유를 말하면서 예수님의 사랑이 얼마나 놀랍고 우리의 상처를 치유하는지를 1시간 정도에 걸쳐서 나눴다. 그런데 이러한 내용은 참석자들이 잘 아는 내용이었다. 힌두교인들이 예수님에 관한 영화를 보듯이 아는 내용을 다시 보는 것처럼 참석자들도 아는 내용들을 나누었다. 그런데 참석자들은 그러한 사랑이 너무나 새롭다는 것을 알게 되고 자신들이 상상했던 것보다 주님의 사랑이 더욱 더 위대하고 크고 광대하며, 그 깊이가 끝이 없는 사랑이라는 사실에 울기 시작했다.

어떤 청년은 찬양하고 어떤 청년은 울고, 또 많은 청년들이 방언을 말하기 시작했다. 그래서 둘째날 방언을 강의할 필요도 없이 첫날, 사랑을 체험한 청년들이 방언을 하게 되었다. 나는 기도자가 하나님께 방언을 구해야만 하나님께서 주신다는 선입견이 있었는데 예수님 안에 있는 새로운 사랑, 놀라운 사랑을 발견하자마자 그들은 저절로 방언하기 시작했다.

그 다음으로 주님의 새로운 사랑을 알게 되었을 때에 **내가 했던 사랑이 얼마나 이기적이고 자기 중심적이며 하나님 앞에 부끄러울 뿐만 아니라 오히려 나의 사랑이 하나님의 진노를 살 것이라는 것을 순간 느끼게 된다.** 주님 앞에 단 하나의 사랑도 우리의 선행도 자랑할 것이 없다는 것을 알게 된다. 그것뿐만 아니라, 우리 주위의 어떤 사랑의 아름다움도 더 이상 추앙하거나 칭찬할 것이 없다는 것을 알게 된다. 이것은 흡사, 아침이 되어 태양이 떠오르자 별빛이 사라져 버리는 것과 같다.

한 청년을 제자훈련 하다가 그만 둬야겠다는 결심을 한 적이 있다. 이 청년은 이미 자신은 꽤 좋은 신앙생활을 하고 있다고 스스로 확신하고 교회에서도 많은 사역들을 도맡아 하는 바쁜 대학원생이었다. 그런데 대학원에서 지도교수님이 기브스를 하고 자신의 논문준비를 도우러 나오신 것을 보고 그 사랑에 너무나 크게 감동되어서 제자훈련을 함께 하는 내내 눈물을 글썽이며 교수님 이야기만 했다. 물론 그 교수님은 제자들을 정말로 사랑하는 분이라는 것을 느낄 수는 있지만, 태양이 떴는데 별의 찬란한 빛을 보면서 자화자찬하는 사람은 그의 영혼이 낮이 아니라 여전히 밤에 머물러 있다고 나는 생각했다. 그런데 자신은 찬란한 낮에 속해 있다고 확신한다면, 내가 아무리 '너는 밤에 있어'라고 말하더라도 깨닫지도 못할 뿐더러 서로 오해를 쌓을 것이라는 판단에 만남이 그치게 되었다.

무엇보다 주님 사랑의 아름다움에 사로잡히게 된다. 그 사랑을 생각하고 또 생각하게 된다. 그분의 십자가를 묵상하게 되고 나무 기둥 아래로 흘러내리는 피를 보게 되고, 그 피가 모든 죄인들이 져야 할 심판의 무게, 지옥의 무게라는 것을 알게 되고, 숨을 가쁘게 쉬시는 주님의 숨소리에 더욱더 다가가게 된다. 시간이 흐를수록 그분의 사랑에 사로잡히게 된다.

나는 〈인생은 아름다워〉라는 영화를 제일 좋아해서 몇 번을 보았다. 주인공이 아들을 얼마나 사랑했는지 그리고 아내를 얼마나 사랑하는지를 볼 때마다 코믹한 장면에 웃으면서 깊은 사랑에 감동한다.

이처럼 가족간의 사랑도 이렇게 아름답다고 다시 보는데, 예수님의 사랑은 얼마나 감격스러운가? 보고 다시 보고, 생각하고 다시 생각하고 싶은 것이 사랑의 십자가다. 그러나 주님의 사랑을 일년 중 고난주간에만, 그리고 성찬식에서나 생각하는 사람은 주님의 사랑을 받아본적이 없는 사람이다. 매일 아내를 생각하는 것보다도 더 많이, 매 시간 매 분, 그분의 사랑은 다시금 보고 싶다. 이것이 영의 새로운 것으로 주님을 섬기는 것이다.

3) 처음사랑으로 사랑하게 된다

[계2:4-5]
4 그러나 너를 책망할 것이 있나니 너의 처음 사랑을 버렸느니라
5 그러므로 어디서 떨어졌는지를 생각하고 회개하여 처음 행위를 가지라 만일 그리하지 아니하고 회개하지 아니하면 내가 네게 가서 네 촛대를 그 자리에서 옮기리라

처음사랑이라는 말은 첫사랑과는 다르다. 사람의 첫사랑은 도파민의 폭발로 가슴이 쿵하는 것이지만, 처음사랑은 주님의 영광을 보는 것에서 나오는 거룩하고 영적인 사랑을 의미한다. 거룩하고 영적이라는 말을 설명해야 하지만, 간단히 설명하자면 문학에서 묘사하는 사랑도 아니요 인간이 상상할 수 있는 그러한 사랑이 아니고, 주의 영광을 볼 때에 성령님으로부터 흘러 나오는 사랑이며 그 사랑이 우리 안에 전달된다.

에베소교회는 주님을 적당히 사랑하고 섬겼지만 거룩하고 영적인 사랑은 아니었다. 그들이 처음사랑을 잃었을 때 주님은 회개하라 경

고하시고 이기는 자에게는 생명나무의 열매를 먹게 하겠다고 하셨다. 성령님이 내주하실 때 일어나는 첫 번째 분명한 현상은 처음사랑으로 주님을 사랑하게 된다는 것이다.

제자훈련반에서 한 청년이 주님을 사랑하게 된 첫경험을 얘기해 줬다. 예배를 드리다가 내 앞에 100억짜리 수표가 있더라도 주님과 수표 중에 어떤것을 선택할래 누가 묻는다면, 주님을 선택하겠습니다라는 고백이 되더라는 것이다. 그때의 감격과 감동을 얘기할 때, 함께 있던 반원들이 그를 보며 큰 감동과 존경을 보였다. 하지만 참 특이한 것은 결혼할 배우자를 선택할 때는 주님께서 좋아할 만한 여자를 선택하지는 않더라는 것이다.

처음사랑이라는 것은 어떤 특정한 것과 비교해서 주님을 더 사랑하는 것이 아니라, 모든 것들과 비교해서도 주님을 더욱 더 사랑하는 것이다. '나는 돈보다 주님을 사랑해'라고 말하는 사람도 자신의 명예와 이름을 위해서라면 주님을 저버리는 경우들을 보게 된다. 그것을 처음사랑이라고 말하지 않는다. 어떤 사람은 주님을 너무나 사랑해라고 말하지만, 주님께서 정말 기뻐하시는 하나님의 사업에는 전혀 관심을 갖지 않는다. 이러한 사랑은 처음 사랑이 아니라, 자기 만족적 사랑이다. 자기를 사랑해 주시는 주님을 사랑하는 것 뿐이지, 그분의 사랑의 본질이 내 안에 전달되기 때문에 사랑하는 것은 아니다. 그의 사랑은 부모의 맹목적 내리사랑의 대체품일 뿐이지 성경이 말하는 하나님을 향한 거룩한 처음 사랑은 아니다.

누군가가 하나님을 위해서 목숨을 걸고 싸우거나, 헌신하겠다고 하면 모두가 그를 존경의 눈빛으로 추앙할것이다. 그것을 처음사랑이라고 말한다면, 유대인 중에 열심당원들은 하나님과 성전을 위해서 목숨을 걸고 싸웠고, 유대인들이 로마에 결사항쟁을 벌였던 마사다 전투에서 유대인들이 죽음으로써 보여준 결의를 처음사랑이라고 말해야 할 것이다. 그러나 그것은 고린도전서 13장에서 다루는, "사랑이 없이 내 모든 것으로 구제하고 내 몸을 불사르게 내주는" 거룩하지 않은 사랑에 불과하다. 왜냐하면 그들의 사랑과 헌신은 하나님의 영광을 보고 그분의 본성이 전달되어서 나오는 사랑이 아니기 때문이다.

바울 사도는 사랑에 대한 수많은 묘사를 했다. "사랑은 오래 참고 사랑은 온유하며 시기하지 아니하며 사랑은 자랑하지 아니하며 교만하지 아니하며…" 그리고 그 사랑의 원천이 무엇인지를 설명할 때 "우리가 지금은 거울로 보는 것 같이 희미하나"(고전13:12)라고 묘사함으로써, 거룩한 사랑의 원천은 주님의 영광과 아름다우심을 보는데서 나오는 것임을 설명한다.

그리고 자기애에서 발현된 하나님 사랑이 있을 수 있다. 주님께서 나를 사랑하시기 때문에, 나를 지옥에서 구원하셨기 때문에, 환난에서 나를 도우셨기 때문에 그분을 사랑하고 찬양할 수 있다. 주님을 사랑하지만, 자기애에 뿌리를 둔 것이다. 그러나 성령님께서 내주하셔서 하나님의 영광과 본질을 우리에게 전달하심으로써 우리가 하나님을 사랑하게 될 때는 자기애에 뿌리를 두는 것이 아니라, 그분의 아름다우심과 영광과 선하심과 공의로우심과 신실하심과 성실하심에 감탄하여 그분을 사랑하게 되고 마음을 다해 목숨을 다해 뜻을 다해 하나님을 사랑하게 된다.

자기애에 뿌리를 둔 사랑과 어떤 대상의 아름다움을 보는 데서 출발한 사랑은 그 성격이 전혀 다르다. 예를 들면, 출옥한 장발장을 따뜻하게 맞이해준 신부님에 대해 그는 존경하고 사랑하는 마음이 생겼을 것이다. 그 이유는 신부님이 그를 도왔기 때문이다. 그런데 장발장은 은식기들을 훔쳐서 도망가다 붙잡혀서 신부 앞에 왔을 때에 신부님은 장발장을 보호하기 위해 자신이 준 것이라고 그를 변명해 주고, 은촛대를 놓고 갔다며 그것까지 챙겨준다. 그때 장발장이 사랑한 것은 물론 자신을 위기에서 구해줬다는 기쁨도 있었겠지만, 주님의 심장으로부터 나오는 신부님의 자비로움과 따뜻함에 큰 감동을 하고 그분뿐만 아니라 주님을 진실로 사랑하게 된다. 그래서 그는 자기에게 해로울지라도 심지어 자신이 죽게 되는 상황에서도 하나님과 타인을 사랑하는 거룩한 사랑을 실천하는 사람이 된다. 장발장은 자기애의 관점에서 신부님을 사랑하지만, 시간이 지나자 그는 주님의 아름다움에 사로잡히게 되고 죽음의 위기에서도 타인을 사랑하는 초월적인 사랑을 보인다. 이것이 자기애적 사랑과 주님의 영광과 아름다우심을 보는 데서 나오는 사랑이 어떻게 다른지를 알게 해준다.

물론, 이 두 가지는 초기 신앙부터 명확하게 구분되어 성도의 삶에 나타나지 않고 두 가지가 두리뭉실하게 섞여 있다. 다윗도 하나님을 사랑하는 이유들이 "여호와가 나의 산성이요 도움이시요 피할 요새"이기 때문이라고 고백한다. 그러나 하나님의 아름다우심을 사모하는 마음이 얼마나 컸는지, 자신의 평생의 소망은 주의 전에서 주의 아름다우심을 앙망하며 사는 것이라는 고백을 한다. 성령님은 하나님의 아름다우심과 본성을 우리에게 전달해 주시는데, 그러할수록 우리의 사랑은 자기애에 기초를 두지 않고 주님 안에 있는 본질적 사랑으로 변화되고 성장하고 열매를 맺게 된다. 주님은 그러한 사랑을 이렇게 묘사하신다.

"자기의 생명을 사랑하는 자는 잃어버릴 것이요 이 세상에서 자기의 생명을 미워하는 자는 영생하도록 보전하리라."(요12:25)

마귀와 위선자들은 이러한 사랑이 무엇인지조차 알지 못하고 그러한 사랑을 실천하지 못하고 흉내만 낼 뿐이다.

욥기 1장 9절과 10절을 보면 "욥이 어찌 까닭 없이 하나님을 경외하리이까 주께서 그와 그 집과 그 모든 소유물을 산울로 두르심이 아니니이까"라는 사탄의 고발이 있다. 왜 그가 이런 고발을 했을까? 사탄이 아는 사랑은 자기애에 기초한 사랑밖에 없기 때문이다. '하나님께서 욥에게 잘해 주시니까 욥이 하나님을 사랑하는 것이다. 만약 욥을 파멸시키면 하나님을 욕할 것입니다.' 이것이 사탄이 이해한 사랑이다. 교인들 중에도 사탄이 이해하는 자기애에 기초를 둔 사랑에 머무는 사람은 전혀 열매를 맺고 있지 않은 사람이다.

세퍼드 목사는 이러한 사랑을 이렇게 서술한다. "당신에게 선을 행하거나 당신을 유익하게 하는 사람을 자연스럽게 사랑하는 것처럼, 그리스도를 자연스럽게 사랑할 수 있다. 또한 주님만 영적으로 사랑할 수 있다. 주님은 오직 이런 사랑을 통해서만 높임을 받으신다."

에드워즈는 이러한 원리를 예를 들어서 설명한다.[*]

두 사람이 있다고 하자. 한 사람은 날 때부터 미각이 없고 다른 사람은 미각이 있다. 후자는 꿀을 사랑하며 꿀의 달콤한 맛을 알기 때

---

[*] 『신앙감정론』 인용.

문에 그것을 매우 좋아하는 반면, 전자는 소리나 색깔을 사랑한다. 두 사람의 사랑에는 공통된 것들이 많이 있다. 각각의 사랑은 두 사람 모두 사랑하는 것을 갈망하게 하고 기뻐하게 하며, 그 대상들이 없어질 때는 슬픔에 잠기게 한다. 하지만 꿀맛을 아는 사람이 그에게 사랑의 토대가 되는 꿀의 탁월함과 달콤함에서 느끼는 생각이나 감각은, 꿀맛을 알지 못하는 사람에게 있거나 있을 수 있는 어떤 것과도 전혀 다르다. 그리고 그 사람이 꿀에 대해 느끼는 기쁨은, 비록 두 사람 다 사랑하는 대상을 기뻐하지만 다른 사람이 생각할 수 있는 어떤 것과도 전혀 다르다. 그래서 이 두 사람 다 어떤 점에서는 같은 대상을 사랑할 수도 있다. 한 사람은 보기에 아름답고, 맛도 좋은 과일을 사랑할 수 있다. 왜냐하면 그가 그 아름다운 색깔을 보았을 뿐만 아니라, 그 과일의 달콤한 맛을 알기 때문이다. 다른 사람은 그 맛은 전혀 모른 채, 오직 그 아름다운 색깔 때문에 그것을 사랑할 수도 있다.

어떤 점에서 많은 것들이 둘 다에 공통된 것처럼 보인다. 두 사람 다 사랑하고 두 사람 다 갈망하며, 두 사람 다 기뻐한다. 하지만 한 사람의 사랑, 갈망, 기쁨은 다른 사람의 그것과는 완전히 다르다. 거듭나지 않은 사람에게 있는 사랑과 영적인 사람에게 있는 사랑의 차이점은 바로 이와 같다. 하지만 반드시 언급해야 할 것은, 한 가지 점에서 둘 사이에는 엄청나게 큰 차이가 있다는 것이다. 즉 이 두 종류의 다른 사람들이 영적인 대상들의 탁월함을 인식하는 종류는, 미각이 있는 사람과 없는 사람이 맛있는 과일의 탁월함을 인식하는 종류보다 훨씬 더 큰 차이를 보인다는 것이다.

성령님께서 내주하실 때에 성도들은 하나님의 아름다우심을 즉각적으로 보게 되고 그분을 사랑하게 된다. 그러나 위선자들도 하나님을 어느 정도로 사랑하게 된다. 일반적으로 사랑은 누군가를 갈망하고 그 사람이 잘되기를 소망하고 함께 있기를 기대하는 마음이다. 이러한 마음이 위선자들에게도 있지만, 성령님이 내주하실 때 성령님은 하나님의 놀라운 아름다우심을 자녀들에게 전달하시고 그들은 그분을 자신의 생명보다 사랑하고 사모하게 된다. 그래서 다윗은 "내가 여호와께 바라는 한 가지 일 그것을 구하리니 곧 내가 내 평생에 여호와의 집에 살면서 여호와의 아름다움을 바라보며 그의 성전에서 사모하는 그것이라"(시27:4)라고 고백함으로 하나님의 아름다우심이 자신이 추구하는 유일한 소망임을 고백한다. 또, 그는 하나님의 인자하심에 대해 감동을 하면서 자신의 생명보다 귀하다는 고백을 한다.

주의 인자하심이 생명보다 나으므로 내 입술이 주를 찬양할 것이라

– 시63:3

예수님은 제자들에게 나를 사랑하고 따르는 것은 자기의 생명보다 더 소중한 것임을 말씀하셨다.

자기의 생명을 사랑하는 자는 잃어 버릴 것이요 이 세상에서 자기의 생명을 미워하는 자는 영생하도록 보전하리라.

– 요12:25

자기애를 초월해서 예수님을 어떻게 사랑할 수 있는가? 이것이 가능한 이유는 성령님께서 성도들에게 내주하셔서 예수님과 하나님의 아름다우심을 즉각적으로 전달하시기 때문에 목숨보다 사랑하게 된다. 그러나 마귀나 위선자들은 친구나 연인을 사랑하는 것처럼 하나님을 일반적으로 사랑하지만, 하나님의 아름다우심을 보는 시각이 없으며, 겨우 하나님께서 주시는 것 때문에 그분을 사랑한다. 그러나 성도들은 "마음을 다하고 목숨을 다하고 뜻을 다하여 주 너의 하나님을 사랑하라"는 명령이 진실로 성도들이 순종해야 할 계명임을 당연하게 여기게 되고 자기애를 초월하여 그분을 사랑하는 열매를 맺게 된다.

5. 모조된 사랑

많은 사람들이 마귀는 사랑에 대해 전혀 알지 못할 것이라고 확신한다. 하나님에 대한 두려움이나 거룩한 하나님에 대한 믿음이 전혀 없을 것이라고 추측한다. 그러나 성경은 "하나님은 한 분이신줄을 믿느냐 귀신들도 믿고 떠느니라"라고 설명한다. 귀신들의 믿음은 성령님에 의해서 조명된 믿음이 아니라, 믿음의 모조품이다.

그들의 두려움은 하나님의 힘과 공의로우심을 알기 때문에 하나님께서 자신들을 벌하실것이라는 것에 대한 두려움이다. 진정한 신앙에서 나오는 하나님에 대한 두려움의 모조품이다. 마찬가지로 사탄도 사랑에 대해 알고 흉내를 내고 행동할 수 있지만, 짝퉁 사랑에 불가하다.

초대교회를 어지럽혔던 영지주의 이단들은 서로를 가족보다 더 사랑하고 챙겼지만 그러한 사랑은 성령님께서 조명하시고 감동을 준 사랑이 아니다. 가장 고귀한 것일수록 모조품을 만드는 경향이 있다. 사랑은 성령님의 본질이고 거듭난 그리스도인들에게 가장 중요한 특징이기 때문에 사탄은 사랑의 모조품을 만들어서 초대교회 때부터 교회를 혼란스럽게 하고 사람들을 교만하게 만들었다.

어려서 할머니 집에서 농사일을 돕다 보면 '벼'와 '피'를 구별해서

'피'를 뽑는 일을 하곤 했다. '피'는 벼와 비슷하게 생겼지만, 잡초에 불과하고 가을에 알곡을 맺지 않는다. 더군다나 '피'는 주변의 벼가 흡수해야 할 영양분을 흡수해서 벼가 열매를 제대로 맺히지 못하게 한다.

사탄이 하는 것이 이것과 같다. 좋은 밭에 가라지를 뿌리고 가라지 스스로도 알곡이라고 착각하게 만들어서 마지막 날 추수 때에 지옥의 불에 빠뜨리는 것이 사탄의 계략이다. 그중에 가장 중요하게 여기며 강력한 무기가 바로 사랑의 모조품을 만들어서 교인들에게 스스로가 거듭났고 주님의 사랑안에 안전하다고 착각하게 만들어서 결국 지옥으로 미끄러져 추락하게 만드는 것이다.

이 무기는 시대를 초월해서 항상 성공적이었다. 이 무기를 사용해서 사탄은 교회조차도 스스로를 사랑이 풍성하고 자랑스러운 우리 교회로 착각하게 만들 수 있다. 그 대표적인 교회가 요한계시록에서 주님께서 경고한 에베소교회였다.

[계2:2-3]
2 내가 네 행위와 수고와 네 인내를 알고 또 악한 자들을 용납하지 아니한 것과 자칭 사도라 하되 아닌 자들을 시험하여 그의 거짓된 것을 네가 드러낸 것과
3 또 네가 참고 내 이름을 위하여 견디고 게으르지 아니한 것을 아노라

에베소 교회는 성실하고 핍박을 견뎌낸 교회였다. 그러나 문제는

처음사랑이 있다고 착각한 것이었다. "그러나 너를 책망할 것이 있나니 너의 처음 사랑을 버렸느니라"(계2:4). 그들이 가졌던 사랑은 사단에 의해서 주입된 모조품이었다. 스스로 안심하고 안전하다고 생각했지만, 주님은 "이기는 그에게는 내가 하나님의 낙원에 있는 생명 나무의 열매를 주어 먹게 하리라"고 약속하심으로써 사랑의 모조품을 버리고 진짜 성령님께서 주시는 사랑, 즉 '처음 사랑'을 가지라고 촉구하신다. 이기는 자는 생명 나무의 열매를 먹을 것이다.

1) 영이 새롭게 되지 않은 사람의 사랑은 몇 가지 특징이 있다

영이 새롭게 될 때 진짜 사랑이 작동한다. 이 사랑의 특징은 아름다운 것에 적극적으로 반응하고 마음과 행동이 움직인다는 데 있다. 반대로 영이 새롭게 되지 못한 사람의 특징은 아름다운 것에 대해 무관심하거나 그 아름다운 것에 대해 정당한 마음의 반응이 일어나지 않는 것이다. 그 대표적인 예가 예수님을 보고도 무관심하거나 거부하거나 심지어 죽이려던 유대인들이다.

[요1:9-11]
9 참 빛 곧 세상에 와서 각 사람에게 비추는 빛이 있었나니
10 그가 세상에 계셨으며 세상은 그로 말미암아 지은 바 되었으되 세상이 그를 알지 못하였고
11 자기 땅에 오매 자기 백성이 영접하지 아니하였으나

영이 새롭게 될 때 예수님의 아름다움에 합당한 사랑으로 그분을 대하게 된다. 여전히 거듭나지 않은 상태에 있는 사람들은 예수님의 아름다움에 대한 정당한 반응이 없을 뿐만 아니라, 시간이 지나면 무관심해 지거나 사랑하는 체 한다는 데 있다. 죄인의 사랑은 진짜 사랑할 것은 사랑하지 않고 사랑하지 않을 것을 사랑하는 데 있다.

여기에서 위선이 나온다. 예수님은 스스로 하나님께 열심이고 그분을 사랑한다는 자부심을 가지고 있는 율법학자들과 바리새인들을 향해 너희가 하늘 아버지를 사랑했다면 그 아들도 사랑했을 것이라고 책망하셨다. 즉 그들이 아버지를 사랑한다는 그 사랑은 신앙의 본질에서 나오는 것이 아니라 위선적인 것이라는 책망이었다. 그리고 주님은 그들이 베푸는 긍휼을 평가하시면서 "정의와 긍휼과 믿음"(마23)을 버렸다고 책망하셨다. 그들은 시장 입구에서 자선을 베풀며 나팔을 불고 스스로 긍휼을 베푸는 사람이라고 착각하고 있었던 것이다.

[갈4:17]
그들이 너희에게 대하여 열심 내는 것은 좋은 뜻이 아니요 오직 너희를 이간시켜 너희로 그들에게 대하여 열심을 내게 하려 함이라

바울은 거짓교사들이 너희를 향해서 열정을 가지고 사랑하는 것처럼 보이지만 그 사랑은 거짓된 사랑이고 결국은 너희를 분열시키는 열심이라고 경고하고 있다. 이처럼 스스로 사랑이라는 탈을 쓰고 있지만 결국은 신앙의 본질에서 나오는 사랑이 아니라 스스로 가지

거나 마귀적인 사랑에 불과하다. 그렇다면 이렇게 모조된 사랑의 특징들은 무엇일까?

2) 이기적 사랑

에드워즈는 "이와 같이 고대의 영지주의자들과 종교개혁 초기에 등장한 과격한 광신주의자들은 서로 간의 큰 사랑을 자랑하였습니다. 특별히 그들 중 한 분파는 스스로를 사랑의 가족이라 불렀습니다… 그것은 자연적인 자기 사랑이 작용한 것이지 참된 사랑에서 나온 것이 아닙니다."(에드워즈 "성령의 역사 분별방법")라고 설명한다.

사탄은 자신에게 이익이 된다면 예수님조차도 사랑할 수 있다. 그 모습중의 하나가 군대 귀신들이 예수님께 와서 절을 하고, 무저갱으로 쫓아내지 말아달라고 부탁을 한 장면이다. 예수님은 그들의 부탁을 들어주셨고, 성경에는 나오지 않았지만, 이러한 선의에 대해 귀신들도 예수님께 감사하고 그들의 모조된 사랑으로 즉, 이기적인 동기에서 나온 사랑으로 반응했을 것이다. 이기적 사랑이 사탄의 특징이다.

영의 새로운 것으로 살아가는 거듭난 성도는 주님을 닮은 사랑을 한다. 그 사랑은 전적으로 거듭나지 않은 사람이 품을 수 없는 사랑이다. 하나님을 사랑하되 마음을 다해 힘을 다해 목숨을 다해 사랑하게 된다.

[롬8:35-37]

35 누가 우리를 그리스도의 사랑에서 끊으리요 환난이나 곤고나 박
해나 기근이나 적신이나 위험이나 칼이랴

36 기록된 바 우리가 종일 주를 위하여 죽임을 당하게 되며 도살 당
할 양 같이 여김을 받았나이다 함과 같으니라

37 그러나 이 모든 일에 우리를 사랑하시는 이로 말미암아 우리가 넉
넉히 이기느니라

　교회에서 영어를 가르칠 전도사를 뽑을 때 내가 서류 심사를 한 적
이 있다. 케냐 출신의 장로회신학교 학생이 자기 소개서를 냈는데,
거기에는 자신의 회심이야기가 담담하게 적혀 있었고 읽으면서 크게
감동했다. 그는 어려서부터 교회를 다녔는데, 종교분쟁이 심해서 타
종교인들에게 구타를 당하는 것은 다반사였고 교회가 불에 타는 경
우도 여러번 있었다고 한다.

　그러한 핍박에도 열심히 교회에서 봉사하는 자신을 보면서 스스
로가 신실한 크리스챤이라고 생각했다. 그런데 어느날 형이 와서 자
신에게 진지하게 이렇게 말했다고 한다. "너의 전부를 주님께 드리지
않으면 주님을 사랑하는 것이 아니다"라고 했다는 것이다.

　처음에는 이 말이 너무나 충격적이었지만, 그 말이 진리라는 것을
느낄 수 있었고 밤이 새도록 주님을 생각하고 부르짖다가 자신을 주
님께 드립니다라는 고백을 했을 때 새로운 세상이 열렸다는 간증이
었다.

　이것이 새로운 영으로 살아가는 성도가 주님을 사랑하는 방법이
다. 이기적인 것은 하나도 없다. 그분을 위해서 살다가 죽더라고 감

사할 수 있고 기뻐할 수 있다.

또 성도들이 형제자매를 사랑하는 것은 어떠한가?

[요일3:16]
그가 우리를 위하여 목숨을 버리셨으니 우리가 이로써 사랑을 알고 우리도 형제들을 위하여 목숨을 버리는 것이 마땅하니라

형제를 위해서 죽는 것이 당연하다는 이 선언은 대체 무엇이란 말인가? 사탄은 절대 그렇게 할 수 없다. 사탄은 자신의 욕망을 만족시키기 위해서라면 거짓을 말하고 살인을 저지른다. 자기만족을 위해서 사랑도 할 수 있다. 하지만 자신이 파멸하면서까지 대상을 사랑할 수 없다. 이것은 성령님께서만 주시는 놀랍고 새로운 마음이다.

[에스겔 36:26-27]
26 또 새영을 너희 속에 두고 새 마음을 너희에게 주되 너희 육신에서 굳은 마음을 제거하고 부드러운 마음을 줄 것이며
27 또 내 영을 너희 속에 두어 너희로 내 율례를 행하게 하리니 너희가 내 규례를 지켜 행할지라

로마 시대 초대교회에서는 노예를 위해서 자신이 노예가 되는 경우들이 종종 있었다고 한다. 그들은 누가 강요한 것이 아니라, 성령님께서 주시는 마음으로 형제사랑하기를 선택한 것이다. 이러한 사랑을 누가 막을 수 있겠는가?

그러나 위선적인 사랑은 사랑을 베풀지만, 결국은 그 사랑의 마지막 종착점은 자신을 사랑하고 높이는데 있다. 우리가 잘 아는 이야기 중에 아나니아와 삽비라가 있다. 그들은 예루살렘에 순례를 왔다가 기독교로 개종한 유대인들을 돕기 위해서 자신들의 밭을 팔았다. 그 일은 칭찬받아 마땅하다. 그런데 그중의 얼마를 숨기고 나머지를 사도 베드로에게 가져왔다.

베드로는 "어찌하여 사탄이 네 마음에 가득하여 네가 성령을 속이고 땅 값 얼마를 감추었느냐 땅이 그대로 있을 때에는 네 땅이 아니며 판 후에도 네 마음대로 할 수가 없더냐 어찌하여 이 일을 네 마음에 두었느냐 사람에게 거짓말한 것이 아니요 하나님께로다", "너희가 어찌 함께 꾀하여 주의 영을 시험하려 하느냐 보라 네 남편을 장사하고 오는 사람들의 발이 문 앞에 이르렀으니 또 너를 메어 내가리라"라고 책망하였고 그 둘은 죽게 된다.

대표적으로 한국 기독교의 이단인 구원파는 아나니아와 삽비라는 예수님을 믿었으니 육체는 죽었지만 영혼은 천국에 간다고 가르친다.

문제는 이러한 구원파의 주장에 성경적인 논리를 가지고 비판할 수 있는 교회들이 없다는 것이다. 신학자들은 몇 가지 논리를 가지고 말을 하지만, 일반 교회는 구원파의 구원관과 매우 유사한 구원관을 가지고 있기 때문에 그들을 논리적으로 비판하지 못한다. 구원파의 주장과 그들을 비판하지 못하는 교회들의 주장은 아나니아와 삽비라는 예수님을 구원자요 메시야로 믿었고 속죄받았으며 성령의 열매인 사랑을 맺었다는 것을 그들의 구제활동을 통해서 알 수 있다는 것이다. 고대에 부동산은 자기 가족의 전재산과 같은데 그것을 팔아서 구제하는 데 썼다는 것이야말로 이 둘이 예수님을 믿고 스스로 변화되어 사랑의 열매를 맺은 것을 증명한 것이라는 논리이다.

이러한 논리를 비판하는 목회자들은 아나니아와 삽비라는 위선자이고 믿는 척 했을 뿐이라고 주장한다. 그러나 왜 위선자인지를 설명하지 못하는 경우들이 많다. 그 이유는 그들의 헌신적인 구제활동에 대해서 인정할지라도 그들의 마음에는 주님을 향해서나, 가난한 성도들을 향한 처음사랑은 없고 허영으로 자신을 속였기 때문이다.

우리는 사랑이 모조될 수 있다는 것을 알아야 한다. 아나니아와 삽비라는 바나바가 자기 밭을 팔아 구제하는 것과 바나바가 교회의 칭송을 받는 것을 보면서 자신들도 자기 밭을 팔고 얼마를 숨기고 헌금을 한다. 그들의 사랑의 행위는 결국 영의 새로운 것으로 섬긴것이 아니라, 자신이 예수님을 믿고 사랑으로 변화된 척 하는 위선적인 행동이었다. 그들의 사랑의 마지막 종착지는 자신들을 사랑하고 자신들이 칭송을 받는 것이었다. 그리고 이러한 위선에 대해서 그들은 심판을 받은 것이다.

3) 자랑하는 사랑

에드워즈는 참사랑에 대해서 이렇게 설명한다.

"이 사랑은 그리스도 예수 안에서 주어진 우리를 향하신 하나님의 사랑의 값없는 은혜와 주권이 얼마나 놀랍고 부요한지를 깨달은 데서 생긴 사랑입니다. 여기에는 우리 자신이 하나님과 그리스도의 원수요 미워하는 자임을 인정하면서 우리 자신의 철저한 무가치함을 느끼는 것이 수반됩니다. 그리고 우리 자신의 탁월함과 의를 모두 포기하는 것이 수반됩니다. … 즉, 그리스도인의 덕은 다른 어떤 것들보다도 자기를 부인하고, 자기를 낮추며, 자기를 전멸시키는 데서 빛난다는 것입니다. 즉, 겸손에서 빛납니다. 그리스도인의 사랑, 혹은 참된 사랑은 겸손한 사랑입니다."*

겸손한 사랑과 가장 대조되었던 사람들이 예수님 시대에 시장에서 구제하면서 나팔을 불었던 종교지도자들이었다. 주님은 그들은 이미 자기 상을 받았다고 선언함으로써 그러한 사랑은 하나님께서 하나도 인정해 주지 않으실 것이라고 말씀하셨다.

신림역에서 한 청년과 함께 버스킹을 하면서 전도를 하다가 이런 말을 했다.

"우리 목에서 피가 터져나와도 주님의 사랑에 비교하면 새발의 피다. 전혀 자랑할 것도 없고 오히려 더 드리지 못하는 우리의 헌신이 부끄러울 뿐이다. 이 마음이 없으면 안 된다."

나는 이 청년을 걱정해서 이런 교만이 없어야 한다고 말했는데, 그는 자신을 정죄한다고 생각하고 교회를 떠나버렸다. 물론 이 청년이 그런 자랑하는 마음으로 가득차 있는지는 알 수 없다. 그러나 내 마음에는 늘 자랑하는 마음이 있었다. 나는 이렇게 전도하거든, 나는 주님을 이렇게 사랑하거든. 그래서 이 청년에게도 내가 빠졌던 교만한 사랑에 빠지지 않기를 원했던 것이다. 주님께 내 모든 피를 뽑아 드려도 그것은 부족하고 오히려 부끄러운 사랑이다.

---

* 에드워즈, "성령의 역사분별방법".

반대로 사탄은 자신을 하나님의 자리에 올려준다고 하면 어떤 대상도 사랑할 것이다. 사탄이 예수님을 시험했던 세 번째 시험이 내게 절하면 천하만물을 너에게 줄것이라는 유혹이었다. 사탄은 자신을 하나님의 자리에 세워주기만 한다면 어떤 값진 것들도 아낌 없이 줄 수 있는 존재다.

예수님은 율법학자들과 바리새인들을 꾸짖으실 때 이해가 안 가는 말씀을 하셨다.

[마23:3]
그러므로 무엇이든지 그들이 말하는 바는 행하고 지키되 그들이 하는 행위는 본받지 말라 그들은 말만하고 행하지 아니하며

율법학자들과 바리새인들이 얼마나 철저하게 행하는지를 주님은 아셨을텐데 왜 그들은 행하지 않고 말만하는 사람이라고 책망하셨을까?

그들은 일주일에 2일을 금식하고 나팔을 불지만 구제를 하고 기도를 길게 하던 사람들이었다. 율법을 사랑해서 토라를 외우고 다닐 뿐만 아니라 옷술에는 성경구절을 적거나 옷에 말씀을 달고 다녔던 사람들이었다. 그런데 주님은 그들은 행하지 않는다고 책망하셨다.

그 이유를 주님은 "그들의 모든 행위를 사람에게 보이고자 하나니 곧 그 경문 띠를 넓게 하며 옷술을 길게 하고"(마23:5)라고 설명하신다. 그들이 율법을 사랑하고 하나님을 사랑하는 것과 구제하며 가난한 이웃을 사랑하는 행위는 자랑하는 사랑이기 때문에 위선자

일 뿐만 아니라 그들의 행위를 본받지 말라고 경고하신 것이다. 자랑하는 사랑은 영의 새로운 것이 아니라 위선적 신앙을 만드는 위험이 있다.

4) 진리에 대해 우쭐대고
우리만 그 진리를 가졌다는 영지주의자들같은 사랑

영의 새로운 것으로 섬기는 사람들은 진리에 대해서 매우 겸손한 태도를 갖게 된다. 바울은 사랑을 설명하면서 '진리와 함께 기뻐한다'고 했다. 사랑은 진리와 함께 기뻐하는데, 그 진리는 하나님께서 보여주시고 계시해 주셔야지만 우리가 볼 수 있고 깨달을 수 있다. 그래서 천국 백성들은 심령이 가난한 상태로 하나님께 진리를 달라고 두 손 벌리는 사람들이다. 주님은 "너희가 맹인 되었더라면 죄가 없으려니와 본다고 하니 너희 죄가 그대로 있느니라"라고 진리에 대한 교만을 경계하셨다.

성령님은 우리가 진리에 대해 맹인인 것을 알게 하시고 진리를 항상 구하는 태도로 살게 하신다. 이러한 겸손은 사람이 가지고 있을지라도 하나님과 사람들이 보기에 아름답다.

[행17:11]
베뢰아에 있는 사람들은 데살로니가에 있는 사람들보다 더 너그러워서 간절한 마음으로 말씀을 받고 이것이 그러한가 하여 날마다 성경을 상고하므로

베뢰아 사람들은 진리에 대한 겸손함이 있었다. 그래서 자신들은 유대교를 믿었지만, 성경에서 말씀하는 예수 그리스도가 진짜인지를 겸손하게 하나님께 물으면서 성경을 보았고 그들에게 구원이 임했다.

반대로, 요한 사도가 경고했던 영지주의 기독교인들은 진리에 대해 교만했다. 자기들만 영생에 대한 참지식을 가졌다고 확신하고 자기 무리 밖의 교인들에게는 거만하고 교만하고 자기 무리들은 가족처럼 사랑한다. 이러한 공동체 사랑은 성령님으로부터 나온 것이 아니다.

[요일4:3-5]
3 예수를 시인하지 아니하는 영마다 하나님께 속한 것이 아니니 이것이 곧 적그리스도의 영이니라 오리라 한 말을 너희가 들었거니와 지금 벌써 세상에 있느니라
4 자녀들아 너희는 하나님께 속하였고 또 그들을 이기었나니 이는 너희 안에 계신 이가 세상에 있는 자보다 크심이라
5 그들은 세상에 속한 고로 세상에 속한 말을 하매 세상이 그들의 말을 듣느니라

진리를 겸손하게 묻기보다는 자기의 진리를 위대하게 생각하고 그러한 진리를 가진 사람들만을 가족으로 생각하고 사랑했다. 그러한 사랑은 모조된 사랑이다.

제자훈련을 하면 2년 동안은 매우 진지하고 겸손하게 훈련을 하

지만, 3년째가 되면 자신이 사도가 됐다고 착각을 하는 것 같다. 더 이상 진리를 탐구하려 하지 않고 자기가 아는 것과 자신이 묵상한 것을 나누는데 열심이고 또 다른 제자를 삼는 데는 열정을 다하지만, 자신들이 진리에 대해서 아직도 모른다는 겸손함이 사라지게 된다. 그런데 특이한 것은 그렇게 훈련받고 훈련하는 사람들끼리는 가족보다 더 강력하게 사랑하고 챙겨주는 모습을 보게 된다.

5) 특정 단체와 교회에 대한 맹목적 사랑

손봉호 교수님이 기윤실 집회에서 한국교회의 특이한 현상들을 지적하셨다. 그중의 하나가 "교회가 우상이 되었다"는 우려였다. 하나님이 성도들의 창조주요 주인이셔야 하는 것이 당연한데, 교인들은 교회가 최고의 목표가 되고 섬김의 대상이 되어버렸다는 말씀이었다. 성령님이 내주하지 않고, 하나님의 탁월한 아름다우심에 대한 감각이 없는 사람이 무엇인가를 사랑할 때, 특정단체와 교회에 대한 맹목적인 사랑을 하게 되고 그것이 하나님을 사랑하는 것이라고 착각하고, 자극을 받을 때마다 특정단체를 사랑하는 열정을 더욱 불태운다.

이러한 예들은 2000년 기독교 역사에 너무나 많은 예들이 있어 왔지만, 가장 대표적인 예가 십자군 전쟁일 것이다. 그러나 지금도 우리 주변에는 이러한 모습들을 수없이 많이 볼 수 있다.

한국교회가 세상으로부터 더욱 손가락질을 받게 된 계기는 태극기부대의 활동이 거세지면서일 것이다. 물론 그 단체에서 활동하시는 분들 가운데 참 신앙심으로 일하시는 분들이 있을 것이다. 그러나 상식에서 벗어난 과격한 행동과 막말들을 쏟아내시는 분들을 보면, 저분이 하나님을 만난 분이 맞나라는 의심이 들 때가 있다. 그분들 스스로 하나님을 사랑하는 것에 대해 의심해 보지 않았을 것이지만, 이런 질문을 스스로에게 해야 한다고 생각한다.

"나는 하나님의 탁월한 아름다우심에 사로잡힌 사람인가? 아니면, 그분을 위해 무엇인가를 해야 한다는 생각만 하는 사람인가?"

이러한 특정 단체에 대한 사랑을 극명하게 관찰해 볼 수 있는 대상이 예수님 시대의 유대인들이었다. 그들은 하나님의 아들이며, 하나님의 본체요, 영광이며, 하나님의 대언자로 그들 앞에 나타난 예수님의 아름다움을 볼 줄 아는 신앙의 눈이 없었다. 그들은 예수님을 혐오하면서, 성전과 유대교를 위해서는 열정적인 사랑을 보여주었던 사람들이다. 예수님께서 성전에서 환전상과 가축을 파는 장사꾼을 쫓아내실 때, 위선자들의 분노는 극에 달했다. 예수님은 성전에서 탐욕으로 운영되는 카르텔 때문에 하나님의 영광이 오염되는 것에 분노했지만, 종교지도자들은 그것을 보는 눈이 없었다.

우리 스스로 특정 단체에 대한 우상적 사랑에 사로잡혔는지, 하나님의 탁월하신 영광에 사로잡힌 사람인지를 점검할 수 있는 질문이 있다. 내가 사랑하는 특정단체와 교회가 회개해야 할 죄와 부끄러운 모습들이 보이는가를 점검하는 것이다.

예수님께서 바리새인들과 율법교사들을 향해서 '화 있을지어다'라고 맹비난했을 때, 그들은 자신들이 회개할 죄와 부끄러운 모습들이 있다는 것을 감지해내지 못했다. 왜냐하면, 하나님의 영광을 제대로 대면해 보지 못했기 때문이다.

반대로, 베드로는 예수님의 모습에서 하나님의 영광을 보았을 때, "나를 떠나소서 나는 죄인이로소이다"라는 겸손한 고백을 하게 된다. 내가 속한 단체나 교회를 비난하라는 말이 아니라, 우리 단체가 하나님의 아름다우심을 얼마나 담고 있는지를 바로 볼 수 있어야 한다는 말이다.

6) 특정 훈련과정이나 교리에 대한 사랑이 하나님 사랑은 아니다

이러한 잘못된 사랑을 보여준 최초의 이단이 영지주의 기독교일 것이다. 영지주의에 대한 연구는 지금도 되고 있기 때문에 그들에 대한 정의나 그들의 사상이나 교리를 특정할 수는 없지만, 초대교회에 가장 큰 해악을 끼쳤던 사상임에는 분명하다. 영지주의 기독교인들은 예수님의 속죄 교리라는 신령한 비밀을 아는 것으로 천국에 이른다는 주장을 펼쳤다. 그들과 매우 비슷한 이단이 산데마니안 이단이며, 그들의 현재 후예가 구원파 이단이다. 영지주의자들은 예수님께서 신령한 제물이 되어 우리의 죄를 속죄한 사건이 비밀이고, 이 비밀을 아는 것이 천국에 이르는 것이라고 주장한다. 그들은 성령님이 내주하셔서 중생하지 않고, 하나님의 탁월한 영광을 본적이 없어도 이러한 교리를 믿기만 하면 구원에 이른다고 확신했다.

또한 특정 훈련과정에 대한 열렬한 지지와 사랑의 모습을 볼 수 있다. 최근의 많은 부흥 프로그램과정들이 있고, 그것에 참석한 사람들은 자원봉사자로 섬기기도 하고 리더가 되기도 한다. 이러한 프로그램이나 과정들은 여러가지 이름으로 한국교회에 등장했다. 선교단체는 특정한 훈련과정이 있고, 교회들은 그들 나름대로의 프로그램을 운영하고 그곳에서 주님을 만났다고 하고, 하나님을 체험했다는 많은 간증들이 나오고 그 훈련과 프로그램에 쉽게 헌신하는 모습들을 보게 된다. 하나님을 참으로 사랑하기 때문에 훈련과 프로그램에 헌신하는 경우들이 있지만, 그렇지 않은 경우들이 많다는 것을 조심해야 한다.

요한사도는 영지주의에 물든 그들을 향해 점검할 수 있는 중요한 질문을 던진다. 내가 하나님 사랑이 아니라, 특정 훈련과정이나 교리를 하나님 사랑으로 착각하고 있는지를 돌아보게 하는 중요한 질문이 될 것이다.

[요일1:8]
만일 우리가 죄가 없다고 말하면 스스로 속이고 또 진리가 우리 속에 있지 아니할 것이요

[요일1:9]
만일 우리가 범죄하지 아니하였다 하면 하나님을 거짓말하는 이로 만드는 것이니 또한 그의 말씀이 우리 속에 있지 아니하니라

요한사도가 그들에게 질문하는 것은 하나님의 아름다우심을 보는 사람들은 자신의 허물과 죄에 대해 더욱 눈을 뜨게 된다는 것이다. 영지주의 기독교인들에게는 그러한 모습이 없었다. 교리에 대한

맹신이 있고 구원에 대한 맹신은 있었지만, 그분과 사귐은 없었기 때문에 죄에 대해 시간이 지날수록 무디어져 갔고, 전에 지었던 죄에서 깨끗해지는 은혜도 없었다.

윌리엄 목사가 쓴 소교리문답 해설서에 이런 비유가 나온다. 하나님을 믿고 그분과 사귄다는 것은 밝은 등대를 향해 나가는 것과 같다. 등대가 멀리서 나를 비출때는 나에게 묻어있는 더러운 뻘이 잘 보이지 않지만, 그 등대에 가까워질수록 더러운 옷과 피부가 드러나게 되고 그것을 씻어내고자 한다.

특정한 훈련과정이 하나님의 자리를 대신하고 있는지 아니면, 그 과정을 통해서 하나님을 참으로 사귀고 사랑하게 됐는지를 알 수 있는 질문을 스스로에게 해야 한다.

"나는 그 훈련을 받을 수록 나의 더러움을 더욱 더 밝히 보고 그 더러움을 씻고 있는가?"

제자훈련에 미쳐서 살았던 지난 시간들이 있었다. 일주일에 15개의 일대일과 그룹 제자훈련을 할 때도 있었다. 그렇잖아도 말랐는데, 연말이 되면 뼈만 남은 듯한 몰골이었지만, 이것이 하나님을 사랑하고 교회를 세워나가는 것이라고 믿었기 때문에 새벽부터 뛰어다녔다. 그렇게 훈련을 5년씩 받은 리더들의 삶을 보면서 나는 까무라치게 놀랐다.

첫째는, 자신의 죄에 대한 인식이 점점 사라지고 똑같은 죄의 굴레에서 헤어나오지 못하면서, 리더의 자리는 탐했다.

둘째는, 훈련과정에 나오지 않지만, 중요한 성경의 주제를 얘기하면 어렵다고 말하고, 더 이상 배우고 싶어하지 않았다. 그 주제가 신앙의 본질임을 알지만, 듣고 싶어하지 않는 모습들을 보면서 이들이 사랑한 것은 하나님이 아니라 제자훈련이라는 과정을 통해 교회에서의 확고한 자신의 입지였다. 그 결과 나는 구원받았고 제대로 된 제자라는 착각을 덤으로 얻게 되었다. 그러나 문제는 그렇게 제자훈련을 사랑했던 누구도 자신의 죄에 대해 더욱더 애통해하지는 않았다.

마귀는 이러한 위선적인 신앙을 갖게 되는 것을 얼마나 고소해 할까? 한번 자신은 제자라고 확신하고, 구원받았다고 확신하게 되면, 베드로가 와서 아니라고 해도 그것을 바꿀 수 없을 것이다. 그러니 마귀는 얼마나 기뻐할까를 생각하면 화가 치밀어 오른다.

특정과정과 프로그램을 맹신하고 사랑하는가 아니면 하나님의 아름다우심에 사로잡혀서 참으로 그분을 사랑하는가? 스스로 점검해 보아야 한다.

6. 주님에 대한 Lordship

[롬14:7-8]

7 우리 중에 누구든지 자기를 위하여 사는 자가 없고 자기를 위하여
   죽는 자도 없도다

8 우리가 살아도 주를 위하여 살고 죽어도 주를 위하여 죽나니 그러
   므로 사나 죽으나 우리가 주의 것이로다

1) 주재권 구원이란?

존 맥아더 목사에 의해서 신학적 이슈가 되었던 주제가 로드쉽 구
원론(Lordship Salvation)이다.

스타트(John Stott), 패커(J.I.Packer), 보이스(James Boice), 젠트리
(Kenneth Gentry) 같은 유능한 학자들이 오래 전부터 주장해 왔던 것이
지만 이 논쟁에 불을 지핀 사람은 그레이스 커뮤니티 교회의 담임목
사이며 매스터 신학대학 및 대학원(Master's College &Seminary) 총장인
맥아더(John F. MacArthur) 목사이다. The Gospel according to Jesus
라는 책의 초판이 1988년에 발행되었고 개정증보판이 1994년에 발
행되었는데, 이 책이 미국 신학계에서 많은 찬반 논쟁을 야기했고,

그 논쟁은 지금도 종결된 것은 아니다.*

주재권 구원론의 주장자인 젠트리(Kenneth L. Gentry)는 주재권 구원을 이렇게 정의한다:

주재권 구원이란 그리스도를 구세주로 영접할 때 동시에 그를 자신의 삶에서 주인이 된 다는 것을 인정하는 것을 말한다. 이것은 순차적으로 이루어지는 두 가지 별개의 행동이 아니라 순수하게 믿는 한 가지 행동인 것이다.(위의 논문)

달라스신학대학원 신약학 교수인 대럴 박(Darrell Bock)이 맥아더의 『구원 얻는 믿음이란 무엇인가?』를 분석하면서 맥아더가 제기하고 있는 6가지 주장에 동의한다고 했는데, 이 면에서는 필자도 전적으로 공감하고 있다. 그 6가지 주장은 다음과 같다.(장두만)

1. 구원 얻는 믿음이란 복음 진리에 대해서 단지 지적으로 동의하는 것 이상이다. 복음에 대한 지식은 반드시 필요한 것이지만 진정한 믿음이란 지식 이상인 것이다.

2. 죄로부터의 회개는 복음을 제시할 때 반드시 포함되어야 하며, 따라서 믿음의 중요한 한 부분이라고 할 수 있다.

3. 예수 그리스도를 주님으로 고백하는 것은 예수 그리스도를 진정으로 믿은 사람들의 당연한 반응이다. 그러나 이것은 구원받

---

* 『목회와 신학』, 2005년 1,2월호. 장두만 박사

는 그 순간 예수님이 실제로 삶의 주인이 되어서 모든 것을 지배한다는 의미는 아니다.

4. 진정한 구원은 분명히 열매를 낳는다. 그렇기 때문에 구원의 열매를 찾아보는 것은 행위에 의한 구원(work salvation)이라고 할 수 없다. 왜냐하면, 그러한 열매는 성령의 역사로 인한 것이요, 구원얻는 믿음의 자연스런 결과이기 때문이다.

5. 만일 어떤 사람이 예수 그리스도에 대한 신앙을 고백했다가 나중에 분명히 부인하고 돌아선다면, 그는 처음부터 구원받은 사람이라고 볼 수 없다.

6. "한번 구원받은 사람은 언제나 구원받은 것이다"는 확신은 진정한 고백을 한 사람에게 해당되는 것이며, 이런 확신이 적용될 수 없는 거짓 고백도 분명히 있다.(위의 책)

이러한 주재권 구원이 중요한 이슈로 등장한 배경에는 "거짓 고백"(false profession)의 문제가 있다. 장두만 박사는 한국 교인이 1,000만 명 내지는 1,200만 명에 이르지만, 자신의 추정으로는 정말로 거듭난 성도들의 비율이 10%를 넘지 않을 것이라고 했다. 장로교의 대표적 학자인 그레샴 메이천 박사는 거짓 고백자의 문제에 대해 "(거짓 고백자는) 내가 믿기로는 교회 밖에 있는 10명보다 주님 일에 훨씬 더 많은 해악을 끼친다"고 했다. 일정한 공식에 따라 "나는 예수님을 나의 구세주로 영접합니다"라고 고백만 하면 그들을 교회의 회원으로 받아들일 뿐만 아니라, 세월이 지나면 교회의 중직을 맡게 된다. 스스로 거듭났다고 착각하는 사람을 복음으로 회심시키기는 교회밖의 10명보다 더 어렵고, 거듭나지 않은 그들이 중직으로 교회에 앉아 운영하는 것이야말로 복음적인 교회로 세우는데 가장 큰 장애물이다.

이 문제를 해결하기 위해서 등장한 것이 주재권 구원이다. 그러면 주재권 구원이 주장하는 것이 참으로 거듭난 사람은 예수 그리스도를 실제로 삶의 전분야에서 예수님을 주인으로 모시지는 못할지라도 적어도 그런 소원은 분명히 있다는 것을 말하고자 하는 것인가 아니면 구원받는 순간 예수께서 실제적인 삶에서 주인으로 모시고 변화된 삶을 살아야 한다고 주장하는 것인가?

물론 후자는 아닐 것이다. 후자는 천국에서나 이루어질 일이지 어떻게 지상에서 예수님께 완전히 순복하며 살 수 있는 사람이 있을 수 있겠는가? 그러면 그 의미는 주님을 전분야에서 주인으로 모시고 싶어하는 소망이 생기는 것이다. 이것이 영의 새로운 것으로 섬기는 사람들의 가장 두드러진 특징이다. 그러나 여기에는 매우 주의해야 할 요소들이 있다. 그 로드쉽의 동기와 범위의 문제에 집중할 필요가 있다.

2) Lordship의 동기가 새로운가?

먼저 귀신도 주님의 명령에 복종하고 순종한다는 사실을 알아야 한다. 그러나 그들의 로드쉽의 동기는 자신들이 받을 심판의 혹독함에 대한 두려움 때문이다. "하나님은 한 분이신 줄을 믿느냐 귀신도 믿고 떠느니라"고 야고보서는 말한다. 귀신도 하나님을 매우 두려워할 분으로 알고 순종하고 복종한다. 군대 귀신도 두려움으로 예수님 발 앞에 무릎을 꿇고 무저갱으로 보내지 않기를 간구했던 사건을 생각하면 귀신도 예수님을 두려운 존재로 알고 복종했다는 것을 알 수 있다. 욥기를 보면 사탄이 세상을 두루다니다가 하나님의 어전에 등장하여 욥을 비난한다. 그러나 하나님은 욥의 생명에 손을 대지 말라고 명령하자 사탄은 순종한다. 사탄은 참소하는 자이지만 하나님의 어떤 명령에도 복종한다는 것을 알 수 있다. 그들이 아무리 복종한다고 할지라도 그들의 동기는 두려움에 기인한다.

병원에서 임종을 맞이 하는 분들에게 복음을 전하면 젊어서는 그렇게 교회에 대해 틱틱대던 분들이 예수님을 믿겠다고 하고 그분을 구세주로 주님으로 모시겠다고 한다. 그러나 주님을 인정하겠다는 그 동기가 무엇인지를 살펴보는 것이 필요하다. 그것은 죽음 이후에 내가 어떻게 될까라는 두려움이 동기가 되는 경우들이 많다. 이러한 경우는 귀신의 복종과 유사하다는 것을 주의해야 한다.

영의 새로운 것으로 섬기는 사람들도 하나님을 두려워하는 마음이 있다. 그래서 그분 앞에 복종하는 경향을 보이지만, 그 두려움은 자신이 받을 심판에 대한 두려움보다도 죄에 대해서 분노하시는 하나님의 의로우심에 대한 두려움이며 그 두려움을 뛰어넘는 하나님의 자비하심이 동기가 된다.

그리고 또 다른 로드쉽을 일으키는 동기는 **자기의 성향에 기반한다.** 사탄은 처음부터 살인자요 거짓말장이다. 하나님은 정의와 사랑이시다. 사탄은 자기의 성향에 반하는 하나님의 정의와 사랑의 명령은 듣지 못한다. 사탄은 참소하고 자기의 성향에 일치하는 하나님의 명령에 복종한다. 그래서 그들의 순종은 자기 성향에 일치하는 것에 한정된 부분적 순종이다. 거듭났다고 착각하는 사람들도 자기의 성향에 일치하는 하나님의 명령에는 순종하는 경향이 있다. 예수님 믿기 전에도 인류애가 인간성의 핵심이라고 생각하는 사람들은 교회의 회원이 되고나서도 인류애와 관련된 말씀에는 쉽게 순종하면서도 인류애와 배타되는 말씀이나 교회의 모습을 보면 동의하지 않는다. 예를 들면 교회에서 어떤 잘못을 범한 사람을 출교 시켜야 한다는 말씀들을 대할 때면 거부감을 드러낸다. 왜냐하면 영의 새로운 것으로 섬기는 신앙의 본질이 없으며 단지 자신의 성향에 맞는 부분에만 순종하기 때문이다.

또 다른 원인은 자기 이익에 기반한다. 군대귀신들이 예수님의 명령에 복종하는 이유는 자기들의 이익에 부합하기 때문이다. 그러나 자기들의 이익에 반하게 될 때 그들은 날카로운 발톱을 드러낼 것이다. 이 세 번째 원인은 수많은 신앙인들이 타락하게 된 원인이기도 하다. 아합왕은 자기에게 좋은 예언만을 전해 주는 사람들을 궁중선지자로 채용하여 그들의 예언만을 듣고 그것을 하나님의 명령으로 알고 복종했다. 그러나 자기의 이익에 반하는 어떤 예언을 들었을 때 (예를 들면 미가가 아합왕이 전투에서 죽게될 것을 예언한 것) 분노하면서 그것을 헛소리로 무시하고 선지자를 박해한다. 이러한 왕들이 열왕기상하에 가득하다. 그들은 귀신의 신앙수준에 머물러 있는 것이다.

자기자랑의 동기에서 복종하는 경우도 많다. 사랑에 대해서도 언급했지만 아나니아와 삽비라는 밭을 팔고 헌금하는 과정에서 자기자랑의 동기가 있었기 때문에 일부를 감추고 헌금을 했다. 순수한 동기에서 순종하고 싶었다면 전부를 드렸을 것이다. 그러나 그들이 원하는 것은 자기자랑이 원인이었기 때문에 일부를 감추고 일부를 드렸다. 자기 자랑이 동기가 되는 순종의 특징은 특정한 조건하에서만 순종들이 이루어진다는 것이다. 그 조건들은 사람들의 관심을 끌어야 하고, 대대로 내 이야기가 사람들에게 회자되어야 하고 그 결과 사람들의 특별한 인정이나 지위를 약속 받을 수 있어야 한다. 이런 사람들은 혹시라도 혼자 있게 되고 아무도 나를 봐주지 않는 상황이 되면 순종은 시들해지고 매우 제한적인 영역으로 축소되어 버린다. 겨우 식사기도를 하거나 하루에 큐티 하는 순종으로 축소되는 것이다.

로마서에서 말하는 영의 새로운 것으로 순종하는 특징은

[롬14:7-8]

7 우리 중에 누구든지 자기를 위하여 사는 자가 없고 자기를 위하여 죽는 자도 없도다

8 우리가 살아도 주를 위하여 살고 죽어도 주를 위하여 죽나니 그러므로 사나 죽으나 우리가 주의 것이로다

영의 새로운 것으로 순종하는 사람들은 그 수준이 "살고 죽는 것을 초월하는 순종"이라고 설명한다. 그리고 이 순종은 "우리를 사랑하시는 이로 말미암아 우리가 넉넉히 이기느니라"는 말씀처럼 주님에 대한 온전한 사랑, 순수한 사랑, 이타적인 사랑에 원인한다. 새로운 피조물의 특징은 자신의 죄악된 성향에 대해 부정하게 되고 성령님에 의해서 주어진 새로운 성향을 환영하기 때문에 우리의 죄악된 성향이 동기가 되지 않는다. 또한 복음적 겸손함은 자기자랑을 그 흔적도 없이 사라지게 하기 때문에 자기자랑이 그 동기가 전혀 되지 못한다. 유일한 동기는 나를 사랑하사 나를 위하여 자기 몸을 버리신

그리스도를 믿는 믿음안에서 순종하게 된다. 이러한 순종은 신비중의 신비이다.

3) 참된 로드쉽은 자랑하지 않는다

마19장에서 재물 많은 청년은 주님 앞에 자신을 자랑하고 싶었다. 이 사람을 다른 복음서에서는 관리라고 표현하고 있다. 부자이면서 동시에 어떤 도시의 관리를 하는 사람이었을 것이다. 이러한 표현을 고려했을 때, 아마도 산헤드린 공회의 회원이었을 것으로 추정한다. 회원은 70명의 리더들이 이스라엘의 중요한 결정을 한다. 그의 질문은 "내가 무슨 선한 일을 하여야 영생을 얻으리이까"라는 질문이었다. 그런데 주님은 "어찌하여 선한 일을 내게 묻느냐 선한 이는 오직 한 분이시니라"라고 대답하신다. 왜 "선한 이는 한 분이시다"라는 대답을 하셨을까? '너는 선하지 않다'는 것을 말씀하고자 한 것이다.

주님은 이 부자 청년이 자신에게 온 진짜 속셈을 아셨다. 자신이 얼마나 열심히 계명들을 지키고 살았는지, 자신이 얼마나 신앙에 진심인지를 인정받고 싶었고 그래서 영생이라는 것은 당연히 나같은 사람이 받는 것이라는 확인도장까지 받고 싶었다.

그러나 이 이야기의 결론은 이 부자청년은 돌아가 버리고 주님은 "낙타가 바늘귀로 들어가는 것이 부자가 하나님의 나라에 들어가는 것보다 쉬우니라"라고 대답하시면서 이 부자청년의 모든 희망을 꺽어버렸다.

이 부자는 자신의 소유 전체를 가난한 자에게 주고 주님을 좇아

가는 선택을 하지 못해서 구원받지 못한 것일까? 만약 교회에서 자신의 전 재산을 헌납한 사람은 구원을 받을까? 반대로 만약 재산의 20%만 헌납한 사람은 어떻게 되는가? 절반을 헌납한 사람은 어떻게 되는가? 교인들 중에 헌신된 사람들은 십일조를 한다. 그들은 10%를 하나님께 드린다. 부자청년도 구원을 못 받는데, 10% 드리는 사람은 구원을 못받는 것이 오히려 공평하다는 생각이 든다.

그렇다면 구원에 이르기 위해서는 전재산을 주님께 드리고 주님께 헌신하는 사람만 구원을 받는 것인가? 맞다. 주님의 설명은 진리이고 맞다. 로드쉽은 하나님의 선물이다. 이전에 갖지 못했던 놀라운 헌신을 갖게 된다. 그것은 내 전부를 주님께 드리고 싶다는 강한 욕망을 갖게 된다. 그리고 그 욕망을 평생에 걸쳐서 현실화 시키는 것이 신앙이다.

로만 가톨릭의 성자로 추앙되는 성 프란체스코는 부자였다. 아버지는 무역을 하며 큰 돈을 벌어서 아들 프란체스코에게 유산으로 물려줄수 있었지만, 아들은 산 다미아노교회를 수리하는 데 큰 돈을 사용하려 했고 결국은 아버지와의 분쟁으로 유산을 포기하고 떠돌이 설교자가 된다. 세상 사람들이 생각할 때는 제정신이 아닌 사람으로 평가할 것이고 믿는 우리는 그를 성자로 추앙할 것이다. 그러나 주님은 그 사람이 구원받는 사람의 마음이라고 말한다. 우리 모두는 주님께 내 전부를 드리고 싶어한다. 그리고 평생에 걸쳐서 그것을 현실화 시킨다.

청교도가 뿌리인 미국은 죽으면서 자신의 전 재산을 사회와 교회와 공익단체에 헌납하시는 분들이 많다. 물론 세금의 문제와 다른 문제들 때문에 그러한 기부문화가 자리잡은 것도 사실이지만 자신이 평생 모은 전부를 아낌 없이 주님께 드릴 수 있었던 것은 자신의 로드쉽을 평생에 걸쳐서 완성했기 때문이다.

그리고 로드쉽의 놀라운 특징중의 하나는 자신의 로드쉽을 자랑하지 않는다. 누구나 어떤 사람에게 충성했을 때는 그에 따르는 대가를 바란다. 그리고 자신이 어떻게 충성했는지를 인정받기를 원하게 되어 있다.

전두환이 쿠데타를 일으켰을 때에 거기에 동조했던 하나회의 멤버들은 평생에 걸쳐서 요직과 부동산 동산을 받았다. 그 액수가 수조 원에 달한다는 것이 놀라운 일이다. 그 멤버들은 자신들이 했던 일에 대해 인정받기를 원했고 자신의 충성에 대한 대가를 바랐다. 이것이 세상이 말하는 충성에 대한 상식이다.

그러나 하나님께서 믿는 사람에게 성령님을 통해서 주시는 충성은 전혀 다른 특징을 갖는다. 자랑하기는 커녕 자신의 충성이 얼마나 보잘것 없는지를 알고 있다.

오늘 본문은 부자청년과 제자들의 모습이 대조를 이룬다. 부자청년은 자신의 헌신이 인정받기를 원했지만, 제자들은 "그렇다면 누가 구원을 얻을 수 있으리이까", "보소서 우리가 모든 것을 버리고 주를 따랐사온대 그런즉 우리가 무엇을 얻으리이까?"라고 물을 정도로 그들은 자신들의 헌신에 대해 자랑은 커녕 구원은 받을 수 있을까라는 의구심에 질문을 한다.

제자들은 자신의 직업과 가족을 버리고 주님을 쫓아서 예루살렘에서는 죽음의 불안을 안고 주님을 따라야 했던 사람들이다. 이 정도면, 몇천억 원의 대가를 요구할 수도 있지만, 하나님의 선물로 받은 충성의 특징은 전혀 자랑하지 않는다. 오히려 불안하다. 이 정도 충성으로 구원을 받을 수 있을까요?라는 질문을 한다.

바울은 자신의 헌신을 딱 한 번 자랑한다. 그리고 그 자랑을 어리석은 자랑이라고 말한다. 이 말은 자랑 자체가 멍청하고 바보 짓이라는 말이다.

그가 자랑한 이유는 딱 하나다. 바울을 사도가 아니라고 주장하고 비난하는 거짓교사들이 자신들의 환상을 자랑하고 자신들이 받은 은사를 자랑하고 자신들의 설교를 자랑하면서 바울은 형편없는 사람이고 사도가 아니라고 말하자 바울이 그것에 대응하기 위해서 자신에 대한 자랑을 한다. 이 말은 바울은 평소에 고린도에서 사역하면서 자기 자랑에 대한 얘기를 하지 않았다는 것이다. 자신이 유대교의 최고의 학부인 가말리엘의 제자로서 훈련받고, 유대인중의 유대인이고 주님을 믿고서 돌에 맞은 것이 한번, 사십에 감한 매를 맞은 것이 다섯번, 세번 태장, 세번 난파당했다는 자랑을 전혀 하지 않은 것이다.

[고후11:13-17]

13 그런 사람들은 거짓 사도요 속이는 일꾼이니 자기를 그리스도의 사도로 가장하는 자들이니라

14 이것은 이상한 일이 아니니라 사탄도 자기를 광명의 천사로 가장하나니

15 그러므로 사탄의 일꾼들도 자기를 의의 일꾼으로 가장하는 것이 또한 대단한 일이 아니니라 그들의 마지막은 그 행위대로 되리라

16 내가 다시 말하노니 누구든지 나를 어리석은 자로 여기지 말라 만일 그러하더라도 내가 조금 자랑할 수 있도록 어리석은 자로 받

으라

17 내가 말하는 것은 주를 따라 하는 말이 아니요 오직 어리석은 자
와 같이 기탄 없이 자랑하노라

자랑하는 것은 주님을 쫓아서 나온 것이 아니다. 오직 어리석은
일이다. 바울은 그러한 자랑을 사탄의 일꾼인 거짓교사들 때문에 하
는 것이다. 원래는 성령님을 쫓아서 나오는 충성은 자랑하지 않는다
는 것을 말하고 있다.

한 청년이 영분별의 은사를 받아서 교회에서 어려워하는 사람들
을 영분별해 주었다. 또는 어떤 강사나 집회의 영적인 상태를 말해주
었다. 교회의 교역자가 교체되는 혼란한 시기였기 때문에 이 청년은
교회에서 많은 팔로워를 보유하게 되었다.

그런데 2년이 지나고 교회 사역자들이 이 청년이 영분별의 은사
로 사람들을 상담하는 것을 금지시키고 리더자리를 박탈했다. 교회
의 질서를 위해서일것이다. 그런데 이 청년은 너무나 분한 것이다.
자신의 친한 친구를 붙들고 매일 몇십 분씩 분을 쏟아냈다. 이 청년
이 충성했던 것은 인정받기 위해서 였고 많은 사람들에게 영향력을
행사하는 것을 원했는데 그것이 좌절되자 분노했던 것 같다. 이것은
좋은 충성이 아니다. 하나님의 선물로 받은 충성은 전혀 자랑하지 않
고 오히려 자신의 충성이 너무나 부족하다는 것에 마음 아파하는 것
이다.

요한계시록을 보면 24장로들이 어린양 되신 예수님 앞에서 자신
의 면류관을 벗어서 드리는 모습이 나온다. 정말 웅장하고 한편의 그

림과 같은 모습이다.

[계4:10-11]

10 이십사 장로들이 보좌에 앉으신 이 앞에 엎드려 세세토록 살아 계
시는 이에게 경배하고 자기의 관을 보좌 앞에 드리며 이르되
11 우리 주 하나님이여 영광과 존귀와 권능을 받으시는 것이 합당하
오니 주께서 만물을 지으신지라 만물이 주의 뜻대로 있었고 또 지
으심을 받았나이다 하더라

이것이 성령님의 선물을 받은 충성된 사람들의 모습이다. 자신들
은 자랑할 것이 전혀 없다는 것을 행동으로 보여주는 모습이다. 이
장로들은 어떻게 보면 주님의 이름 때문에 순교까지 당했던 사람들
인데, 얼마나 자랑할 것이 많겠는가? 하루 종일 자기 자랑을 할 수
있는 사람들일지도 모른다. 그리고 자신들의 충성에 대해서 응당한
대가와 인정을 원했을지도 모른다. 최소한 수십만 평의 부동산을
요구할 수 있는 사람들이다. 그런데 그들은 자신이 쓴 면류관, 주님
께서 인정해 주신 그 면류관 조차도 벗어서 어린양에게 드린다. 자
신이 받을 영광은 하나도 없다는 것이다. 오직 주님께만 영광과 존
귀와 감사를 드린다. 이것이 새로운 영으로 충성하는 사람들의 모
습이다.

그러나 일반 교회의 모습은 어떠한가? 헌금액수만큼 교회에서 큰
소리치는 것이 일반적이다. 충성하는 만큼 자랑하고 그렇지 못하는
사람들을 안타깝게 바라보는 것이 보통이다. 그러나 성령님께서 선
물로 주시는 충성을 받은 사람들은 자랑하지 않는다. 오히려 자신의

충성이 얼마나 부족한지를 마음 아파하고 충성할 수 있는 마음을 주신 하나님께 감사드린다.

7. 하나님의 말씀에 대한 태도의 변화

[마15:1-9]

1 그때에 바리새인과 서기관들이 예루살렘으로부터 예수께 나아와 이르되

2 당신의 제자들이 어찌하여 장로들의 전통을 범하나이까 떡 먹을 때에 손을 씻지 아니하나이다

3 대답하여 이르시되 너희는 어찌하여 너희의 전통으로 하나님의 계명을 범하느냐

4 하나님이 이르셨으되 네 부모를 공경하라 하시고 또 아버지나 어머니를 비방하는 자는 반드시 죽임을 당하리라 하셨거늘

5 너희는 이르되 누구든지 아버지에게나 어머니에게 말하기를 내가 드려 유익하게 할 것이 하나님께 드림이 되었다고 하기만 하면

6 그 부모를 공경할 것이 없다 하여 너희의 전통으로 하나님의 말씀을 폐하는도다

7 외식하는 자들아 이사야가 너희에 관하여 잘 예언하였도다 일렀으되

8 이 백성이 입술로는 나를 공경하되 마음은 내게서 멀도다

9 사람의 계명으로 교훈을 삼아 가르치니 나를 헛되이 경배하는도다 하였느니라 하시고

예수님은 바리새인과 서기관의 신앙에 대해 이렇게 평가하셨다. 전통으로 하나님의 계명을 어기는 신앙(3절), 하나님을 공경하고 마음은 전혀 없는 신앙이라고(8절) 평가절하 하셨다. 바리새인들은 율법과 그들의 종교에 대단한 열심을 가지고 있었다. 일주일에 이틀을 금식하였고 기도와 구제, 말씀연구에도 열심이었다. 그러나 그들에 대한 예수님의 평가는 '헛된 경배자'였다. 무엇이 문제였을까?

그들의 문제는 하나님의 말씀에 대한 태도였다. '네 부모를 공경하라'라는 하나님의 말씀이 있는데, 유대인들은 부모님께 드려야 유익한 것을 하나님께 드리고 '고르반(재물)'하면 부모님을 모시지 않아도 된다는 전통을 만들었다. "하나님께 재물을 드렸어. 그러니 늙은 부모님 안모셔도 돼." 이렇게 둘러댔다는 것이다. 예수님은 전통을 하나님의 말씀보다 더 중요하게 여기는 자들에 대해 '헛되이 경배하는 자들. 헛된 예배자들'이라고 평가하셨다. 헛되다는 것은 아무것도 아니라는 뜻이다. 예배자가 아니고 죽은 신앙인이라는 의미이다.

우리는 수많은 전통들을 지키며 살아간다. 그중의 하나가 '나를 위해 살라'라는 말일 것이다. 내가 일해서 돈을 벌어 내가 엔조이 하기 위해 돈을 사용한다. 누구도 이러한 모습을 비난할 사람은 없다. 그러나 진정한 신앙은 그러한 전통을 깨뜨리게 된다. 세상의 상식을 깨뜨리게 된다. 나를 위해서 돈을 사용하는 것이 아니라, 이웃과 교회를 위해 사용한다. 그래서 유명한 부흥사였던 무디 목사는 "지갑이 회개할 때 진짜로 회개한 것입니다"라고 말했다. 교인들이 지갑에서 돈을 빼다가 5달러나 10달러 짜리가 나오면 얼른 집어넣고 다시 1달러 짜리를 빼는 모습을 보면서 한 말이다.

또, 교회에서 가정에서 수많은 전통들을 지키며 살아간다. 어떤 교회는 권사회 안에 4개파가 있다고 한다. 4개파는 절대 화합하지 않는다. 어떤 행사를 김권사파가 하면 나머지 파에서는 아예 보이콧해 버린다. 조폭영화에나 나올 것 같은 분열이 있다. 왜 4개로 분열되었을까? 이유야 뻔하다. 영향력 있는 권사들 중심으로 모인것이다. 그런데 그분들이 서로에 대해 원망과 분노를 갖고 있다보니, 4개가 된 것이다. 이것이 인간의 전통이다. 하나님은 말씀하신다. "하나 되기를 힘써 지키라." 말씀으로 전통을 바꾸는 것이 믿음이다.

그 외에도 수많은 전통들이 있다. 진정한 믿음은 말씀이 이기느냐 전통이 이기느냐를 보면 알 수 있다.

1) 성전 정결사건(마21:12-17)

예수님은 성전 안에서 매매하는 모든 사람들을 다 내 쫓고 돈바꾸는 사람들의 상과 비둘기 파는 사람들의 의자를 둘러 엎으셨다. 그리고 구약성경 이사야 56:7과 예레미야 7:11절의 말씀으로 그 이유를 설명하셨다. "하나님의 집으로 장사하는 집을 만들지 말라. 강도의 굴혈을 만들지 말라"는 구약의 율법을 명령하셨다. 그런데 대제사장들과 서기관들, 그리고 일반 백성들의 반응은 어떠했는가? 실제로 당시의 성전 관리자들은 성전에서 동물을 매매하며, 본래의 가격보다 수 배의 이익을 취하였다. 예수님은 구약의 말씀을 인용하여 그들을 책망하셨다. 그런데 누구도 성전의 매매가 척결되어야 한다는 데 동조하지 않고 오히려 예수님에 대해 분노하고 심지어, 어떻게 예수를 죽일까 의논했다. 하나님의 말씀 앞에 그들은 자신의 이익을 포기하지 않았다. 그러한 신앙은 거짓된 믿음이다.

참된 믿음은 하나님의 진리를 위해서라면 자신이 손해를 보더라도 대가지불하는 것이다.

2) 고린도교회에 대해

[고전2:13-14]

13 우리가 이것을 말하거니와 사람의 지혜가 가르친 말로 아니하고 오직 성령께서 가르치신 것으로 하니 영적인 일은 영적인 것으로 분별하느니라

14 육에 속한 사람은 하나님의 성령의 일들을 받지 아니하나니 이는 그것들이 그에게는 어리석게 보임이요, 또 그는 그것들을 알 수도 없나니 그러한 일은 영적으로 분별되기 때문이라

육에 속한 사람은 거듭나지 못한 사람을 일컫는 말이다. 그런 사람들은 하나님의 성령의 일들을 받아들이지 않는다. "하나님의 성령의 일들"이라는 것은 신비한 기적을 말하는 것이 아니라 바로 앞구절인 13절의 성령께서 가르치신 것, 즉 바울이 고린도교회의 문제들을 지적하면서 책망한 것을 가리킨다. 그런데 거듭나지 않은 사람은 그러한 책망에 귀를 닫는다는 것이다. 다시 말해서 거듭나지 못한 사람들은 말씀의 책망에 대해서 바른 반응을 하지 않는다는 의미이다.

여기에서 우리는 참된 회심자의 모습을 발견할 수 있다. 참된 회심자는 진리를 위해서라면, 어떤 대가지불도 하는 사람이다. 그 이

유는

첫째, 하나님은 우리의 아버지시며 주인이시기 때문이다.
둘째, 우리는 그분의 자녀이면서 동시에 종이기 때문이다.
셋째, 천지가 없어지기 전에는 율법의 일점 일획도 없어지지 않기
　　때문이다.

[마 7:21]
나더러 주여주여 하는 자마다 다 천국에 들어갈 것이 아니요 다만 하늘에 계신 내 아버지의 뜻대로 행하는 자라야 들어가리라

　참된 믿음의 사람은 하나님의 진리를 위해서라면 어떤 대가지불도 하는 사람이라고 말씀한다.
　내 아버지의 뜻은 무엇일까? 그것은 진리의 말씀이다. 진리의 말씀대로 행하지 않는 자는 천국에 들어가지 못한다고 분명하게 말씀하신다.
　말씀 전체를 부정하는 신앙인은 없을 것이다. 그러나 하나님의 말씀을 내가 지킬 수 있는 것과 지키기 어려운 것으로 구분하여 불순종하는 사람들은 많다. 그러한 신앙에 대해 예수님은 끊임없이 경고하셨다. 스스로는 말씀에 반드시 순종해야 한다고 말하고 다니면서, 자신이 지키기 어려운 부분이 있으면 은근히 그것을 무시해버리는 신앙은 바리새인들과 율법학자들과 같은 위선자들의 신앙에 불과하다.
　상병이 중대장의 명령 중에서 9개를 지키고 1개를 어겼다. 이 병사는 칭찬을 받아야 하는가? 아니면 군법에 회부될까? 당연히 명령

불복종죄로 처벌을 받을 것이다. 우리는 하나님의 모든 명령, 그분의 뜻에 100% 순종하며 살수는 없다. 하지만 100% 순종을 향해 변화되어 가고 있다. 이것이 놀라운 성령님의 은혜이다.

선배목사님이 신혼초기의 이야기를 전해 주었다. 자신이 제자훈련시켰던 자매와 결혼했는데, 결혼후에 아내가 울면서 '당신이 이런 사람인줄 몰랐다'면서 싸움이 시작됐다. 그때 그 선배가 말했다고 한다. '내가 예수님 믿은지 얼마 안돼서 그렇지만, 지금까지 주님께서 여기까지 변화시켜주셨거든! 앞으로 5년 후에도 당신이 그렇게 말하는지 보자!' 그 선배형이 말하고자 했던 것은 자신의 삐딱한 성격이 예수님 믿고 이렇게까지 변화되었는데, 앞으로 5년만 더 있으면 아내보다 훨씬 더 변화되어 있을 것이라는 자신감이었다.

나의 순종이 10개로 확장되는가? 아니면 9개로 머물면서 다른 어린 신앙인들을 얕보고 자랑하고 있는가? 영의 새로운 것으로 섬기는 사람은 10개로 확장되어가는 사람들이다.

하나님의 선물,
제자도

본회퍼는 예수 그리스도를 따르는 삶이 단순한 교회의 관습이나 사상적 동의에 그치는 것이 아니라, 실질적인 순종과 희생을 요구하는 것이라고 주장했다. 특히 그는 두 가지의 은혜를 구분했다. "값싼 은혜"와 "값비싼 은혜"이다. 값싼 은혜는 그리스도를 따름에 있어 희생 없이 은혜를 쉽게 받아들이는 태도이고 값비싼 은혜는 주님의 말씀처럼 '자기를 부정하고 자기 십자가를 지고 예수님을 전적으로 따르는" 순종의 삶을 의미한다. 자신이 가질 수 있는 세속적인 가치들을 포기하고 영원한 가치를 위해서 주님의 제자가 되기를 결심하는 굳은 정신을 제자도라고 말할 수 있다.

그래서 제자도를 정의할 때 수없이 많은 질문들이 생길 수밖에 없다.

제자도가 없는 사람도 구원을 받을 수 있는가?
제자도는 제자훈련이나 경건훈련을 통해 만들어질 수 있는가?
제자도의 유무를 어떤 수준이나 정도를 통해 평가할 수 있는가?

이러한 질문들에 대해 대답을 찾아가 보자.

1. 제자도가 없는 사람도 구원 받을 수 있는가?

달라스 윌라드 교수는 2011년 국민일보와의 인터뷰에서 이런 말을 했다.

"오늘날 크리스천 사이에는 그릇된 신화가 있습니다. 제자가 되지 않고서도 '크리스천'일 수 있다는 것입니다. 제자가 되기 위해서는 자기 찢어짐과 비움, 돌이킴이 있어야 합니다. 그런데 그것 없이도 크리스천이 될 수 있는 시대에 살고 있습니다. 이것이야말로 이 시대의 비극입니다."

그러면서 자신의 책, '잊혀진 제자도'의 한 대목을 인용했다.

"본회퍼가 말한대로 순종이 없는 기독교는 예수 그리스도가 없는 기독교와 같습니다. 오늘날 전세계 기독교계에는 그릇된 신화가 있습니다. 바로 제자가 되지 않고도 신자일 수 있다는 신화이지요. 은혜를 받으면 순종을 면제받는 것이 아닙니다. 은혜에 의해 올바른 순종이 시작될 수 있습니다. '뱀파이어 크리스천'이란 우리 구원을 위해 필요한 그리스도의 피에만 관심이 있을 뿐, 그리스도인으로서 순종하며 제자가 되어 합당한 삶을 사는 것에는 전혀 관심이 없는 크리스천들을 지칭하는 말입니다. 우리 시대 최대의 명제는 제자도를 회복하는 것입니다. 제자가 됐을 때, 보이지 않는 영을 보이는 삶으로 살아낼 수 있습니다. 우리는 지금 마음과 삶이 변화되지 않고서도 그리스도인이 될 수 있는 편리한 시대에 살고 있습니다. 저는 이 시대 지도자들에게 묻고 싶습니다. '여러분들은 참된 제자도가 없는 사람들에게 어떤 권세와 근거로 세례를 주며 감히 그들과 하나님이 화목한 사이라고 선포 할 수 있습니까'라고요."

달라스 윌라드는 제자도를 갖는 것은 모든 신자들의 특징이라고 말한다. 이 시대의 잘못된 신앙관 때문에 제자가 되지 않고도 신자가 될 수 있다는 착각을 한다고 지적했다. 즉 예수님을 믿는다는 것은 제자도를 갖게 됐다는 말과 동일하다고 주장하는 것이다.

조나단 에드워즈는 제자도는 하나님의 영광을 위해 사는 삶이라고 정의했다. 우리 신앙생활의 목적이 단순히 구원에 있는 것이 아니라, 모든 삶의 영역에서 하나님의 영광을 드러내는 데 있다. 그래서 그는 제자가 되는 과정에서 성령의 거듭남이 필수적이라고 강조했고 단순히 외적인 행동 변화가 아닌, 마음 깊은 곳에서부터의 내면적 변화를 통해 그리스도를 따르는 삶이 이루어져야 함을 강조했다. 그는 제자도란 성령의 거듭남과 하나님의 절대적인 은혜에 의해서만 참된 제자도를 이룰 수 있다고 했다. 즉, 성령의 거듭남을 통해서 제자도가 시작되고 그의 삶은 이제 하나님의 영광만을 위해서 사는 삶에 맞춰지게 되고 계속적으로 변화된다는 것이다. 쉽게 표현하면 모든 거듭난 성도는 제자도를 갖게 되고 모든 성도는 하나님의 영광을 위해서 사는 것이 인생의 목적이 되는 새로운 born again이 일어난다는 말이다.

제자도는 있으면 좋은 것이고 없어도 신앙생활하는데 문제가 없다고 생각한다면 전혀 비성경적인 신앙생활을 하고 있다. 제자도가 없다는 것은 신앙이 없다는 것을 의미한다. 모든 성도는 제자도를 가지고 있다. 다만 삶 속에서 제자도를 얼마나 실현하며 살아가느냐의 차이가 있을 뿐이다.

2. 주님 사역의 핵심은 제자훈련

SNK Psalm 110:3
c임금님께서 d거룩한 산에서\군대를 이끌고\전쟁터로 나가시는 날에,\c임금님의 백성이 즐거이 헌신하고,\e아침 동이 틀 때에\f새벽 이슬이 맺히듯이,\젊은이들이\임금님께로 모여들 것입니다.\(c 글자대로는 1절의 '내 주님(아도니)'을 가리키는 2인칭 단수 대명사 '당신' d 또는 '거룩한 광채로' Psa 110:e 히, '아침 해' f 히, '당신의 젊음의 이슬이 당신께로……')

모 선교단체의 찬양집회에 간적이 있었다. 영O교회의 OOO홀에서 찬양과 설교가 이어졌다. 본문은 시편110편이었다. 내용의 핵심은 '주님의 전쟁을 위한 고난을 받아야 한다. 거룩한 옷을 입은 것은 예배에 대한 헌신이다'

나는 내 귀를 의심했다. 본문에 대한 해석에서 설교자는 선교 단체의 고정관념을 뛰어넘는 성경적인 사고를 하지 못했다고 판단했다. 설교자는 우리가 열정적으로 헌신해야 하는 것은 예배라고 했다. '새벽이슬같은 주의 청년들이 거룩한 옷을 입고'에서 '거룩한 옷'은 예배옷이라는 말을 들을 때에 우스개소리인지 알았는데 유머가 아니었다. 거룩한 예배의 옷을 입고 예배에 올인해야 한다고 했다.

이런 넌센스가! 문맥을 정확하게 이해하지 못하고 여러 가지 번역을 참고했어야 함에도 신학적인 생각, 사고가 없어서 안타까웠다. 여기에서 중요한 것은 "주의 전쟁의 날"이라는 단어이다. 왜 이 단어가 핵심이 되어야 하는가? 그 이유는 시110편은 메시야 시편이기 때문이다. 새벽이슬 같은 주의 청년들이 누구의 전쟁에 참여해야 하는가? 메시야의 전쟁, 메시야의 투쟁에 참여해야 한다는 것이다. 메시야가 참전한 그 전쟁의 길, 싸움의 길을 가야 한다는 것이 이 구절의 참 의미임에도 선교단체에 속해 있는 설교자는 선교단체의 사고를 그대로 말씀에 주입하는 오류를 범했다.

예수님이 예배에 올인했는가? 예배에 대해 가르친 복음서의 구절은 요한복음 4장의 사마리아 여자와의 대화에서 뿐이다. 예수님은 더욱 수없이 많은 부분을 죄인이 회개하고 구원을 받는 것과 제자 삼는 것에 모든 에너지를 쏟으셨다.

예배는 기본이다. 그래서 예배에 헌신해야 한다는 것은 자기 생각을 집어 넣어서 해석한 것이다. 물론 예배를 대충드리라는 말이 아니다. 예배는 기본일뿐이다.

또 기도에 올인하는 단체는 이 구절을 기도에 대한 헌신이라고 한다. 무조건 기도하면 된다고 한다. 예수님은 제자들에게 기도에 대해 그렇게 많이 강조하지 않으셨는데, 그들은 기도만 하면 된다고 가르친다. 그러나 예수님은 기도에 대해서 얼마나 안가르치셨으면 제자들이 찾아와서 세례요한의 제자들은 기도를 배웠는데, 우리한테도 가르쳐달라고 간절히 구해서 주님께서 그때 비로소 가르쳐 주신 것이 주기도문이다. 물론 산상수훈에도 '구하라 찾으라 두드리라'는 짧은 기도에 대한 가르침이 있지만, 핵심은 기도에 올인하라는 것이 아니라 하나님은 반드시 응답하신다는 믿음을 강조한 것이다. 오히려 사람에게 보이는 기도는 하지 말라고 기도를 말리는 부분도 있다.

내가 생각하는 기도는 자신의 신앙수준만큼만 하면 된다. 아기의 기도는 '응애응애' 할 수밖에 없다. 부모가 아기에게 해주는 것은 두 가지만 해준다. 기저기 갈아주고 분유준다. 어떤 부모도 갓난 아기에게 말하라고 요구하는 부모는 없다.

또 어떤 단체는 성령 한번 빡세게 받으면 모든 것이 이뤄진다고 한다. 성령한번 빡세게 받으면 모든 것이 뒤집어진다고 생각한다. 그렇다면, 예수님께서 오셔서, 성령 한번 빡세게 받게 해주면 됐지, 3년 반동안 생선 냄새나는 어부들을 훈련시켰겠는가? 사도들 조차 오순절 성령강림으로 예루살렘 교회가 세워졌지만, 그들이 어디를 가서도 성령을 강조하기 보다 복음을 강조하고, 제자를 세웠다. 복음에는 당연히 성령의 은혜가 따른다. 다만 우선적인 것은 바른 복음이고 제자가 되는 것이다.

그렇다면 거룩한 옷을 입고 헌신해야 할 부분은 무엇인가? 시편 110편은 유명한 메시야 시이다. 이 시편은 메시야에 대한 예언이다. 메시야가 어떤 전쟁을 하셨는지를 살펴볼 때 우리도 어떤 전쟁을 해야 하는지를 알 수 있다. 예수님은 이 땅에 오셔서 어떤 것에 모든 시간과 에너지를 쏟으셨는가? 우리도 거룩한 옷을 입고 주님과 함께 그 전쟁에 참여하는 것이 바른 헌신이다.

첫째, 주님은 진리전쟁을 하셨다.

주님은 모든 사람을 용납하시고 사랑하셨다. 그러나 비진리를 선포하는 자에게는 너무나 단호하셨고, 분노하셨다. 우리는 모든 사람을 사랑해야 한다. 그것이 예수님의 정신이다 주님은 원수도 사랑하라고 하셨다. 그러나 예수님은 진리를 왜곡하는 사람을 만나시면 분노하셨다. 심지어 8번이나 "화가 있을지어다"라고 그들에게 화를 선언하셨다. 왜? 진리를 왜곡해서 구원받을 영혼들을 멸망으로 인도하기 때문이다. 주님은 열정적으로 바른 복음, 바른 진리에 대해 싸우셨다.

반대로 주님은 제자들에 대해서는 편애하셨다. 왜냐하면 주님의 말씀 때문에 모든 무리가 떠나갈 때에도, 제자들은 "영생의 말씀이 여기에 있는데 우리가 어디로 갑니까"라고 말할 정도로 주님의 말씀이 영생의 말씀이라는 것을 믿었기 때문이다. 주님은 정말 영양가 있는 것은 그것을 먹을 수 있는 제자들에게만 먹이셨다.

미국에서 가장 큰 대형교회에 속하는 윌O교회에서 자체 설문조사를 하고 교회 스스로 평가를 한 적이 있었다. 그들의 평가 결론은 자신들의 교회는 "사람을 변화시키지 못한다"였다. 왜일까? 그 교회는 바른 복음에 대한 관심보다는 얼마나 많은 사람들이 교회에 쉽게 적응할 수 있을까에 초점을 두었기 때문이다. 이 교회를 세웠던 초기 설립정신은 사람들이 교회에 대해서 어려워하는 것, 싫어하는 것들을 모든 세대, 모든 계층의 사람들에게 설문 조사를 해서 거북스러운 것들을 제거하자는 것이었다. 그래서, 예배당이 극장보다 더 편안하고 한편의 쇼를 보듯이 예배가 구성된다. 단기간에 급성장하는 교회가 되었고 미국뿐만 아니라 세계가 주목하는 교회가 되었지만 그들 스스로의 설문조사에서는 결국 '교인들이 변하지 않는다'는 결론을 얻게 된 것이다.

이런 교회의 방법은 예수님의 방법이 아니다. 바리새인과 사두개인들, 일반 대중들이 어려워하는 것들을 조사해서 그것들을 제거하는 방식으로 예수님은 사역하지 않으셨다. 주님은 오히려 진리 때문에 기를 쓰고 싸우시고 배척당하시고 살인의 위협을 당하시면서 사셨다.

문제는 위에 언급한 교회가 성공을 하자, 세계 각지에서 찾아와 그 교회를 벤치마킹해서 제이, 제삼의 똑같은 교회를 세워나가는 것이다. 우리나라에도 비슷한 시스템을 가진 교회가 있다. 비진리를 쫓아가는 교회나 단체가 성공하면 문제가 생긴다. 그것을 추종하는 무리가 생기고 전체가 망한다. 왜인가? 모두가 성공을 위해서 진리에 관심을 두지 않고 비진리를 향해 벼랑끝을 향해 돌진하는 쥐들처럼 달려들기 때문이다.

예수님처럼 진리와 함께 망하는 길을 선택해야 한다. 그 길이 진정으로 나를 살리고 다른 영혼을 살리는 길이기 때문이다.

복음에 대한 진리를 제대로 알고 전해야 한다. 아무나 구원받는 것이 아니라 마지막까지 견디는 자가 구원을 얻으며, 순종하는 자가 얻으며, 아버지의 뜻에 대해 몸부림 치는 자가 얻는다고 외쳐야 한다. 다시 말해 "구원은 행함으로 받지 못하지만, 그것이 없다면 또한 받을 수 없다는 사실 또한 진리이다.(스펄전)"고 소리칠 수 있어야 한다.

많은 교회가 '예수님 앞에 나오기만 하면 구원받는다.'고 강대상으로 콜링을 한다. 아무나 막 나온다. 반응은 좋다. 많은 사람들이 나오는 것처럼 보였다. 하지만 제자도에 대해 침묵했다. 사람들이 부담스러워한다는 이유로, 성경의 수많은 구절, 복음서와 서신서의 지키기 어려운 수많은 구절들을 침묵해버리고 주님의 마지막 지상사명, 제자삼으라는 명령에 대해서 조차도 침묵해버린다. 그런데 그런 교회가 성공을 하니, 그 비진리를 따라서 수많은 사람들이 몰려들고 결국 함께 망한다. 우리는 더딜지라도 진리를 위해 한발씩 전진해야한다.

주님의 두 번째 싸움은 마귀가 지배하는 세상에서 제자들을 부르시는 것이었다.

주님의 전쟁은 주님께서 이땅에서 무엇을 하셨는가를 보면 알 수있다. 그분은 사역 초기부터 제자들을 부르셨다. '나를 따르라'고 도전하셨다. 그분은 심지어 나의 제자로 살지 않으면 망한다고까지 강조하셨다. "누구든지 나를 따라 오려거든 자기를 부인하고 자기 십자가를 지고 나를 쫓을지니라 누구든지 제 목숨을 구원하고자 하면 잃을 것이요 누구든지 나를 위하여 제 목숨을 잃으면 찾으리라 사람이만일 온 천하를 얻고도 제 목숨을 잃으면 무엇이 유익하리요 사람이무엇을 주고 제 목숨과 바꾸겠느냐"(마16:24-26) 자기 목숨을 내걸고내 제자가 되지 않으면 구원얻지 못한다고 칼로 자르듯 말씀하셨다.

주님은 자신의 공생애의 후반기에는 제자들을 가르치는데에 집중하셨다. 물론 공생애의 초중반기에는 대중사역과 치유사역들을 하심으로 많은 무리가 주님을 인정하게 되었다. 그런데 후반기에 접어들면서 주님은 제자들에게만 가르치고 제자들에게만 보이시고 그들에게만 중요한 말씀들을 전하셨다. 그리고 주님이 승천하시기 전에마지막으로 제자들에게 유언으로 부탁하신 것이 "그러므로 너희는가서 모든 족속으로 제자를 삼아 아버지와 아들과 성령의 이름으로세례를 주고 내가 너희에게 부탁한 모든 것을 가르쳐 지키게 하라"고명령하셨다. 자신의 사역은 제자들이 어떻게 하느냐에 달렸다는 것을 아시고 마지막 부탁을 남기셨다.

도슨 트로트맨이 태국의 복음화를 위해 중보기도를 했다. 그의 기도제목은 "5명의 훈련받을 제자를 보내주십시오. 그러면 태국을 변화시키겠습니다" 그런데 정말 5명이 왔다는 것이다. 그는 예수님이 싸우신 싸움을 제대로 이해했던 주님의 제자였음이 분명하다.

주님의 싸움은 제대로 된 제자를 세우는 것이었고, 그 제자에 의해서 교회가 세워지고 하나님의 나라는 확장됐다.

3. 제자 훈련은 필수과목

[눅9:23-25]

23 또 무리에게 이르시되 아무든지 나를 따라오려거든 자기를 부인하고 날마다 제 십자가를 지고 나를 따를 것이니라

24 누구든지 제 목숨을 구원하고자 하면 잃을 것이요 누구든지 나를 위하여 제 목숨을 잃으면 구원하리라

25 사람이 만일 온 천하를 얻고도 자기를 잃든지 빼앗기든지 하면 무엇이 유익하리요

3살이 됐는데도 엄마 아빠 말도 못하고, 걷지 못하고, 뒤집지도 못하는 아이가 있었다. 너무나 심각하다고 생각해서 병원을 찾아갔다. 의사가 청진기를 갖다 대고 체온기를 갖다댄다. 그리고 말한다. "체온 정상", "심장 박동 정상", "호흡정상" 그리고 한참을 생각하다가 부모에게 말한다. "이 아이는 정상입니다." 그러자 엄마가 화를 버럭 냈다. "3살이 됐는데도 엄마 아빠 말을 하지 못하고 걷지 못하고, 뒤집지도 못하는 데 이 아이가 어떻게 정상입니까?"하고 실랑이가 벌어졌다는 우스운 이야기가 있다.

이 이야기는 픽션이지만 그 의미는 예수님을 믿어도 삶이 바뀌지도 않고 예수님을 만났는데도 삶이 변화되지 않았다면 우리는 심각

한 영적 병에 걸린 것이라는 이야기였다.

내가 아내와 처음 교제를 시작할 때 이런 고백을 했다. "규선 자매님. 드릴 말씀이 있습니다. 나는 당신을 특별하게 생각합니다. 저와 교제를 나눠보시지 않으시겠습니까?" 아내는 그때 이렇게 말했던 것으로 기억한다. "교제가 될까? 내가 더 나이가 많은데."

이제는 결혼을 하고 두 아이를 낳고 살고 있다. 그런데 지금도 집에 가서 이렇게 이야기한다고 생각해 보라. "규선 자매님, 드릴 말씀이 있습니다. 저는 당신을 특별하게 생각합니다. 저와 교제를 나눠보시지 않으시겠습니까?"라고 말한다고 상상해보라. 생각할 수 없는 일이다. 우리는 연애 초기에 비해 더 깊은 대화를 나누고 서로에 대해서 누구보다 잘 안다.

그러나 교회에서 사람들은 똑같은 기도를 되풀이하고, 항상 부르는 똑같은 찬송을 부른다. 하나님과의 기도와 대화에 더 이상 진전이 없다.

왜인가? 위의 이야기에서 나온 아이처럼 무엇인가 심각한 병에 걸렸기 때문이다.

『제자입니까?』를 쓰신 후안까를로스 오르띠즈 목사님이 교회에 부임했을 때 교인수가 184명이었다. 2년 동안의 극성스러운 조직과 전도 덕분에 교인수가 600명을 헤아리게 되었다. 일약 스타가 되어 강사로 초청될 정도였다. 그런데 무엇인가 잘못되어 가고 있다는 생각이 들어서 2주 동안 기도를 하는데 성령님께서 자신을 깨뜨리기 시작한것이다.

"너는 자라나고 있질 않다. 네 생각에, 네가 교인 수를 200명에서

600명으로 늘렸다고 해서 자라고 있다고 생각하는 모양인데 그것은 자라는 것이 아니라 살이 쪄가는 것이다.”

자라는 것과 살이 찌는 것은 다르다. 다시 말해 버려야 할 비계와 필요한 살은 다르다. 600명으로 늘어났지만, 비계를 모은것에 불과하다는 말이다. 여기에 충격을 받고 쓴 책이 『제자입니까?』라는 책이다. 많은 사람들이 교회를 다니지만, 비계교인이 있다. 또 순살교인이 있다. 비계는 내버려야 하는 부분일 뿐이다. 이 두 종류의 차이는 “제자”인가 아닌가에 달려 있다.

몇 해 전 세계적인 영성의 거성 달라스 윌라드가 한국을 방문했다. 국민일보와의 인터뷰 중에 “어떻게 하면 하나님의 음성을 들을 수 있습니까?”라는 질문에 그는 이렇게 대답했다. “그분과 진실된 사귐이 있을 때, 들을 수 있습니다. 그분께 순종하는 참된 제자라면 일상에서 하나님의 음성을 쉽게 들을 수 있습니다.”

두 번째 질문은 “많은 그리스도인들이 그런 음성을 듣지 못합니다. 이유가 무엇이라고 생각하십니까?”

그분은 이렇게 대답했다. “바로 제자가 되지 않고도 신자일 수 있다는 비성경적인 생각 때문입니다. ‘뱀파이어 크리스천’이란 우리 구원을 위해 필요한 그리스도의 피에만 관심이 있을 뿐, 그리스도인으로서 순종하며 제자가 되어 합당한 삶을 사는 것에는 전혀 관심이 없는 크리스천들을 지칭하는 말입니다. 우리 시대 최대의 과제는 제자도를 회복하는 것입니다. 제자가 됐을 때, 보이지 않는 영을 보이는 삶으로 살아낼 수 있습니다. 우리는 지금 마음과 삶이 변화되지 않고서도 그리스도인이 될 수 있는 편리한 시대에 살고 있습니다. 저는 이 시대 지도자들에 묻고 싶습니다. '여러분들은 참된 제자도가 없는 사람들에게 어떤 권세와 근거로 세례를 주며 감히 그들과 하나님이 화목한 사이라고 선포할 수 있습니까'라고요."

제자가 되면, 성경에 약속된 모든 권세와 축복을 누린다는 말이다. 이 세대가 제자이기를 이미 포기하기에 그리스도인은 더 이상 변화된 인격도 없고 예수님의 능력도 없는 그저 교회의 교인이 되었을 뿐이라는 말이다.

많은 사람들이 제자를 선택할 수 있다는 생각을 갖는다. 아니다. 예수님을 믿기로한 사람은 모두가 제자이다. 만약, 내가 예수님은 믿지만 예수님의 제자이기를 거부한다면, 그것은 반쪽믿음이다.

20세기 미국의 예언자라 불리우는 토저 목사는 이렇게 말한다.

"주님은 당신이 명령할 수 없는 사람들을 구원하시지 않을 것이다. 그분은 자신의 직분을 나누시지 않을 것이다. 어느 누구도 반쪽짜리 그리스도를 믿을 수는 없다. 우리는 그분을 계신 그대로, 즉 기름부음 받으신 구주(Savior)로서, 그리고 왕 중의 왕이요 만주의 주이신 주님으로서 받아들인다. 만일 그분이 우리를 택하시고 부르시며 구원하시기는 하셨으나 우리의 삶을 인도하거나 다스리지는 못하신다면, 그분은 더 이상 성경에서 말하는 그분이 아닐 것이다."

내 삶의 주인이라는 말은 그분은 주인이고 스승이며, 나는 제자라는 말이다.

다시 말해, 내가 예수님을 믿는다는 말은 예수님을 주님으로 인정하는 것이고 나는 그분의 제자라는 말이다.

그래서 주님은 "네가 나와 복음을 위해 목숨을 버리지 않는 자냐, 그 목숨을 잃을 것이다. 그러나 네 목숨을 나와 복음을 위해서 잃는 자냐? 그러면 얻을 것이다." 라고 말씀하신다. 예수님과 복음을 위해 십자가의 길을 걷는 제자가 바로 영원한 생명을 얻는 존재라는 것이다.

이 시대가 변화의 능력, 풍성한 삶을 잃어버린 결정적인 이유는 우리가 제자의 길을 처음부터 포기해버렸기 때문이다.

◈ 제자가 되고 제자삼는 것을 꿈꾸라

나는 제자인가? 심각하고 아주 중요한 질문이다.

그렇다면 제자에게만 나타나는 3가지 특징이 있다고 주님은 말씀하신다

세 가지, 자신을 부인하고, 자기 십자가를 지고, 예수님을 쫓아가는 것.

첫째, 자기를 부인하라.

자기를 부인하는 것이란 무엇일까?

주먹구구로 자기부인을 이해한다. 어떤 초신자가 교회에서 자기부인, 자기부인을 강조하니까, 집에 와서 아내에게 물었다. 왜 교회에서 당신을 그렇게 중요하게 강조하느냐? 남편은 자기부인을 my wife로 오해한 것이다. 자기부인을 많이 듣지만, 그 정확한 의미를

이해하지 못하는 경우가 많다.

자기부인의 참 의미에 대해 본문의 말씀을 귀납적으로 연구하면 이러한 의미가 있다.

첫 번째, 말씀 앞에 자신의 비젼을 부인하는 것이다.

오늘 본문의 앞부분에 이런 이야기가 나온다.

13절에 예수님은 "너는 나를 누구라 하느냐?" 물으시고

여기에 베드로가 멋진 대답을 한다. "주는 그리스도시요 살아계신 하나님의 아들이시니이다."

예수님은 최고의 칭찬을 해주신다. "바요나 시몬아 네가 복이 있도다 이를 네게 알게 한 이는 혈육이 아니요 하늘에 계신 내 아버지시니라, 이 반석위에 교회를 세우고 음부의 권세가 이기지 못하리라. 천국열쇠를 네게 주겠다. 네가 무엇이든지 묶으면 하늘에서도 묶어질 것이고 네가 땅에서 풀면 하늘에서도 풀리리라." 이보다 근사한 칭찬이 있겠는가?

그리고 주님은 자신이 십자가에서 고난을 받고 죽을 것을 그제서야 제자들에게 가르치신다. 그러자 베드로가 예수님을 붙들고 항변한다. "주여 그리 마옵소서 이 일이 결코 주께 미치지 아니하리이다." 성경에는 항변하다로 되어 있는데 원어를 보면 꾸짖다는 의미가 있다. 이 말과 23절의 예수님께서 돌이키시며 베드로를 꾸짖으셨다는 단어가 동일어이다.

베드로는 기분 나쁘면 사시미 뜨는 사내다. 겟세마네 동산에서 회썰듯 말고라는 사람의 귀를 잘라버린다. 귀만 썰기도 어려울텐데, 역시 어부 출신이다. 그런 베드로가 예수님을 붙들고 한쪽 귀퉁이로 간 것이다. 그리고 꾸짖는다. 아마도 이런 뉘앙스일 것 같다. "대체, 우

리가 모든 것 버리고 당신을 쫓았는데, 지금 무슨 헛소리 하십니까? 최소한 이 나라의 장관자리 하나는 줘야 하지 않습니까?" 뭐 이런 불평 때문에 주님께 대들었을 것이다.

그러자 예수님께서 제자들을 돌아보면서 베드로를 꾸짖으신다. "사탄아 내 뒤로 물러가라 너는 나를 넘어지게 하는 자로다." 전에 들었던 칭찬을 완전히 다 까먹게 되었다. 사탄이라는 소리까지 듣는다. 그리고 하신 그 유명한 말씀이 "누구든지 나를 따라오려거든 자기를 부인하고 자기 십자가를 지고 나를 따를 것이니라 누구든지 제 목숨을 구원하고자 하면 잃을 것이요 누구든지 나를 위하여 제 목숨을 잃으면 찾으리라."

예수님은 베드로를 염두에 두고 부인하라는 말씀을 하신 것이다. 다시 말해 네가 비젼과 꿈을 버리고 내 비젼과 꿈을 갖지 않으면 너는 내 제자도 아니고 네 목숨을 결국 잃을것이라는 것을 말씀해 주신다.

예수님을 영접한다는 것은 무슨 뜻인가? 예수님을 주인으로 내가 모시겠다는 말 아니겠는가? 그렇다면 예수님을 주인으로 모셨다면, 종은 그 주인의 꿈을 이루어야 하는 것 아니겠는가?

우리가 첫 번째로 부인해야 하는 것은 나의 꿈을 부인하는 것이다. 그리고 예수님의 꿈을 품으라는 이야기다.

예수님의 꿈이 무엇인가?

예수님의 꿈이 명확히 나와 있는 구절이 마태복음 28장이다. "하늘과 땅의 모든 권세를 내게 주셨으니, 그러므로 너희는 가서 모든 족속으로 제자를 삼아 아버지와 아들과 성령의 이름으로 세례를 주고 내가 너희에게 분부한 모든 것을 가르쳐 지키게 하라 볼지어다 세상 끝날까지 내가 너희와 항상 함께 있으리라." 이것이 예수님의 꿈, 예수님의 지상 명령이다.

마태복음 25장에는 달란트 비유가 있다. 여기에서의 달란트는 한 사람의 재능을 말하지 않는다. 그 사람 인생 전체의 값어치이다. 달란트라는 단위는 굉장히 큰 단위이다. 달란트가 어떤 문헌에서 나오냐면, 국가대 국가간의 전쟁배상금과 같은 것을 언급할 때 나온다. 1년 세수가 몇 달란트이다. 그리고 전쟁을 할 때 배상금으로 몇 달란트를 내라라고 말했다. 그런데 예수님이 종들에게 달란트를 나눠줬다고 말한다. 어마어마한 돈을 나눠주고 갔다. 이 말은 그의 인생 전체에 주는 사업자금이다. 내 인생 전체를 걸고 사업을 두 가지도 할 수 없다. 딱 한 가지밖에 할 수 없다. 그것이 무엇인가? 그것이 지상사명이다. 내가 너라는 인생 전체를 구원해서 똑같이 지상사명을 주었는데, 너는 대체 무엇을 했느냐?라고 책망받을 수 있다는 말이다.

직업소명설에 속아서는 안된다. 직업소명설이 처음에 나온것은 루터에 의해서 나온 것이었다. 루터시대에는 집안 대대로 직업이 대물림 되었다. 빵집하는 집의 성은 밀러이다. 나무꾼하는 집안의 성은 우드이다. 유럽사람들의 성은 그 사람의 직업을 의미한다. 철공소하는 사람은 스미스나 아이언이다. 중세에는 자신의 직업을 마음대로 바꾸지 못한다. 직업을 바꾸면 영주에게 잡혀 죽게 된다. 이발사는 이발만 해야 한다. 야사에 보면 루터는 자기 전속 이발사가 있었다. 할아버지도 이발사, 아버지도 이발사. 자기도 이발사 아들도 이발사다. 종교개혁할 당시에 루터를 이발시키다가 '루터 수도사님, 루터 수도사님은 하나님의 일을 하지만, 저는 어떻게 해야 하나님의 일을 할 수 있습니까?' 면도칼을 들고... 칼을 든 이발사앞에서 무서워서인지, 루터가 말했다고 한다. '당신의 직업에 충실해야 한다' 이것이 직업소명설이다. 물론 근거 있는 얘기는 아니지만, 직업소명설이 하나님의 절대주권을 강조할 때, 맞는 말이지만 우리 모두는 어떤 직업을 가졌든지 예수님의 비젼을 자기 비젼으로 소망해야 한다. 그것이 제자의 바른 모습이다.

예수님을 따르던 제자들의 출신과 직업이 다양했다. 어부, Tax collector, 반란군 등등.

그런데 베드로가 이렇게 말하지 않았다. "저를 제자 삼으셨으니, 오대양 선교회를 만들겠습니다. 온 세상의 어부를 예수님 얼굴 보게 하겠습니다." 이렇게 말하지 않았다.

마태는 세금 공무원 출신이다. 그는 이렇게 말하지 않았다. "세무에 대해 세밀히 교육 받은 이유가 있는 줄 압니다. 미래 에셋을 만들어서 신화를 창조해서, 그래서 예수 그리스도의 영광을 온천하에 보이겠습니다."라고 하지 않았다.

열심당원이 질럿이다. 성경은 셀롯이라고 기록했다. 열심당원 시므온은 그의 전직이 혁명당원이었다. "예수님, 예수님이 조금만 도와주신다면 하나님의 나라가 이 땅에 이뤄지게 하겠습니다. 대통령 정치인이 되겠습니다." 질럿 시므온이 이런말을 하지 않았다.

어떤 사람도 자기의 직장을 이야기 하지 않았다. 사도 바울은 당대 최고 랍비에게 교육을 받은 사람이었다. 그 사람이 최고로 뛰어난 신학교를 만들겠다고 하지 않았다. 그가 된 것은 제자삼는 전도자였다. "가서 제자를 삼아라, 내가 너희에게 가르친 모든 것을 가르쳐 지키게 하라"는 주님의 말씀에 순종한 것이다.

중요한 것은 어디에서 살든, 어떤 일을 하든, 복음을 전하고 제자 삼기를 원하느냐는 것이다. 그런 인생을 살지 않는다면 우리 인생 전체를 땅에 파 묻고 있는 것이다.

내가 아는 목사님 교회에 회심하게 되고 뜨겁게 예수를 믿게 된 의사가 있다. 그 집사님이 담임목사님을 찾아와서 이렇게 질문했다고 한다. "제가 의사로 부르심을 받은 것은 특별한 뜻이 있는 것 같습니다. 주님은 제가 의사로서 어떻게 살기 원하실까요?" 그래서 그 목사님께서 이렇게 대답하셨다고 한다. "집사님, 예수님은 당신에게 제자가 되라고 하십니다. 당신이 의사라는 것은 우리들끼리나 의미가 있지, 예수님 앞에 아무 의미가 없습니다. 장로가 대통령이 되면 세상이 바뀝니까? 만약 그렇게 세상을 바꿀 수 있었다면 하나님은 그렇게 하십니다. 부시 두 부자가 중동을 조지고 부셨습니다. 그래서 얻은 것이 무엇입니까? 중동 선교사들이 그렇게 쌓아올린, 선교를 다 철수해야했습니다. 집사님, 주님의 뜻은 당신이 제자가 되는 것입니다."

안티 기독교사이트를 들어가면 지탄의 대상이 되는 사람들은 집사 국회위원들, 장로사장들 그런 사람들이다. 물론 훌륭한 기독교 정치인들이 있다. 기독교 기업가들이 있다. 하지만 대부분이 손가락질 당하고 있다는 것이 문제다. 왜 그렇게 되었을까? 제자로 살지 않기 때문이다. 그의 인생의 꿈이 제자가 되는 데에 있지 않기 때문이다.

한 사람의 그리스도인이 사회에서 인정받기까지, 10이면 9은 직업에서 인정받기 위해서 신앙보다 직업에 올인해야 한다. 사회적으로 성공한 그리스도인이 예수를 잘 믿고 있다는 것을 나는 잘 믿지 않는다. 유명한 연예인이 예수 잘 믿고 있다는 것을 잘 믿지 않는다.

교회 잘나가고 새벽기도 잘나가는 수준일 뿐이다. 그러나 예수님의 제자는 아닐 것이다. 그 정도 성공하려면 예수님을 버려야 하기 때문이다. 예수님 안 버려도 성공하는 경우는 100에 1명 정도 있을 것이다.

신학교 은사님의 딸이 연예인이었다. 그 따님이 잘난 미모를 앞세워서 연예계에 데뷔했을 때 - 그 교수님이 정말 좋으신 분이시다 - 고심을 많이 하셨다. 딸에게 약속을 받아냈다. 새벽기도를 따라다니겠다고 약속해라. 그 딸은 연예인이 되고 싶으니까. 약속을 하고 새벽기도를 따라다녔다. 그래서 그 아이가 새벽기도를 나가니까, 그 예쁜 탤런트를 보기 위해 청소년들이 새벽기도회에 가득했었다고 한다. 교회마다 청소년들에게 그 탤런트처럼 새벽기도하자라고 캠페인을 했다.

그때 선배 목사님이 이렇게 예언했었다. "얼마나 가나 두고 봅시다. 그녀가 정말 그리스도인이 아니라는 것을 장담합니다. 그 사람 신앙없는 것이 곧 드러나고 그 아버지 개망신 당합니다." 그분이 예언하니, 주위 사람들이 모두 너무 부정적이라고 얘기를 했었다. 그러자 내기를 하자고 하면서 그분이 이렇게 말했다. "18살짜리가 인기와 가무에 심취해 가지고 교수인 아버지 뜻을 박차고 나와서 연예계에 섰는데, 밤낮 그 짓하러 전국을 돌아 다니는데, 그 아이가 신앙을 가진다고요 그렇게 안됩니다."

그 선배 목사님의 말처럼 몇 년 뒤 그 아이가 소주 광고에 나오기 시작했다. 인터넷 포털 사이트에 그 아이가 술을 굉장히 즐긴다는 얘기가 나오기 시작했다.

젊은 날에 예수님에게 올인하지 않고 성장하는 것이 정말 가능할까? 요셉같은 케이스가 없지는 않다. 굉장히 특이한 경우이다. 하나님이 특별히 사용하기 위해서 찍어둔 사람은 그렇게 성공할 수 있다. 하지만 그 외의 모든 경우 예수그리스도는 평범한 사람을 쓰신다. 신앙은 비범하되 그의 삶은 평범한 사람을 쓴다. 세상에서는 유명하지 않되 천사들과 마귀들 사이에서는 유명한 사람을 쓴다. 당신은 어디에서 유명해지고 싶은가? 세상에서 유명해지고 싶은가? 교회에서 유명해지고 싶은가? 어디에서 유명해지고 싶은가?

내가 세상에서 유명해질 때 세상권세를 가질 것이다. 하지만 내가 예수의 제자가 되었을 때, 하늘과 땅의 권세를 가지신 주님이 나에게 그 권세를 주실것이다. 어떤 권세를 갖기를 원하는가? 당신이 자신의 비젼을 버리고 주님의 꿈을 이루겠다는 결심이 제자의 출발이다.

내가 주부이건, 나이를 많이 먹었건 중요하지 않다. 예수님은 나이도 직업도 보지 않으신다. 주님은 당신이 복음을 위해 목숨을 버릴 제자인가를 보신다. 그리고 영원한 생명을 주신다고 약속하신다.

절대 잊어서는 안 된다.

4. 제자도를 망치는 제자훈련이란?

[골2:23]
이런 것들은 자의적 숭배와 겸손과 몸을 괴롭게 하는 데는 지혜 있는 모양이나 오직 육체 따르는 것을 금하는 데는 조금도 유익이 없느니라

한국교회는 '사랑의 교회' 제자훈련의 성공 이후로 개교회마다 온갖 성경공부와 제자훈련이 없는 데가 없다. 그 이름도 '일대일 제자훈련', '10단계 제자훈련', '평신도를 깨운다', '예수님의 사람' 정말 다양하다.

이러한 훈련들은 매우 선할 수 있다. 그러나 이러한 훈련들이 제자도를 키우고, 회심케 하는 수단이 될 수 있을까? 수많은 교회가 이러한 프로그램을 통해서 진정한 회심자와 진짜 제자들을 수확하고 있다고 확신할 수 있을까?

이런 속담이 있다. '소가 물을 먹으면 우유가 되고 뱀이 물을 먹으면 독이 된다.' 각종 훈련이 이 속담에 딱 맞는 경우이다. 어떤 경우에는 우유가 되고 어떤 경우에는 오히려 독이 된다. 이런 결과가 나오는 이유가 무엇일까?

우리의 제자훈련뿐만 아니라 경건훈련(기도, 말씀, 큐티, 예배등)들이

우유가 될 수도 있고 독이 될 수도 있다. 그래서 주님은 '너희가 어떻게 듣는지를 주의하라'고 경고하셨다. 은혜의 수단이 되는지, 독이 되는지를 어떻게 알 수 있을까? 그 과정에 대해서는 영성학적인 해석이 필요하지만, 그 열매들을 통해서 확실히 알 수 있을 것이다.

첫째, 하나님께 사로잡히는가? 나에게 사로잡히는가?

홉킨스는 이렇게 말하고 있다.

"지성이 중생하고 새로운 마음이 생겨날 때, 첫 번째로 생겨나게 되는 일은, 모든 존재 위에 탁월함을 보이시는 동시에 어디든지 존재하시는 하나님의 존재이다. 이제 마음은 전에는 결코 가져보지 못했던 확신을 품고 하나님이 실제로 계심을 보고 느끼게 되며, 하나님의 위대하심과 엄위, 지혜, 공의, 선함, 탁월함, 영광에 주목하게 되며, 그의 마음은 넋을 빼앗기게 된다. 이제 그는 신성한 것들 사이에 둘러쌓여 있는 자신을 발견하게 되며, 하나님께서 어느 곳에서든지 만물 안에서 자신을 친히 드러내시고 계심을 보게 된다. 태양과 달, 별들, 구름들, 모든 산과 나무들, 들판과 초원, 그리고 모든 피조물과 모든 일이 침묵 속에서 그러나 분명하고도 힘있게 놀라운 목소리로 그에게 하나님의 현존과 그분의 완전함, 그분의 영광을 서로 협력하며 말해주고 있다."

"이런 견해로 보건대, 사실상 그는 이 위대하고 영광스러운 존재 앞에 무(無) 속으로 침잠해 들어가며, 그의 마음은 하나님의 영광스러운 위대함과 탁월함에 대한 생각으로 가득차게 되며 또한 그분이 모든 피조물들에 의해 사랑받고 존중받게 되는 무한한 가치를 지닌 존재임을 깨닫게 된다. 그러므로 이제 그는 그의 마음을 다하여 모두를 사랑하도록 요구하는 하나님의 법의 타당성과 탁월함을 이해하기 시작함으로써 공의와 선함과 영광 가운데서 하나님의 법을 이해하게 된다. 또한 그의 마음은 영원한 정죄를 조건으로 온전하고 인내하는 사랑과 복종을 요구하는 것이 합당한 일임을 입증하게 된다."

사람의 관점에서 신앙을 설명하는 경향은 우리의 구원관과 신앙관을 왜곡시키는 결과를 초래했다. 예수님을 사랑하는 마음만 있으면 그것이 구원받은 것이고, 설교를 듣고 '아멘'하고 큰 소리로 외치고 결단하면 좋은 신앙인으로 인정되는 교회에 살고 있다. 적당한 훈련을 적당하게만 수행만 하면 리더로, 집사로, 권사, 장로로 세워진다.

큐티에 대한 병폐는 더욱 심각하다. 우리의 큐티 운동은 철저하게 자기 이야기로 도배되었다. 예수님을 바라보는 것이 아니라, 내가 받을 것, 나에게 주실 은혜, 나를 강하게 해주실 것, 내가 지켜야 할 명령, 나, 나, 나로 시작해서 나로 끝나는 것을 묵상이라고 하고 더욱 개인적일수록 은혜로운 묵상이라고 주위에서는 그를 향해 박수를 보낸다. 그러나 성경은 처음부터 마지막까지 모든 것은 하나님으로부터 시작되고 완성된다는 것을 반복적으로 가르치고 있다.

높은 댐에서 수도관이 연결되어 가정으로 물이 흐르게 된다. 물줄기가 굵을 수도 얇을 수도 있고, 맑은 물일 수도 흙탕물일 수도 있다. 그러나 어떤 물이든지 흐르게 하는 힘은 높은 댐에서 아래로 향하는 강력한 수압이다. 결코 물이 스스로 흐르는 것이 아니다. 그런데 우리는 너무나 우리에게 초점을 맞춰서 마치 물이 스스로 흐르는 것처럼 착각한다.

성경에 나오거나 일상생활에서 눈에 띄게 보이는 위선자들의 공통점은 자신의 이야기로 가득하고 자신에 사로잡히는 특징이 있다. 그들은 바리새인처럼 말씀을 암송하거나 자주 금식하고 구제하고 예배와 제사를 무엇보다 소중하게 여길 수 있다. 그리고 하나님의 이름을 자주 언급하고 그분의 은혜와 사랑을 누구보다 강도 높게 강조할 수 있다. 그러나 하나님을 생각하면서 동시에 모든 이야기의 중심은 자신이고 하나님은 조연의 역할을 한다. 무엇보다도 자신은 하나님께 매우 충성된 백성이며 일꾼이라고 확신한다.

그러나 하나님의 의에 대한 시각은 두더지처럼 매우 어둡다. 반면에 자신의 의에 대해서는 누구보다도 예민하게 반응한다. 이런 사람들의 특징은 하나님의 이름이 모욕을 당할 때 기계적으로 화를 내지만, 자신의 이름이 모독을 당할 때면 모든 혐의를 부인하고 어떻게든 비난하는 자를 제거하거나 그들이 자신의 진면모를 보게 되면 자신을 칭송할 것이라는 기대를 가지고 자기 명예를 위해 애쓴다.

둘째, 자신의 악을 더욱더 깨달아가고 있는가?

홉킨스는 이렇게 말한다.

"그는 이제 죄로 인한 무한한 악과 죄의 가증스러움, 죄로 인한 형벌을 이해하게 되며, 이러한 식으로 그는 죄책속에서 자신의 죄성과 악덕함, 그리고 자신의 몰락을 이해하게 되는 것이다. 그리고는 자신의 죄책속에서 스스로를 미워하고 심판하며 정죄하며 자신의 정죄받음을 진정으로 깨닫고는 자신의 영원히 비참해지는 것이 당연한 일임을 깨닫게 되는 것이다."

물론 홉킨스가 여기에서 언급한 죄에 대한 깨달음은 회개에 대한 것이지만, 우리가 많은 경건의 수단들을 통해서 하나님께 더욱더 가까이 가게 되고, 빛되신 하나님께 가까이 갈수록 나의 어둠과 그림자는 짙어질수밖에 없다. 그러나 위선자들은 정반대의 경향을 보인다. 자신이 스스로 부족하고 유약함을 깨닫기도 하고, 죄가 있다는 것을 알지만, 그것을 깨닫게 된 자신이 우월하다는 것을 숨길수가 없다. 이것이 위선자들의 특징이다.

교회를 다니면서, 또는 어떤 성경공부를 하거나 어떤 경건의 프로그램을 하거나, 내가 입을 열기도 부끄러운 죄인이라는 깨달음을 갖게하지 못한다면 그것은 나를 세우는 것이 아니라 고라신과 벳새다와 같이 거만하게 만들 수 있다는 것을 알아야 한다. 대학생 때부터 제자훈련에 미쳐서 살았는데, 이러한 훈련은 두 가지 부류의 사람들을 만든다. 내가 엄청난 사람이 되었다고 스스로의 자존감이 몇 배 상승하는 경우와 내가 제대로 회심했을까 스스로 의심하고 땅끝까지 겸손해져서 주님 앞에 무릎을 꿇는 경우이다. 앞의 경우는 위선자를 만들고 뒤의 경우는 진정한 주님의 제자로 세워준다.

셋째, 은혜에 합당한 회개를 하는가?

아래는 경건훈련에 대한 홉킨스의 "중생과 회심" 논문의 글이다.

사무엘 홉킨스(Samuel Hopkins, 1721-1803)에 대한 간단한 소개를 하자면, 1737년 예일대학에 입학하였고 조오지 휫필드와 길버트 테넌트의 설교를 듣고 회심하였다. 졸업 직후에 그는 조나단 에드워즈(Jonathan Edwards) 아래에서 신학을 공부하기 시작하였으며 그에게서 큰 영향을 받았다. 그는 이렇게 말했다.

"그리고 수단들의 사용은 그들의 마음을 더욱 좋아지게 만들거나, 더욱 복종과 거룩함에 이르도록 한다거나, 또는 덜 완고하게 만든다거나 하는 것과는 거리가 멀다. 만일 그들이 계속해서 회개하지 않거나 중생하지 않는다면, 그들의 경우는 더욱 더 나빠지게 될 것이다. 마음은 수단들의 방해를 받고 빛과 진리를 거스르게 됨으로 말미암아 부드러워지기보다는 오히려 완고해진다. 마음은 계속적으로 회개하지 않고 모든 것에 반대하여 계속하여 계속 완고한 상태에 있으면서, 더 많은 수단을 사용하고 지성이 그것들에 주목하도록 하면서 더 많은 신념을 품고 있으면 있을수록, 마음은 더욱 완고해지고 뿐만 아니라 죄를 가중시키게 됨으로써 더욱 죄를 짓게 되는 수고를 할 뿐인 것이다. 왜냐하면 완전히 부패한 상태의 지성의 능력은 더욱 깨어나고 더욱 분발될수록 마음에 죄를 짓는 원칙을 더욱 가중시키게 되기 때문이다. 다시 말하면, 지성은 마음이 계속해서 회개하지 않고 저항하도록 더 많은 것을 요구하게 되는 것이다."

"바로는 자신이 사용했던 수단들로 여호와께 복종하고 그가 마음 속에 품은 신념들을 다른 이들에게 강요하고 그의 행위를 따르게 함으로써, 마음이 더욱 온화해지기보다는 오히려 더욱 완고함을 지니게 되었다. 바로의 경우는 유죄를 선고받은 죄인들의 경우에도 적용된다. 그들은 회개하지 않은 상태에 계속 머물러 있으면서 그들 나름대로는 하나님께 복종한다는 명목을 내세워 특별한 수단들을 계속 사용해 왔다."

"다시 말하면 지성은 마음이 계속해서 회개하지 않고 저항하도록 더 많은 것을 요구하게 되는 것이다"

정말 역설이고 비극이다. 한 개인이 죄인의 상태를 개선하기 위해서 사용하는 은혜의 수단들이 회개하지 않는다면 회개를 저항하도록 만드는 교묘한 수단들이 된다는 사실이 비극이다. 죄인에게 더 많은 수단들이 사용되면 사용 될수록, 가르침을 많이 받을 수록, 더 많은 설교를 들을 수록, 더 많이 훈련 받을수록 보이지 않는 하나님을 인식할수록, 영생의 가치를 인식할수록, 하나님의 심판을 두려워할수록, 이 모든 수단들은 그들을 더욱 더 비참한 죄인을 만든다는 것이다. 참으로 이해하기 어려운 역설이다. 왜 그렇게 되는가? 이 수단들이 그들을 진실한 회개에 이르게 하지 못했기 때문이다. 회개하지 않을 때에 이 수단들은 그들을 더욱 죄스럽게 만든다. 성경의 수많은 사례들이 있다.

우리가 일반적으로 생각할 때에, 은혜의 수단들(예배, 말씀, 기도, 소그룹 나눔, 제자훈련, 성경연구 등)을 많이 사용하면 할수록 그 수단들은 사람을 믿음이나 중생으로 이끌것이라고 여긴다. 그러나 홉킨스는 오히려 완고해질 수 있다고 경고를 한다. 은혜의 수단들이 오용되는 경우를 홉킨스는 "마음은 계속적으로 회개하지 않을 경우", "계속 완고한 상태에 머무르면"이라고 설명을 덧붙인다. 그 이유를 그는 "완전히 부패한 상태의 지성의 능력은 더욱 깨어나고 더욱 분발될수록 마음에 죄를 짓는 원칙을 더욱 가중시키게 되기 때문"으로 설명한다.

이 의미를 쉽게 설명하자면, 지성은 진짜 회개하지 않도록 수많은 샛길을 만들어 그 길로 돌아가면서 저항하는 교활함을 발휘한다는 것이다. 회개한 척, 돌아선 척 하면서 은혜의 수단들을 남용시키고 참신앙과 중생으로 연결되지 않는다.

홉킨스는 그 예로 바로(Pharasoh)를 들어서 그가 하나님의 기적과 말씀을 들으면서도 어떻게 완고해질 수 있었는지를 설명한다. 바로는 하나님께 복종한다는 명분을 내세워 참회개를 하는 것을 거부하기 위해서 자신의 지성을 사용하여 온화해지기보다는 더욱 완고해졌다. 그는 하나님의 기적와 명령을 들으면서 그것을 인정하기도 하고, 자녀들은 애굽에 머물고 어른들만 광야에서 제사를 드리라고 타협안을 제시하기도 하고, 어쩔 수 없이 이스라엘 백성들이 떠나게 하지만, 이 모든 것은 참회개를 거부하고 회개한척 할 뿐이었고, 그는 더욱 완악한 사람이 되었다. 홉킨스는 "중생하지 않은 죄인들에게도" 똑같은 결과를 낳게 될 것이라고 경고한다.

출애굽한 이스라엘 백성들은 하나님의 기적들을 수없이 보았고, 매일 하늘에서 내리는 만나를 먹으며 보았음에도 불구하고, 금송아지를 만들어 불순종하고, 그들이 원하는 지도자들을 뽑아 모세와 아론을 반역하고, 가데스 바네아에서 결국 하나님께서는 그들을 버리고 모세를 통해서 새로운 백성들을 만들 계획을 얘기하는 파국까지 치닫는다. 물론, 모세의 중보기도로 다시 기회를 얻지만, 백성들이 보여준 모습은 바로와 똑같은 완고한 모습을 보여준다.

사도행전에서는 백성들의 모습을 "이스라엘 집이여 너희가 광야에서 사십 년간 희생과 제물을 내게 드린 일이 있었느냐"라고 그들의 신앙없음을 지적하였다. 그들에게는 "증거의 장막"이 있었고, "모세를 통하여 말씀하심"이 있었고, 그들을 보호하신 "기적들"이 있었는데, 이것들이 그들을 더욱 온화하게 만들기 보다는 완악하게 만들었다. 그 이유는 진실로 회개하지 않았기 때문이다.

요한복음 1장에서는 은혜의 본체이신 하나님의 아들 예수 그리스도께서 이 땅에 오셨는데, 백성들이 영접하지 않고 거절했다고 설명한다.

[요1:9-11]
9 참 빛 곧 세상에 와서 각 사람에게 비추는 빛이 있었나니
10 그가 세상에 계셨으며 세상은 그로 말미암아 지은 바 되었으되 세상이 그를 알지 못하였고
11 자기 땅에 오매 자기 백성이 영접하지 아니하였으나

[요1:5]
빛이 어둠에 비치되 어둠이 깨닫지 못하더라

예수님께서 오심으로 가장 힘이 있고 큰 은혜의 수단이 사람들에게 비추었지만, 사람들은 더욱 완고해져서 빛이신 예수님을 십자가에 못박아 죽였다. 이보다 더 큰 아이러니가 어디에 있겠는가? 어떻게 이런 일이 있을 수 있을까 의아하게 생각할지 모른다. 그 이유에 대하여 홉킨스는 "은혜에 합당한 회개가" 없으며 "은혜에 합당한 온화함"이 없을 때 그렇게 된다고 경고한다.

바리새인들은 은혜의 수단인 토라와 금식과 기도와 회당의 모임이 있었음에도 불구하고 그들 스스로 하나님을 위해 살고 죽겠다는 결의를 가졌음에도 불구하고, 그 많은 은혜의 수단들은 그들을 더욱더 완고하게 만들었다. 로마서는 그 이유를 하나님의 의를 모르고 자기의 의를 세우고자 했기 때문이라고 설명한다. 하나님의 의를 지각하는 능력이 중생이다.

홉킨스의 해석을 근거로 설명하자면, 수많은 은혜의 수단들에 합당한 회개를 하기 보다는 하나님의 의를 인정하는 척 하면서 자기의 의를 세우는 수단으로 사용했기 때문에 그들은 더욱더 완고한 자들이 되었다. 예수님께서 그들을 향해서 "화가 있을지어다"라고 8번을 선포했을 때, 그들이 만약 회개했다면 그들은 제자들이 되었을 것이다. 그러나 그들은 수많은 은혜의 수단들을 오용했고, 더욱더 완고해졌다.

[마11:20-24(NKRV)]
20 예수께서 권능을 가장 많이 행하신 고을들이 회개하지 아니하므로 그 때에 책망하시되
21 화 있을진저 고라신아 화 있을진저 벳새다야 너희에게 행한 모든

권능을 두로와 시돈에서 행하였더라면 그들이 벌써 베옷을 입고 재에 앉아 회개하였으리라

22 내가 너희에게 이르노니 심판 날에 두로와 시돈이 너희보다 견디기 쉬우리라

23 가버나움아 네가 하늘에까지 높아지겠느냐 음부에까지 낮아지리라 네게 행한 모든 권능을 소돔에서 행하였더라면 그 성이 오늘까지 있었으리라

24 내가 너희에게 이르노니 심판 날에 소돔 땅이 너보다 견디기 쉬우리라 하시니라

[요8:58-59(NKRV)]

58 예수께서 이르시되 진실로 진실로 너희에게 이르노니 아브라함이 나기 전부터 내가 있느니라 하시니

59 그들이 돌을 들어 치려 하거늘 예수께서 숨어 성전에서 나가시니라

고라신과 벳새다는 예수님께서 가장 많은 권능과 메시지를 전한 도시들이다. 그런데 듣고도 회개하지 않자, 주님은 그들이 타락과 죄의 대명사인 두로와 시돈보다 더 비참한 죄인들이 될것이라고 예언하셨다.

가버나움은 예수님의 권능과 설교를 듣고도 오히려 하늘까지 높아지는 교만의 결과를 낳았고 소돔 사람들보다 더 비참한 죄인이라는 책망을 듣게 되었다. 이처럼 예수님께서 베푸신 은혜들이 오히려 그들을 더욱더 비참한 죄인들이 되게 할 수 있다는 것이 슬픈 일

이다.

요한복음 8장의 사례는 더욱 심각하다. 예수님은 듣는 유대인들이 진리를 알고 자유를 얻어야 하며 마귀의 종에서 해방되어야 하는 당위성을 은혜로운 메시지로 전하신다. 그러나 듣는 유대인들은 오히려 예수님을 돌로 쳐 죽이려고 했다. 가장 은혜로운 예수님의 설교가 유대인들을 더 큰 교만과 위선자로 만들어 버렸다. 그러면서 유대인들 스스로는 신성모독하는 예수를 율법 정신으로 정죄하는 매우 경건한 신앙인으로 자신들을 인식하게 되었다. 회개하지 않는 신앙인에게 은혜의 수단들이 얼마나 더 비참한 위선자를 만드는지를 보여주는 말씀이다.

또, 고린도교회의 거짓교사들의 사례가 있다.

[고후11:12-15(NKRV)]

12 나는 내가 해 온 그대로 앞으로도 하리니 기회를 찾는 자들이 그 자랑하는 일로 우리와 같이 인정 받으려는 그 기회를 끊으려 함이라

13 그런 사람들은 거짓 사도요 속이는 일꾼이니 자기를 그리스도의 사도로 가장하는 자들이니라

14 이것은 이상한 일이 아니니라 사탄도 자기를 광명의 천사로 가장하나니

15 그러므로 사탄의 일꾼들도 자기를 의의 일꾼으로 가장하는 것이 또한 대단한 일이 아니니라 그들의 마지막은 그 행위대로 되리라

고린도의 거짓교사들은 예수님을 잘 알았고, 복음에 대한 지성을

가진 사람들이었다. 고린도전후서의 내용을 유추해 볼 때 그들은 기도 중에 환상을 보았고 예수님의 음성을 들었던 자들이었고 자신의 은사들을 자랑하였고 많은 무리가 그들을 따랐던 것 같다. 그들은 바울을 향해 자신들처럼 환상을 보지 못하고 웅변술도 약하고 예수님의 음성도 듣지 못하는 자라고 비난했고, 그가 사도에 속하지 않는다고 고린도교회를 선동했다.

그러자 바울은 그들을 향해서 "사탄의 일꾼"이요 "그리스도의 사도로 가장하는 위선자"라고 비난했다. 왜 바울은 많은 은혜의 수단과 결과물을 보이고 있는 그들을 비난했을까? 그 이유는, 거짓교사들 스스로 바울보다 뛰어난 은사자, 기도자, 교사로 인식했지만 그들에게 정말 있어야 하는 회개가 없었다. 그들에게는 수많은 은혜의 수단들이 있었지만, 오히려 그것은 그들을 더욱더 큰 위선자로 만들었다.

왜 이런 비참한 결과가 나왔는가? "회개하지 않았기" 때문이다. 그들도 예수님을 알았고, 회개의 중요성을 알았고 거듭남과 대속의 은혜를 배웠겠지만 그들은 참으로 회개하지 않았고 가장 위선적인 신앙인이 된 것이다.

현재 한국교회는 유명한 목사와 대형교회를 중심으로 명맥을 유지하고 있는 수준이지만, 이미 내리막길에 들어섰다. 출산율 저하나, 인구감소, 후기 산업화라는 외부적인 요인들이 있지만, 교회는 근본적으로 신앙의 정체성을 잃어가고 있다. 우리나라처럼 새벽기도에 열심이고, 주일성수를 목숨처럼 지키고, 제자훈련이 없는 교회가 없고, 유명하다는 설교자들을 따라서 철새처럼 이동하는 교인들의 열성은 다른 어떤 나라도 추종이 불가할 정도이다.

그런데 왜 이렇게 되었을까? 그 이유는 우리가 누렸던 수많은 은혜의 수단들에 일치하는 반응으로서의 회개도 없었고, 마음을 온화하게 하지도 않았기 때문이다.

더 큰 은혜를 받았던 사람들이 더욱 더 완악하고 무서운 사람이 되는 이유가 여기에 있다. 대형교회 목사가 스캔들 때문에 그 교회를 사임하고, 가까운 곳에 교회를 세우고 "문제 있는 목사가 더 아름답다"는 제목으로 설교하는데, 수많은 팔로워들이 다시 따라가서 또 다시 대형교회를 만들었다는 얘기를 들었다.

또, 제자훈련으로 가정교회에서 시작하여 대형교회를 일구어 낸 목사가 공금횡령과 음란의 죄로 정죄를 당하는 것을 보면서 슬픔이 더욱 커진다. 왜 이러한 일들이 일어나는가? 더 큰 은혜를 받은 사람이 더욱 완악해지는 이유는 은혜에 합당한 회개가 없기 때문이다.

명설교들이 차고 넘치는 한국교회에서 그 설교에 합당한 눈물과 가슴을 치는 회개가 없다면, 그 은혜들은 사람들을 더욱 참신앙으로 이끄는 것이 아니라, 점점 더 완악하게 만들 것이다.

나는 제자훈련에 미쳐서 13년을 중대형교회에서 매주 5개에서 많게는 13개의 제자반을 만들어 가르쳤다. 일주일에 10개 정도의 제자반을 맡다 보면 입에서 단내가 나고, 얼마 지나지 않아 건강에 이상 신호가 발생한다. 그런데도 제자훈련에 미쳐서 살았고 하나님께서 기뻐하는 일이라고 확신했다.

그러다가 내가 충격을 받은 것은 리더들이 비훈련자들보다 더욱 더 교만하고, 회개하는 데 더욱 인색하고, 회개하기는 커녕 다른 사람들을 정죄하는 모습을 보면서, 내가 했던 제자훈련이 예수님의 제자가 아니라 바리새인의 제자를 만들었다는 탄식을 한 적이 있다. 무엇이 잘못되었는지를 주님께 끊임없이 물을 때 주님은 "은혜에 합당한 회개를 했느냐" 물으신다.

넷째, Lordship의 영역이 확장되고 있는가?

[마 7:21]
나더러 주여주여 하는 자마다 다 천국에 들어갈 것이 아니요 다만 하늘에 계신 내 아버지의 뜻대로 행하는 자라야 들어가리라

아버지의 뜻이 무엇인지 사람들은 자주 질문을 한다. 그리고 자신들은 아버지의 뜻에 잘 순종하고 있으니 '안전하다 안전하다' 안심한다. 그러나 안심하기는 이르다. 혹시나, 하나님의 뜻을 자신의 생각에 맞춰서 축소시켰는지를 생각해 봐야 한다. 아버지의 뜻이 무엇인지 고민해 봐야 한다. 왜냐하면 아버지의 뜻대로 행하지 않는자는 천국과는 먼 사람이기 때문이다. 아버지의 뜻은 예수님을 만난 부자청년이 이해했듯이 단순히 계명을 지키는 수준이 아니다. 아버지의 뜻은 더욱 더 넓고 깊은 의미를 가지고 있다. 우리 안에 계신 성령님께서는 우리가 더 넓고 깊은 아버지의 뜻에 순종하며 살도록 우리를 변화시켜 나가신다.

그러나 많은 경건의 수단을 사용하면서도 자신의 순종의 영역이 부자청년처럼 겨우 몇 개의 계명을 지키는 것에 머물고 더 이상 확장되지 않는다면 영적인 심각한 병에 걸렸든지, 처음부터 거듭나지 않

앞을 것이다. 새로운 영으로 살아가는 사람들은 순종의 영역이 더 넓게 확장되고 순종의 깊이는 심해를 향해 전진해 나간다.

아버지의 뜻은 3가지로 분류할 수 있다.

Comandment(명령)

십계명이 대표적인 예이다. 십계명을 요약하면, '네 이웃을 네 몸처럼 사랑하라 네 마음을 다해 목숨을 다해 네 하나님 여호와를 사랑하라'이다. 이것은 계명과 명령이며 아버지의 뜻이다. 그리고 성경은 수많은 다른 계명과 명령이 있다.

Commission(위임; 명령이면서 우리에게 원하시는 방향성이다)

"모든 족속으로 제자를 삼으라"는 것은 명령이다, 그러나 지금 당장 순종할 수 있는 것이 아니라, 많은 시간을 들여서 기도하고 준비해야 순종할 수 있는 계명이다. 이러한 것을 위임이라고 말할 수 있다. 그 사람이 Commission에 순종하는지는 시간이 지나면 분명하게 밝혀진다.

오랜 시간이 지났는데도 제자로 살지 않고 제자삼지 않는 삶을 산다면, 열매가 없는 사람이다. 또, 주님은 "증인이 되라"고 하셨다. 당장 순종하는 사람도 있겠지만, 자신의 부끄러움과 연약함 때문에 즉시 순종을 못하는 사람들이 많다. 또 어떻게 전도해야 하는지 어떤 말을 전해야 하는지를 전혀 몰라서 전도하지 못하는 사람들도 있다. 그러나 증인이 되려는 준비들을 하면서 시간이 지나면 이 명령을 순종해 나간다. 이러한 것이 위임이며 긴 시간을 통해서 그 사람이 순종했는지를 확인할 수 있다.

위의 두 가지 외에도 위임에 해당하는 것들을 성경에서 찾아볼 수 있다.

Strategy(특정 목표를 위한 계획, 전략)

하나님은 이스라엘 백성들을 이끌고, 가나안을 하나님의 제사장 나라로 만들기를 원하셨다. 즉 하나님께 예배하고 교제하는 나라를 꿈꾸신 것이다. 이것은 하나님의 궁극적인 목표이다. 그 목표를 이루기 위해서 하나님은 이스라엘 백성들에게 가나안 땅을 점령하기를 원하셨다. 그러나 이스라엘 백성들은 가나안의 건너편 가네스바네아에서 하나님의 방법을 거부했다. 하나님은 거부하는 백성들에 대해 단순히 화를 내신 것이 아니라, 그들을 불순종하는 백성으로 부르셨고 광야에서 40년 동안 죽게 하셨다. 심지어 하나님은 모세를 통해 새로운 백성을 만들겠다고 하실 정도로 하나님의 전략에 순종하지 않는 백성들에게 분노하셨다. 왜냐하면 하나님의 계획(Strategy)도 하나님의 뜻이기 때문이며 그것을 믿지 않고 헌신하지 않는 것도 불순종이기 때문이다.

예수님은 이 땅에 제자를 세우시고, 성령의 기름을 부어 교회를 세우시는 계획을 세우셨다. 음부의 권세를 깨뜨리는 교회를 세우시겠다고 하셨다. 이것은 예수님의 계획이다. 제자들은 스스로 제자로 헌신하였으며, 주님이 약속하신 성령님을 기다렸고, 그리고 이 땅에 교회가 세워졌으며, 사탄의 권세를 깨뜨리는 교회를 세웠다. 이것은 하나님의 계획(Strategy)이다. 만약 제자들이 성령님을 기다리지 않고

갈릴리로 돌아갔다면 오순절에 임한 성령님도 없었을 것이고 예루살렘 교회의 탄생도 없었을 것이다. 제자들은 주님의 전략에 충성되게 순종했다.

또 주님은 세상에 물든 교회가 아니라, 사탄의 권세를 깨뜨리는 교회를 세우는 전략을 가지고 계신다. 이러한 전략도 하나님의 뜻이며, 요한계시록 2~3장에 나오는 아시아의 7개 교회를 향한 주님의 구체적인 경고가 나온다. 처음사랑을 회복하지 않으면 촛대를 옮기겠다고 하신다거나, 미지근한 신앙을 집어치우라고도 하신다. 이것이 주님께서 교회와 우리를 살리시려는 전략이다.

우리는 주님의 전략을 위해 어떤 노력을 기울이고 있는가? 아니, 그 전에 나와 교회를 향한 주님의 전략이 무엇인지조차도 모른다면 더 큰 문제다. 하나님의 계획이 무엇인지 고민하지 않고, 그 계획을 위해 믿음으로 순종하지 않는 것도 불순종이다.

어떤 사람은 첫 번째인 명령을 순종하지 못하는 사람들이 있다. 어떤 사람은 두 번째인 위임에서, 어떤 사람은 세 번째인 전략을 순종하지 못하는 경우가 있다. 그러나 모두 다 똑같이 불순종하는 죄 가운데 있다. 그런데 문제는 1번의 순종에 머물면서 자신을 안전한 신앙이라고 확신하는 사람들이다.

이런 사람들이 성경에 너무나 많은 예로 나온다. 주님을 십자가에 못박았던 바리새인들, 사두개인들, 대제사장들, 장로들은 1번의 순종에 대한 확신이 있었을 뿐만 아니라, 신앙안에서 자존감이 매우 높았다. 그러나 그들은 하나님께서 메시야를 통해서 이 땅에 새로운 나라로 만드신다는 다니엘서와 에스겔서의 계획에는 무관심했다.

성도들과 제자훈련을 하다보면 1번을 잘 순종하는 사람들이 있다. 솔직히 1번을 잘 순종한다는 것도 자기기준이지만, 스스로는 매우 잘 순종한다고 확신하고 1등 천국시민이라고 생각한다.

그러나 주님의 위임과 방법에는 전혀 관심이 없는 사람들이 있다. 성령님은 이러한 불순종의 상태로 놔두시지 않으신다. 성령님은 우리의 순종의 넓이와 깊이가 더욱 깊어지게 하신다.

◆ 부자청년의 총체적 불순종(막10:17-31)

[막10:17-31]

17 예수께서 길에 나가실새 한 사람이 달려와서 꿇어 앉아 묻자오되 선한 선생님이여 내가 무엇을 하여야 영생을 얻으리이까

18 예수께서 이르시되 네가 어찌하여 나를 선하다 일컫느냐 하나님 한 분 외에는 선한 이가 없느니라

19 네가 계명을 아나니 살인하지 말라, 간음하지 말라, 도둑질하지 말라, 거짓 증언 하지 말라, 속여 빼앗지 말라, 네 부모를 공경하라 하였느니라

20 그가 여짜오되 선생님이여 이것은 내가 어려서부터 다 지켰나이다

21 예수께서 그를 보시고 사랑하사 이르시되 네게 아직도 한 가지 부족한 것이 있으니 가서 네게 있는 것을 다 팔아 가난한 자들에게 주라 그리하면 하늘에서 보화가 네게 있으리라 그리고 와서 나를 따르라 하시니

22 그 사람은 재물이 많은 고로 이 말씀으로 인하여 슬픈 기색을 띠

고 근심하며 가니라

23 예수께서 둘러 보시고 제자들에게 이르시되 재물이 있는 자는 하나님의 나라에 들어가기가 심히 어렵도다 하시니

24 제자들이 그 말씀에 놀라는지라 예수께서 다시 대답하여 이르시되 얘들아 하나님의 나라에 들어가기가 얼마나 어려운지

25 낙타가 바늘귀로 나가는 것이 부자가 하나님의 나라에 들어가는 것보다 쉬우니라 하시니

26 제자들이 매우 놀라 서로 말하되 그런즉 누가 구원을 얻을 수 있는가 하니

27 예수께서 그들을 보시며 이르시되 사람으로는 할 수 없으되 하나님으로는 그렇지 아니하니 하나님으로서는 다 하실 수 있느니라

28 베드로가 여짜와 이르되 보소서 우리가 모든 것을 버리고 주를 따랐나이다

29 예수께서 이르시되 내가 진실로 너희에게 이르노니 나와 복음을 위하여 집이나 형제나 자매나 어머니나 아버지나 자식이나 전토를 버린 자는

30 현세에 있어 집과 형제와 자매와 어머니와 자식과 전토를 백 배나 받되 박해를 겸하여 받고 내세에 영생을 받지 못할 자가 없느니라

31 그러나 먼저 된 자로서 나중 되고 나중 된 자로서 먼저 될 자가 많으니라

부자청년은 어려서부터 율법을 다 지켰다고 했다. 그런데 예수님은 한 가지 부족하다고 하신다. 그리고 "네게 있는 것을 다 팔아 가난한 자들에게 주라 그리하면 하늘에서 보화가 네게 있으리라 그리고

와서 나를 따르라"고 명령하신다.

그는 자신이 모든 율법을 다 지키고 있다고 착각하고 있었다. 그런데 주님은 네 이웃이 가난하기 때문에 너에게 있는 모든 재산을 다 팔아서 가난한 자들에게 주라고 요구하신다. 그것이야말로 "네 이웃을 네 몸처럼 사랑하라"는 율법에 순종하는 것이다. 그러나 그는 이 요구에 순종하지 못했다.

그리고 나를 따르라는 명령은 나의 제자가 되라는 요구다. 이것은 주님의 큰 계획이다. 예수님은 그에게 "나를 따르라" 명령하심으로써, 제자가 되어서 다른 사람을 제자로 삼는 '사람을 낚는 어부'가 되기를 원하시는 계획을 가지고 계셨다. 그러나 그의 불순종으로 그 계획은 사라져버렸다. 그 자신이 주님의 제자가 되어 이 땅에 교회다운 교회를 세우고자하는 예수님의 큰 계획과 전혀 상관없는 사람이 되었다. 부자청년은 결국 총체적인 불순종을 하고 만 것이다.

사람들이 예수님을 믿기로 하지만 어떤 부분에서 하나님의 뜻에 대해 대가지불을 못하고 부자청년과 같이 주님으로부터 등을 돌리고 돌아가버리는 경우가 있다. 문제는 자신이 주님을 향해 등을 돌렸음에도 자신은 여전히 주님과 함께 하고 있다는 착각을 한다.

부자청년처럼 돈 때문에, 또는 가족의 관계나 사람들을 잃어버릴 것에 대한 두려움 때문에 진리를 선택하지 못하고 위임의 명령과 계획에 순종하지 못하는 경우들이 있다. 그는 주님과 함께 하는 것이 아니라 등을 돌리고 주님으로부터 멀어지고 있는 사람이다.

각종 훈련을 통해 신앙의 연륜이 깊어질 수록 우리의 로드쉽의 영역은 확장되어간다. 이것은 우리 안에 내주하시는 성령님께서 말할 수 없는 탄식으로 간구하심으로 우리의 변화를 만들어가신다. 만약 세월이 지나도 더 좋은 열매를 맺지 못한다면 신앙이란 나무의 줄기가 썩었든지 심각하게 병들었기 때문이다. 우리의 순종의 영역이 주님을 믿을수록 더욱 넓고 깊어지기를 소망한다.

부록

성경은 어떤 책입니까?

1. 성경의 중요성

기독교 신앙에 있어서 성경을 가장 중요시하는 이유는 무엇입니까? 오늘 우리는 여기에 관하여 알아보려고 합니다.

성경은 구약(舊約)성경과 신약(新約)성경으로 나누어져 있습니다. 즉 옛날의 약속과 새로운 약속이라는 뜻입니다. 하나님이 구약시대에 하신 약속의 핵심은 메시야가 오신다는 것이고 새로운 약속 즉, 메시야이신 예수님이 오셔서 하신 약속은 그 메시야를 믿는 자마다 영원한 생명을 얻으리라는 것입니다. 따라서 성경 전체의 주제는 예수 그리스도입니다.

기록된 형태는 구약의 경우 역사, 문학, 예언 등의 형태로 되어 있고 신약 경우는 전기(예수님), 편지, 예언 등으로 되어 있습니다. 기록한 연대는 구약 창세기의 경우 지금으로부터 약 3,500년 전에 기록되었고 신약성경은 예수님이 승천하신 후 A.D. 1세기 후반에 기록이 완료되었습니다.

기록한 방법은 다음과 같습니다. 하나님이 사람들에게 말씀하시는 방법 중 가장 보편적인 방법은 선지자(하나님이 택하셔서 하나님의 말씀을 전하게 하신 사람)를 통하신 것입니다. 선지자들은 그들에게 주신 하나님의 말씀을 기록하기도 하였고 또 어떤 경우는 하나님이 행하신 일과 하나님의 사람들의 삶이 기록되기도 하였습니다. 어느 경우나 하나님이 원저자입니다.

예수님의 제자들은 예수님의 말씀과 삶을 기록하였습니다. 이것이 마태복음, 마가복음 등의 복음서이며 사도 바울과 같은 하나님의 종들의 삶을 기록한 사도행전이 있습니다. 그리고 하나님의 종들이 하나님을 대신하여 교인들을 가르치기 위하여 기록한 각종 편지들이 있습니다. 로마서, 고린도전서, 고린도후서 등이 그것입니다.

성경을 기록한 사람들의 직업은 매우 다양합니다. 그들의 직업은 왕, 제사장, 선지자, 철학자, 어부, 의사, 시인, 목자, 농부 등이고 기록된 시대와 배경이 모두 다릅니다.

그렇다면 성경의 기록자는 사람인데, 성경을 하나님의 말씀으로 볼 수 있습니까? 물론입니다. 신약성경 디모데후서 3:16은 '모든 성경은 하나님의 감동으로 된 것'이라고 분명히 증거하고 있습니다. 여기서 '하나님의 감동'이란 하나님께서 영감을 불어넣었다는 뜻입니다.

그 외에 성경이 하나님의 말씀이라는 증거는 많습니다. 성경을 기록한 사람들의 직업은 매우 다양하며 기록된 시대와 배경이 모두 다릅니다. 그리고 신구약 성경은 1,500년에 걸쳐서 기록되었습니다. 그럼에도 불구하고 성경에는 신비한 통일성이 있습니다. 성경은 일관되게 메시야를 증거합니다. 그리고 역사적 사실을 배경으로 합니다. 구약의 역사와 신약의 예수 그리스도, 사도들의 활동은 모두 역사적으로 확인된 사실입니다. 성경에는 수백의 예언이 있으며 하나만 제외하고 그것은 모두 성취되었습니다. 앞으로 반드시 성취될 그 하나의 예언은 예수 그리스도의 재림입니다.

성경은 정직하고 솔직합니다. 사실을 은폐하거나 설명하려 들지 않습니다. 어떤 부끄러운 일도 그대로 진술합니다. 그리고 진리에 대하여 단호히 선언합니다. 변호하지 않습니다. 예를 들면 성경의 시작은 "태초에 하나님이 천지를 창조하시니라"입니다. 하나님의 창조가 진리인 이상 성경은 더 이상 설명하거나 변호하지 않습니다.
"모든 사람이 죄를 범하였으매(롬3:23)"라고 선언할 때 성경은 여기에 대하여 다른 설명을 하지 않습니다. 성경은 예수님의 육신의 옛 조상 유다가 며느리와의 관계에서 자녀를 가졌다는 것을 숨기지 않습니다.

그리고 성경은 초과학적입니다. 비과학적이 아니라 초과학적이라는 사실입니다. 과학이 발달할수록 성경은 과학을 넘어서 있다는 것이 증명되고 있습니다. 또 하나의 중요한 사실은 성경에는 인생을 바꾸는 힘이 있다는 것입니다.

2. 성경을 어떻게 읽을 것인가?

구약성경은 39권으로 되어 있고 신약성경은 27권으로 되어 있습니다(3×9=27). 성경을 읽으실 때 구약성경의 창세기부터 읽으시면 실패할 확률이 높습니다. 만약 당신이 성경을 한 번도 완독하지 못하신 분이라면 먼저 신약성경을 읽기를 권합니다. 신약성경을 충분히 이해하신 후에야 구약을 이해할 수 있습니다. 신약성경은 총 260장으로 구성되어 있습니다. 하루에 세 장씩 읽으면 3개월이면 읽을 수 있습니다. 신약성경을 적어도 5독 하신 후 신구약 전체를 읽으실 것을 추천합니다.

초기에는 주석(성구에 대한 설명)이 없는 성경으로 읽으십시오. 주석 성경은 성경의 내용에 익숙해진 후(적어도 신약 5독 후) 사용하시는 것이 좋습니다.

일단 읽기 시작하면 이해가 안 되는 부분을 발견하게 될 것입니다. 거기에 매이지 마십시오. 당신이 이해가 안 된 부분은 다음에 읽을 때 상당부분 이해가 될 것입니다. 그러므로 그러한 부분은 볼펜으로 표시하고서 넘어가십시오. 당신이 은혜가 되고 깨달아지는 좋은 말씀과 이해가 되지 않는 부분을 각각 다른 색의 펜으로 표시하면서 읽어나가십시오. 이러한 말이 있습니다.
"성경은 어린 아이도 이해할 수 있는 동시에 어떤 학자도 그 끝을 알 수 없는 심오한 책이다."

성경은 당신에게 주시는 하나님의 사랑의 편지입니다. 연애편지를 읽는 마음으로 대하십시오. 그러면 큰 깨달음이 있을 것입니다. 그리고 깨닫게 해 주십사 기도한 후 읽으십시오.

거듭난 사람도 하나님의 뜻에 항상 100% 순종하지는 못하지 않는가?

참된 믿음을 지닌 사람들도 종종 하나님께 순종하지 못하고 죄와 유혹에 넘어지곤 합니다. 그리고 어떤 경우에는 자주 실패할 때도 있습니다. 그러나 참된 신자라면, 진심으로 자신의 죄를 자백하고, 용서를 구하며, 하나님 아버지께 나아올 것입니다.(요일1:9). 두 사람의 예를 들어 봅시다.

가룟유다는 주님을 따르기 위해서 가족과 직장을 버렸지만, 결국 돈을 버리지 못하여 망하는 인생이 되었습니다. 그는 주님을 잘 안다고 스스로 믿었고, 자신은 하나님의 백성이라 굳게 믿었습니다. 하지만 돈과 예수님 둘 중에 잘못된 선택을 하였습니다. 하나님의 뜻에 순종하지 못하고 의로운 예수님을 팔았습니다. 그리고 그는 하나님 앞에 회개하고 돌이키기 보다는 자책감에 자살을 선택했습니다.

베드로도 결국 자신의 생명을 위협하는 상황에서 주님을 모른다고 부인했습니다. 하지만 베드로는 예수님을 만나서, 회개하고 회개에 합당한 인생을 살았습니다. 노년에 그는 로마의 감독이었습니다. 로마 황제의 박해가 극심해 지자 사람들은 베드로에게 로마를 떠나

안전한 곳으로 도피하라고 충고했습니다. 그는 외곽의 언덕을 넘어가는 중, 환상가운데 예수님을 만났고 기쁜 마음에 예수님께 물었습니다. "주님 어디로 가시나이까?" 주님은 "나는 네가 버린 십자가를 지기 위해 로마로 간다" 하셨습니다. 베드로는 깊이 회개하고, 로마로 돌아가 결국 그곳에서 주님의 십자가에 거꾸로 못박혀 순교하였습니다. 결국 주님을 위해 생명을 바치는 고귀한 순교의 열매를 맺습니다.

민음의 사람도 항상 순종하는 것은 아닙니다. 그러나 믿음의 사람은 불순종할 때 회개하며, 결국은 순종의 열매를 맺습니다.

참된 믿음은 순종하려는 마음 자세입니다

요3:36 "아들을 믿는 자는 영생이 있고 아들을 순종하지 아니하는 자는 영생을 보지 못하고 도리어 하나님의 진노가 그 위에 머물러 있느니라"

믿음의 반대말은 안 믿는 것이 아닙니다. 믿음의 반대말은 불순종입니다. 그렇다면 참된 믿음의 시금석은 그 믿음이 순종을 낳는가하는 것입니다. 그렇지 않다면 그것은 구원하는 믿음이 아닙니다. 불순종은 불신앙입니다. 참된 믿음은 순종하려는 마음자세입니다.

참된 믿음은 항상 순종을 통해 증명됩니다.

종교개혁자들이 말한 '이신칭의'
- 맥그래스의 "하나님의 칭의론"에서 요약

1. 시대배경

AD 430년 아우구스티누스가 사망했다. 그 후 야만족이 그가 살던 도시인 북아프리카 히포를 침략했다. 그들은 도시 전체를 약탈했지만, 아우구스티누스의 저작물만은 손대지 않았다.(당시에 책 한권은 지금의 자가용가격이었다) 고대 세계가 물러가고 암흑시대가 찾아오면 서구 기독교가 그의 저작에 의존해야 할지도 모른다는 사실을 예측하기라도 한 것처럼 말이다.

유럽에서 암흑시대의 그림자가 걷히기 시작한 11세기 무렵, 중세 신학자들이 지침과 영감의 원천으로 다시 찾은 것이 바로 아우구스티누스의 글이었다. 그 결과, 중세 신학자라면 많든 적든 아우구스티누스에게 영향을 받았다.

중세 말기 당시 널리 통용되던 갖가지 의심스러운 관행들이 있었는데 신학적으로 다분히 명료하지 못한 것들이었다. 한 예로 선행으로 구원을 얻을 수 있다는 주장이 펼쳐지기도 했는데, 이때 선행이란 도덕법을 준수하고 교회의 모든 규례를 지키는 것을 말한다. 루터가 크게 분노했던 면죄부 판매에서 보듯이 적당한 돈을 지불하면 연옥을 면할 수 있다는 생각이 비판없이 널리 퍼져 있었다.

면죄부 판매업자인 요한 테첼의 유명한 시구는 그 시대의 선행에 의한 구원을 잘 표현해준다.

헌금 궤에 돈이 쨍그렁하고 떨어질 때
연옥의 영혼이 솟아오르나니!

일부학자들은 아우구스티누스에게 영향을 받고 있었지만, 대중에게는 펠라기우스가 훨씬 인기 있었다.

중세 후기 교회가 이신칭의 교리에 대해 혼란스러워하고 있었다. 16세기 초엽에는 수많은 사람들이 품은 중대한 질문은 "어떻게 해야 구원 받을 수 있는가?"라는 질문이었는데, 어느 것이 맞는지 알 수 없을 만큼 대답이 다양했다.

2. 루터의 칭의관

◆ 루터가 깨닫기 전의 칭의관(1514년경까지)

하나님이 인간과 언약 또는 계약을 맺으셨다. 이 계약은 효력을 발생하기에 앞서 반드시 충족되어야 할 조건을 가지고 있다. 하나님은 이 조건을 만족시키는 자, 곧 겸손히 믿고 나오는 자를 의롭다 한 다고 약속하셨다. 믿음과 겸손은 인간의 몫으로, 하나님의 은혜 없이 획득해야만 하는 인간의 몫이었다. 이 조건이 충족되기만 하면, 하나 님은 불의한 인간을 의롭다고 하시는 일을 친히 감당하셨다. 인간은 적은 노력으로도 의롭다 함을 얻을 수 있는 근거를 마련하셨다는 점 에서 하나님은 인간에게 은혜로우시다. 그럼에도 분명하고 구체적 인 인간의 노력이 필요하다.

이 시기에 루터는 '하나님의 의'를 하나님이 칭의의 기본 조건을 만족시켰는지를 놓고 공정하게 우리를 판단하시는 성품으로 생각 했다. 조건을 만족시키면 의롭다고 판결하시고, 그렇지 못하면 정죄 하신다. 이런 방식으로 인류를 대하시는 하나님은 전적으로 공정하 시다.

믿음과 겸손이라는 조건을 충족시킨 사람이라면, 이 약속을 지킨 사람을 누구나 의롭다 하시겠다는 그분의 약속에 따라 칭의를 요구 할 수 있다. 믿음과 겸손은 인간의 몫이며 하나님은 이 문제에 관하 여 특별한 도움을 주시지 않는다.

이러한 초기의 루터의 칭의관은 인간이 하나님의 은혜 없이 자신 을 의롭다고 할 수 있다는 펠라기우스의 주장과 많은 부분이 유사 하다.

젊은 루터는 자신의 죄성을 처절하게 느낄 뿐 아니라 시간이 지날 수록 자신이 이 조건들(믿음과 겸손)을 만족시켰는지 확신할 수 없었다. 믿음을 가지라는 요구, 아주 쉽고 대수롭지 않아 보이는 그 요구가 생각보다 쉽지 않음을 알게 되면서 젊은 루터는 점점 좌절로 내몰렸 다. 그를 지독히 괴롭힌 질문은 이것이다. "내가 어떻게 은혜로우신 하나님을 만날 수 있을까?"였다.

루터는 믿음과 겸손이라는 두 조건을 인간이 충족하는 것은 기대할 수 없는 일이라고 깨닫게 되었다. 점차 루터는 현실적으로 칭의가 가능하려면 하나님의 은혜라는 도움이 필요하다고 생각하게 되었다. 루터는 "복음에는 하나님의 의가 나타나서"(롬1:17)라는 말씀에서 이것이 왜 기쁜 소식인지를 이해할 수 없었다.

루터가 로마서 1:17절을 새롭게 깨달은 후 수많은 날 동안 밤낮으로 고민한 끝에 하나님의 자비로 말미암아 그 말씀의 맥락에 주의를 기울일 수 있었다. 다시 말해서 "복음에는 하나님의 의가 나타나서"와 이어서 "오직 의인은 믿음으로 말미암아 살리라"는 말씀의 맥락을 보게 된 것이다. 거기서 '나'는 하나님의 의란 의인이 살아가도록 하나님이 주신 선물, 곧 믿음임을 알게 되었다.

좀 더 풀어 말하면 이렇다. 복음으로 말미암아 하나님의 의가 나타났다. 다시 말해서 자비로우신 하나님은 수동적 의를 나타내시고 이로써 믿는 우리를 의롭다고 하시는 것이다. 그래서 "오직 의인은 믿음으로 말미암아 살리라"고 선언한다. 이 구절을 보면서 나는 내가 거듭났고 열린 문을 통해 낙원으로 들어왔음을 느꼈다.

칭의 문제에서 우리는 수동적이고 하나님은 능동적이시다. 하나님은 은혜를 주고, 인간은 믿음을 감격하며 받는다. 우리의 믿음조차도 하나님의 은혜로운 선물로 보아야 한다.

여기에서 주의할 점은 루터가 "인간의 믿음행위로 의롭다 하심을 얻는다"고 가르쳤다는 말은 그의 이신칭의 교리에 나타난 요점 전체를 놓치는 것이다. 우리가 믿음을 통하여 의롭게 된다고 할 때, 그 믿음조차도 하나님의 선물이다.

여기에서 주의할 점이 있다. 종교 개혁자의 이신칭의 교리에는 늘 따라붙는 오해가 있다. 바로 우리가 믿기 때문에 의롭다 하심을 받는다는 생각이다. 다시 말해서 믿기로 작정한 쪽은 우리이고 이런 작정 때문에 칭의가 이루어진다고 이해하는 것이다. 이때 믿음은 인간 행위, 즉 우리가 하는 어떤 행위로 이해된다. 그리고 우리는 이 일을 근거로 의롭다 하심을 받는다. 실제로 훗날 이런 교리가 자주 등장하게 된다. 대표적인 예로 17세기 아르미니우스주의(Arminianism)라는 이단의 주장이다.

루터는 그리스도는 믿는 자 안에 거하시기 위해 오셔서 칭의를 이루시고, 내적으로 그에게 개입하셔서 성화를 이루신다. 이것은 분리되어 있는 것이 아니라, 동시에 일어나는 사건이다.

3. 칼빈의 칭의관

루터와 많은 신학자들은 하나님은 어떻게 외적으로 의롭다고 칭하시면서, 내적으로 영혼을 변화시키는지를 설명해내기가 어려웠다. 이 어려운 문제를 명쾌하게 푼 사람이 칼빈이다.

복음은 우리가 예수 그리스도를 만나 그분과 연합하는 것이다. 예수 그리스도께서 우리 안에 내주하시는 것이다. 칼빈은 고린도전서 6장 11절을 근거로 그 두 가지를 칭의와 성화의 "이중 은혜"라고 불렀다.(고전6:11 "너희 중에 이와 같은 자들이 있더니 주 예수 그리스도의 이름과 우리 하나님의 성령 안에서 씻음과 거룩함과 의롭다 하심을 받았느니라") 이 두 가지는 우리가 그리스도와 연합했음을 보여주는 것으로 우리에게 동시에 수여된다. 그러므로 이 둘은 그리스도와 연합하는 것에서 분리될 수 없고, 어느 하나를 다른 하나에서 떼어놓을 수도 없다.

다시 말해 그리스도와 연합함을 떠나서는 칭의도, 성화도 헛소리일 뿐이다. 게다가 칭의는 성화 없이 따로 존재하지 않는다. 이 둘은 동시에 수여되기 때문이다. 칭의는 성화없이 따로 존재하지 않는다. 이 둘은 함께 동시에 수여되기 때문이다. 칼빈의 글에서 발췌한 긴 문장이 이 사실을 철저하게 밝혀준다.

그리스도는 "우리에게 지혜와 의로움과 거룩함과 구원함"이 되셨다(고전1:30). 그러므로 그리스도는 의롭게 하시고 또한 거룩하게 하신다. 이 축복들은 나뉠 수 없는 하나로 영원히 묶여 있다. 그리스도께서는 그분의 지혜로 눈을 밝히신 자들을 구원하시고, 구원하신 자들을 의롭다 하시고, 의롭다 하신 자들을 거룩하게 하신다.

그러나 칭의와 성화에 관한 문제라면 좀더 정확하게 말해야 할 것 같다. 물론 칭의와 성화를 나누어 말할 수 있다. 그렇지만, 이 둘은 그리스도와 떼려야 뗄 수 없게 연결되어 있다. 그리스도 안에서 칭의를 얻고자 하는가? 그러기 위해서는 먼저 그리스도를 소유해야 한다. 그러나 그분의 거룩함에 참여하는 자가 되지 않고서는 그분을 소유할 수 없다. 그리스도는 나뉘지 않으시기 때문이다. 따라서 주님은 그분 자신을 소유하지 않으면 동시에 한꺼번에 베푸시는 축복, 어느 하나 없이는 다른 하나가 있을 수 없는 이 축복들을 누릴 수 없게 하신다.

그러므로 우리 밖에서나 공로로 말미암아서가 아니라 그리스도에 참여함으로 의롭다 하심을 얻는다. 칭의는 물론 성화까지 얻음은 참으로 진리다.(존 칼빈, 2:99.『기독교 강요』)

다시 말해 칭의와 성화는 구별될 수 있지만, 분리될 수는 없다.

4. 칭의와 성화에 따른 변화*

사람의 몸은 매우 민감하므로 음식을 잘못 먹기만 해도 문제가 생기는 경우가 있습니다. 나쁜 병원균은 질병을 일으키기도 하고 불안과 스트레스도 사람에게 변화를 일으킵니다.

예수님을 영접한 당신에게는 어떤 변화가 있습니까? 물론, 당신의 말과 행동과 인격에 당장의 급격한 변화가 오지는 않을 것입니다. 당신은 여전히 죄를 짓고 실수하며 믿음이 자주 흔들릴 것입니다. 그러나 예수님이 당신 마음에 들어오신 이상 아무런 변화가 없을 수는 없습니다. 그렇다면, 어린 그리스도인인 당신에게서 발견되어야만 하는 변화는 무엇입니까?

_____

* 이정호 목사의 정리를 인용.

1. 거듭난 그리스도인에게는 전에 없던 '내적 평안'이 있습니다.

2. 거듭난 그리스도인은 죄를 미워하고 싫어하게 됩니다.

3. 거듭난 그리스도인은 성경말씀을 배우고 싶어하며 진리에 목
   마름을 느낍니다.

4. 거듭난 그리스도인은 하나님이 자신을 용서하심처럼 다른 사
   람을 용서하려는 마음을 품게 됩니다.

5. 거듭난 그리스도인은 예수님을 모르는 주위 사람들에게 안타
   까운 마음을 갖게 됩니다.

논리와 신앙이 부딪칠 때

송재우 박사

서론

진화가 무엇인지 이해하고 깨닫게 된 것은 고등학교 마지막 학년 여름방학 때였다. 원하던 대학교의 생명과학과에 원서를 쓰고 면접 준비를 위해 대학교 1학년 수준의 일반생명과학 교재를 사서 읽었다. 그 방대한 양을 시험공부 하듯이 하나하나 꼬치꼬치 외우는 것은 의미가 없어 보이기도 했고, 방학 때 쉬지도 못하고 공부를 하려니 좀이 쑤시기도 해서 외우기보다는 두꺼운 책 한 권을 처음부터 끝까지 다 읽어보겠다는 식으로 접근했다.

그래서 보통은 다 건너뛰는 서론부터 읽기 시작했다. 과학이란 무엇인가, 실험군과 대조군이란 무엇인가 등등. 과학에서 중요한 것은 세부적인 지식을 암기하는 것이 아니라 과학적 방법론을 깨우치는 것이다. 그렇게 과학이 무엇인가를 설명한 뒤 책은 본격적으로 생명과학을 다루기 시작했다. 세포, 핵, DNA, 단백질 등. 이런 거야 고등학교 생물 II 과정에서도 배웠기에 금방금방 넘어갈 수 있었다.

그렇게 계속 읽다 보니 갑자기 주제가 바뀌면서 종과 진화에 대한 이야기가 펼쳐졌다. 고등학교 과정에서 딱히 중요하게 배우지 않았던 것이라서 내용이 낯설었다. 생물학 시험에서 이런 건 잘 안 나온다. 나와봤자 용불용설과 진화론의 차이나 공업 암화로 인해 영국의 나방 날개 색깔이 변하게 된 것에 대해 한두 문제 나오려나. 그래서 진화의 개념을 전혀 몰라도 고등학교, 대학교 생물학 시험을 잘 보는 것이 충분히 가능하다. 그런데 생명과학 교재에는 종과 진화가 굉장히 길고 자세하게 설명되어 있었고, 그 내용을 계속 읽다 보니 처음에는 무슨 말인지 잘 모르겠던 것이 어느 순간 머리속에 큰 그림이 잡히면서 이해가 되기 시작했다.

그렇게 여름방학이 끝나고 돌아간 학교에서 생물 선생님과 만나 이런저런 이야기를 하던 중 진화 이야기를 하게 되었다.

"생명체는 생식과 돌연변이로 인해 유전적 다양성을 갖게 되고, 여러 개체 중 주어진 환경에 가장 잘 어울리는 개체가 자손을 많이 남기게 되며, 그로 인해 그 개체가 가진 유전 형질이 전체 유전자 집단(gene pool)에서 차지하는 비중이 커지게 되는 것이 진화더라고요."

며칠 후 생물 수업시간에 선생님께서 수업 중에 하셨던 말씀이 아직도 생생하게 기억이 난다.

"이번 방학 때 송재우가 도 깨치고 왔잖아."

모든 서양 철학은 플라톤에 대한 주석이라는 말이 있다. 나는 그에 빗대어 모든 현대 생명과학은 다윈의 종의 기원에 대한 주석이라고 말하고 싶다. 지금까지 노벨 생리의학상을 받은 모든 사람들이 생명과학에 끼친 영향보다 다윈 한 사람이 끼친 영향력이 더 크다. 생명을 바라보는 관점 자체를 바꾸어놓았기 때문이다. 당장 다윈주의(Darwinism)라는 말은 있어도 DNA의 구조를 밝혀 낸 왓슨이나 크릭의 이름을 딴 왓슨주의(Watsonism)나 크릭주의(Crickism)는 없지 않나.

하여간에 나는 기쁘게도 내가 원하던 대학의 내가 원하던 생명과학과에 들어가게 되었다. 당시는 우리나라 전체가 앞으로 살 길은 생명공학, BT(Biotechnology) 뿐이라며 이 분야에 큰 관심을 보이던 때였고, 그만큼 생명과학과에서의 공부는 치열하고 힘들었다. 유기화학, 생화학, 분자생물학, 세포생물학, 생태학, 생리학 등등 여러 전공과목 중 쉬운 것은 단 하나도 없었다.

대학교 3학년 1학기 때였던가? 방학을 마치고 학교로 돌아온 개강 첫날 세포생물학 공부를 하러 학교 도서관에 갔더니 그 넓은 도서관에 우리 과 사람들만 있었던 기억이 난다. 처음에는 조용히 소근거리는 소리로 이야기를 하다가 도서관 전체에 딱 우리들, 세포생물학 수강생들만 있다는 것을 깨닫고는 너나 할 것 없이 웃음을 터트렸었다. 개강 첫날부터 그렇게 밤늦게까지 공부를 해야 했을 만큼 생명과학과에서의 공부는 힘들었다.

하지만 그보다 나를 훨씬 더 힘들게 했던 것은 기독교인으로서 생명과학을 공부하며 겪는 내적 갈등이었다. 교회에서는 진화에 대한 이야기를 할 수 없었고, 학교에서는 유신론에 대한 이야기를 할 수가 없었다.

생명과학을 전공중인 기독교인으로서 나는 교회에서든 학교에서

든 내 정체성의 절반을 거부당하는 것을 대학생활 내내 경험했다. 어디 말할 곳도 마땅치 않아서 나는 결국 혼자 그 고민을 풀어내기로 했고, 많은 생각과 고민 끝에 참 다행히도 나는 나 스스로를 만족시킬 수 있는 답을 찾게 되었다.

내가 답을 찾은 것으로 만족하며 그 후 긴 시간을, 세월이라면 세월이라고 부를 수도 있을 기간을 살았다. 그리고 그동안 교회와 생명과학의, 더 나아가 교회와 과학 전반의 갈등이 점점 더 심해져만 가는 것을 보았다. 그래도 난 가만히 있었다. 이미 그 주제에 대해 좋은 책들이 나와있고 인터넷을 통해 강연도 볼 수 있으니 딱히 내가 뭘 할 건 없다는 생각이었다.

그런데 최근, 예전에 나처럼 신앙과 과학 사이에서 고민을 하다가 자살한 어떤 20대 청년의 이야기를 듣게 되면서 생각이 바뀌었다. 내가 만약 내가 했던 고민을, 그리고 그 고민을 해결했던 이야기를 그 청년에게 해 줄 수 있었다면 그 청년은 자살하지 않았을 지도 모른다. 이미 고인이 된 그 청년을 살릴 수는 없지만 지금 이 순간 고민하며 죽도록 힘들어하고 있을 또 다른 사람들은 살리고자 이 책을 쓸 결심을 하게 되었다. 이 책이 사람을 단 한 명이라도 살리게 된다면 더 바랄 것이 없겠다.

1장. 명제와 구원론으로 공리 맛보기

이 장에서는 수학, 그중에서도 명제를 사용해서 기독교의 구원론을 표현해보려 한다. 목적은 두 가지인데, 첫 번째 목적은 이 책을 읽는 사람들에게 저자가 최소한의 논리, 수학적 지식이 있음을 보여주는 것이다. 내가 신앙과 과학 사이에서 고민할 때 참 많이 아쉬웠던 부분이 신앙과 과학 사이에서의 고민에 대해 논리 없이 지나치게 감상적, 사변적으로 접근하는 글들이 너무 많다는 점이었다. 신앙과 과학 사이에서 고민한 사람들 중 적지 않은 수가 그러한 비논리적인 글들에 큰 실망을 했을 것으로 생각되기에, 이 책의 접근방식은 그렇지 않다는 것을 이 장을 통해 맛보기 형식으로 보이고자 한다.

두 번째 목적은 '공리(公理, axiom)'에 대한 화두를 던지는 것이며, 사실 이 목적이 첫 번째 목적보다 훨씬 더 중요하다. 공리라는 개념에 익숙한 독자라면 이 장을 건너뛰어도 된다. 하지만 그런 독자에게 일수록 이번 장이 더 재미있을 것으로 생각된다.

'구원'을 논리식으로 간단하게 표현할 수 있을까? 여기서 잠시 공리계에 대한 이야기를 해야 한다. 주어진 이론 체계 안에서 가장 기초적인 근거가 되면서 증명이 필요없이 참으로 인정되는 명제를 공리라고 하고, 그런 공리들을 모아놓은 것을 공리계라고 한다.

논증을 할 때에는 어떤 공리계를 사용하느냐가 중요한데, 우리는 기독교 신앙에 대해 이야기하고 있으니 지금 우리의 공리계는 성경책이 된다. 공리계에 대해서는 다음 장들에서 더 다루게 될 것이며 지금은 공리계에 있는 명제들은 증명 과정에서 따질 것 없이 참으로 받아들여야 할 대상이라는 것만 짚고 넘어가면 충분하다.

요한복음 3장 16절에서 18절을 보자. 3장 16절이 가장 유명하지만 사실 구원에 대해 엄밀하게 따지기 위해서는 18절까지 보아야 한다.

"(16) 하나님이 세상을 이처럼 사랑하사 독생자를 주셨으니 이는 그를 믿는 자마다 멸망하지 않고 영생을 얻게 하려 하심이라 / (17) 하나님이 그 아들을 세상에 보내신 것은 세상을 심판하려 하심이 아니요 그로 말미암아 세상이 구원을 받게 하려 하심이라 / (18) 그를 믿는 자는 심판을 받지 아니하는 것이요 믿지 아니하는 자는 하나님의 독생자의 이름을 믿지 아니하므로 벌써 심판을 받은 것이니라 (요한복음 3:16-18)"

17절을 보면 '심판'과 '구원'이 반대되는 개념으로 쓰이고 있는 것을 볼 수 있다. 18절의 '그'는 예수 그리스도를 뜻하기 때문에 18절은 '예수 그리스도를 믿으면 구원을 받는다. 예수 그리스도를 믿지 않으면 구원을 못받는다.'로 정리할 수 있다. 수학에서의 필요충분조건, 속칭 if and only if 의 전형적인 예제이다. 이를 명제 형식을 사용해서 간단히 적어보면 다음과 같다. 주어가 필요하기에 편의상 임의의 누군가를 x라고 표기하였다.

명제 P : 사람 x가 예수 그리스도를 믿는다.
명제 Q : 사람 x가 구원을 받는다.

그러면 18절의 전반부, "그를 믿는 자는 심판을 받지 아니하는 것이요"는 다음과 같이 'P이면 Q이다' 형식으로 적을 수 있다.

P → Q: 사람 x가 예수 그리스도를 믿는다면 사람 x는 구원을 받는다.

이는 3장 16절의 내용과도 같다. 하지만 이 부분만으로는 불완전하다. 왜? 예수 그리스도를 믿는다면 구원을 받는다고 했지, 예수 그리스도를 믿지 않을 때에는 어떻게 되는지에 대해 말하고 있지 않기 때문이다.

'P이면 Q이다'는 P가 아닐 때에 대해서는 말해주지 않는다. '딸기라면 과일이다' 라고 한다고 해서 '딸기가 아니면 과일이 아니다' 라고 할 수는 없는 것과 같다. 그래서 18절의 후반부가 필요하다. 후반부인 "믿지 아니하는 자는 (...) 벌써 심판을 받은 것이니라" 를 P와 Q를 사용해서 적으면 다음과 같다.

notP → notQ: 사람 x가 예수 그리스도를 믿지 않는다면 사람 x가 구원을 못 받았다.

그리고 notP → notQ를 논리적으로 동치인 대우로 변환하면 Q → P 가 되기에 다음과 같이 적을 수 있다.

Q → P: 사람 x가 구원을 받는다면 사람 x가 예수 그리스도를 믿은 것이다.

이제 필요한 정보가 다 나왔다. P → Q 이고 Q → P 이니 P와 Q는 서로 필요충분조건이 된다. 이는 'P인 경우, 오직 그 경우에만 Q이다' 라고 읽으며 영어로는 'P if and only if Q', 종종 줄여서 'P iff Q' (if가 아니라 iff) 라고 쓴다.

P ↔ Q: 사람 x가 예수 그리스도를 믿는 경우, 오직 그 경우에만 사
람 x가 구원을 받는다.

위와 같이 기독교에서 말하는 구원론에 대한 간단한 정리를 해 보
았다. 지금까지의 내용에서 중요한 것은 사실 논리식을 정리해 나가
는 과정 자체가 아니라 그 논리식들을 만든 근거인 요한복음 3장 16
절에서 18절이다. 이 구절들이, 나아가서는 성경이 참인지 거짓인지
따져보지 않고 그냥 참이라고 가정한 채로 논리식을 정리했다.

논리나 수학에서 '이건 이래서 이렇고 저건 저래서 저렇고…' 하며
따져나가다 보면 결국에는 '증명 없이 그냥 맞다고 가정해야 하는'
명제를 맞닥뜨리게 되며 이를 공리(公理, axiom)라고 한다. 공리를 증
명하려는 것은 정의상 불가능하다. **공리는 증명의 대상이 아니라 선
택의 대상이다. 이것이 이번 장의 핵심 내용이다.** 공리는 증명의 대
상이 아니라 선택의 대상임을 다시 한 번 강조하며 다음 장에서 이
공리라는 것에 대해 더 자세히 알아보고자 한다.

2장. 신앙의 고민은 증명이 아니라
어떤 공리계를 선택하냐로 푸는 것

앞에서 보았듯 공리라는 것은 증명의 대상이 아니라 우리가 무조
건적으로 맞다고 받아들인 뒤에 다른 것을 증명하기 위한 기반으로
사용하는 것이다. 실제 예를 들어 보자. 공리 중 가장 널리 알려진 것
은 아마도 기하학에서의 '평행선의 공리'일 것이다. 평행선의 공리는

다음과 같다.

"직선 밖의 한 점을 지나면서 그 직선에 평행한 직선은 단 하나 존재한다."

　종이에 직접 점과 선을 그려보면 당연한 소리처럼 보인다. 이 공리를 여기서 자세히 다루지 않을 다른 4가지 공리와 함께 사용해서 만들어진 기하학이 우리가 중고등학교에서 배우는 유클리드 기하학이다.

　만약 평행선의 공리가 나머지 4가지 공리만으로 참인지 거짓인지 '증명'될 수 있다면 평행선의 공리를 공리라고 부를 필요가 없다. 실제로 수학자들이 나머지 4가지 공리만으로 평행선의 공리를 증명해 보려 했으나 잘되지 않았다. 그래서 수학자들은 반대로 저 공리를 다음과 같이 바꾸어 보았다.

대체 공리 1번: 직선 밖의 한 점을 지나면서 그 직선에 평행한 직선은 없다.

대체 공리 2번: 직선 밖의 한 점을 지나면서 그 직선에 평행한 직선은 엄청 많다.

　그러자 놀랍게도 두 경우 모두 모순이 발생하지 않았다. 즉 다음의 3가지 경우가 다 각각 그 자체로 모순이 없는 공리계임이 밝혀진 것이다.

공리계 1(유클리드 기하학) : 공통 공리 4개 + 평행선의 공리

공리계 2(타원 기하학): 공통 공리 4개 + 대체 공리 1번

공리계 3(쌍곡 기하학): 공통 공리 4개 + 대체 공리 2번

이 경우 유클리드 기하학, 타원 기하학, 쌍곡 기하학은 어느 하나가 맞고 다른 것은 틀린 것이 아니라 그저 '서로 다른' 것일 뿐이다.

그러면 아무런 공리나 마구 가져다가 내 마음대로의 공리계를 만들어도 되나? 그것은 아니다. 올 바른 공리계가 되려면 모순이 없어야 한다. 예를 들어 유클리드 기하학의 "직선 밖의 한 점을 지나면서 그 직선에 평행한 직선은 단 하나 존재한다" 라는 공리와 타원 기하학의 "직선 밖의 한 점을 지나면서 그 직선에 평행한 직선은 없다." 라는 공리를 둘 다 동시에 사용해버리면 직선 밖의 한 점을 지나면서 그 직선에 평행한 직선이 하나가 있으면서 동시에 없어야 한다는 모순이 생긴다. 그러니 그런 공리계는 사용할 수 없다.

기독교의 신앙도 성경이라는 공리계를 '선택'할 것이냐 아니냐로 접근해야 한다. 공리계라는 것은 그것을 증명하기 위한 더 상위 근거가 존재하지 않는다는 뜻이다. 성경이 참임을 '증명'해주는 어떤 다른 책이 있다고 해 보자. 만약 그런 책이 있다면 우리가 가진 성경이 아니라 그 책이 성경이 되어야 할 것이다. 기독교에서는 성경이 절대적인 권위를 가진 책으로 정의되어 있기 때문에 성경에 권위를 실어주는 책은 정의상 있을 수가 없는 것이다(이 접근 방식을 알게 된 것은 포항의 박창원 목사님을 통해서였다). 교회를 다닌 사람이라면 다음 성경 구절이 떠오를 수도 있겠다.

하나님이 모세에게 이르시되 나는 <u>스스로 있는 자이니라</u>

– 출애굽기 3:14 전반부

하나님이 아브라함에게 약속하실 때에 가리켜 맹세할 자가 자기보다 더 큰 이가 <u>없으므로</u> 자기를 가리켜 맹세하여

– 히브리서 6:13

성경에서의 맹세는 자기보다 큰 존재를 걸어서 해야 하는 것인데 하나님께서는 가장 크신 분이시기에 어쩔 수 없이 스스로를 가리켜 맹세하실 수밖에 없었다. 만약 하나님께서 A라는 다른 대상을 가리켜 맹세했다면 하나님이 아니라 그 A가 하나님이 되어야 할 것이다. 같은 맥락에서 성경 에게 권위를 실어주는 책은 기독교 내에서는 정의상 있을 수가 없다.

그렇다면 여기서 질문이 생겨야 한다. 성경의 옳고 그름을 '증명'할 수 없으니 그냥 받아들이기로 한다면, 마찬가지 이유로 반야심경을 받아들이지 못할 이유는 무엇인가? 무신론을 '선택'하면 왜 안 되는 것인가? 앞에서 유클리드 기하학과 비유클리드 기하학이 어느 하나가 맞고 다른 것이 틀린 것이 아니라 그저 '다른' 것이라고 하지 않았나? 그렇다면 많고 많은 종교 및 무신론 중에 하필이면 기독교를 믿어야 하는 이유는 도대체 무엇이란 말인가?

앞에서 어떤 공리계가 그 자체로 모순을 일으킬 경우 그 공리계를 선택하면 안 된다는 이야기를 했었다. 그러니 이 질문에 대한 이론적인 모범 답안이 있기는 하다. 성경을 공리계로 놓고 성경 안에 있는 내용들이 서로 조화되는지 아니면 모순을 일으키는지를 보면 된다.

불경에 대해서도, 무신론에 대해서도 마찬가지이다. 그렇게 모든 종교의 경전을 논리적으로 따져보아서 성경만이 모순이 없는 공리계라는 것이 밝혀지면 그때 기독교를 믿으면 될 것이다. 논리적으로 맞는 말이지만 아쉽게도 이 방법은 현실적으로 불가능하다. 왜 불가능한지, 그리고 그러면 어떻게 선택을 해야 하는지를 다음 장에서 알아보도록 하자.

3장

그 자체로서 모순을 유발하는 공리계는 '잘못된' 공리계임을 알아보았다. 이를 종교에 적용하면, 어떤 종교를 믿을지 말지를 선택하려면 그 종교의 경전을 공리계로 보고 그 공리계 안에서 모순이 발생하는지를 살펴보면 되겠다는 생각이 들 수 있다. 이론적으로는 말이 되는 이야기이지만 실제로는 사용할 수 없는 방법인데, 크게 다음과 같은 두 가지 이유 때문에 그렇다.

첫째로, 내부 모순이 없는 공리계가 여러 개일 수 있어서 그렇다. '내부' 모순임이 중요하다. 다큐멘터리와 영화를 예로 들어보자. 실제 있었던 일을 바탕으로 만든 다큐멘터리는 당연히 논리적이겠지만, 가상의 내용을 담은 영화라도 그 내용 자체는 논리적일 수 있다. 각 종교의 경전들을 하나하나 다 분석하여 모순성을 찾아내는 작업은 우리의 선택 대상이 될 종교의 개수를 줄여줄 수는 있겠지만 어쩌면 딱 하나의 종교가 아니라 여러개의 종교가 내부적 무모순이라는 기준을 통과할 수도 있는 것이다.

둘째 문제는 훨씬 더 심각하다. 설령 어떤 종교의 경전에 모순이 없다 해도 그것을 우리가 제대로 분별해낼 수 있다는 근거가 없다. 성경을 읽다가 모순을 찾았다고 주장하며 그것 때문에 성경을 못 믿겠다고 하는 사람들이 있다. 조금만 관련 서적을 찾아보면 그런 성경 속 난제에 대한 논의가 이미 수백 년 전에 있었고, 신학의 발전을 통해 그에 대한 답들이 제시되어 왔음을 알게 될 것이다. 사람들은 바보가 아니기에 내가 이상하다고 느끼는 부분을 수백 년 전 사람들도 똑같이 이상하다고 느꼈고, 그에 대해 수많은 사람들이 연구를 해왔다. 그것이 정리된 것이 신학이다. 문제는 나는 신학자가 아니기에 그러한 문제들 및 그에 대한 답들에 대한 논의를 다 읽어보고 이해할 시간과 능력이 없다는 점에 있다 (사실 신학자들도 자기 분야가 아니면 잘 모를 것이다).

그리고 어쩌면 지금 내가 하고 있는 고민이 지금의 신학으로는 풀리지 않는, 미래에 나타날 신학으로 해결될 문제일 수도 있다. 신학은 완료된 학문이 아니라 현재 진행중인 학문이기 때문이다. 토마스 아퀴나스보다도, 루터보다도, 깔뱅보다도 아마 현대의 신학대학원 박사과정 학생이 신학적 지식은 더 많을 것이다. 그 유명한 뉴턴보다 현대 수학과 대학원생이 미적분은 더 잘 할 것임과 같다. 이는 현재인들이 과거의 사람들보다 나중에 태어난 덕분이고, 신학이든 수학이든 현재 진행 중인 학문이기 때문이다.

그러면 어쩌란 말인가? 이게 내가 20대 초중반에 맞닥뜨린 고민이었다. 이 고민은 몇 년 동안 나를 힘들게 했다. 생각을 해 보고 관련 서적도 찾아 보고 했지만 내가 보기에는 성경이 맞다는 것도 말이 되어 보였고 성경이 틀렸다는 것도 말이 되어 보였다. 다신론이나 범신론같이 내가 관심 없어 하던 다른 종교관들은 제껴두고라도 성경이 맞다는 것과 성경이 틀리다는 것 둘 다 말이 되어 보이는 상황에서 내가 성경을 믿는 것은 비논리적이라는 생각이 몇 년간 내 머리속에 자리잡고 있었다.

그런데 어느 날, 갑자기 나의 그런 생각이 일견 맞아 보이지만 사실은 매우 비논리적이었음을 문득 깨닫게 되었다.

4장

내가 고민하던 내용을 정리해보면 다음과 같다.

(1) 성경이 맞는 것처럼 보인다.
(2) 성경이 틀린 것처럼 보인다.
(3) 그러므로 나는 성경이 맞다고 받아들일 수 없다.

꽤 자연스러워 보이지만 사실은 잘못된 논리 전개이다. 이해를 돕기 위해 내가 고민했던 내용을 O/X 문제를 푸는 상황에 비유해 보았다. 위의 내 생각이 얼마나 비논리적이었는지가 바로 보일 것이다.

(1) 이 문제의 답은 O처럼 보인다.
(2) 이 문제의 답은 X처럼 보인다.
(3) 그러므로 이 문제의 답은 X이다.

무엇이 잘못되었는가? O/X 문제의 답이 O인 것 같기도 하고 X인 것 같기도 하다면 올바른 결론은 '나는 O와 X중 무엇이 맞는지 모르겠다'가 되어야 한다. 그런데 나는 '성경이 맞는 것 처럼도 보이고 틀린 것 처럼도 보이니 성경은 틀렸다'라는, '답이 O인 것고 같고 X인 것도 같으니 답은 X이다'라는 근거없는 방향으로 생각을 하고 있었던 것이다.

이는 당시의 내가, 그리고 지금의 많은 사람들이 성경에는 까탈스럽고 무신론에는 관대해서 그러하며, 더 중요하게는 성경적 유신론과 무신론 사이에 불가지론(不可知論)이 있을 수 있다는 생각을 못하고 이분법적으로만 이 문제를 바라보아서 그렇다. 위 O/X 문제 예제의 O와 X를 각각 성 경적 유신론과 무신론으로 바꾸어서 써 보자.

(1) 성경적 유신론이 맞아 보인다.
(2) 무신론이 맞아 보인다.
(3) 그러므로 무신론이 맞다.

3번 결론은 너무나도 엉터리이다. 제대로 하자면 3번은 이렇게 되어야 한다.

(3) 성경적 유신론이 맞는지 무신론이 맞는지 나는 모르겠다.

이것이 불가지론이다. 나는 20대 초중반 어느 날 불가지론자가 된 것이다. 철학사를 보면 인생의 꽤 긴 기간을, 혹은 평생을 불가지론자로 산 사람들이 있다. 하지만 나는 그렇지는 않았다. 상상해보자.

지금 시험을 치고 있다. O/X 문제가 나왔는데 도저히 답을 모르겠다. 그러면 '나는 불가지론자야'라고 생각하며 답안지에 빈칸을 남겨 두어야 하는가, 아니면 O든 X든 무엇이라도 하나 찍어야 하는가? 나는 찍기로 했다. O를 선택하기로 했다. 그렇게 나는 며칠간의 불가지론자 생활을 청산하고 성경적 유신론자가 되기로 했다. 교회 용어로 하자면 '믿기로 결단한' 것이다.

독자들 중 이 결론이 불편할 사람들이 있을 것 같다.

첫째로는 성경을 믿을 수 있는 근거가 논리적으로 전개되기를 원했던 독자들이 실망했을 수 있을 것 같다. 하지만 사실 나는 불가지론이야말로 인간이 순수 논리만으로 다다를 수 있는 최고이자 최선의 결론이라고 생각한다.

유명한 무신론자인 리처드 도킨스는 2008년과 2009년에 런던의 시내버스 광고판에 "There's probably no God. (아마도 하나님은 없다)"이라고 광고를 했다. 왜 굳이 '아마도'라는 뜻의 'probably'를 넣었겠는가. 논리적으로는 100% 어느 한 쪽으로 결론을 내릴 수 없었기 때문이다.

둘째로는 하나님을 믿는 독자들 중 내가 믿기로 한 과정, 즉 '찍는' 과정이 너무 가볍다고 생각할 사람들이 있을 것 같다. 그런 분들을 위해서는 예수님께서 부활 후 도마에게 해 주신 말씀을 인용하고자 한다.

예수께서 이르시되 너는 나를 본 고로 믿느냐 보지 못하고 믿는 자들은 복되도다 하시니라

– 요한복음 20:29

더 확실한 근거를 보지 못하고도 믿은 내가 복된 것이다.

이런 과정을 거쳐서 나의 20대 초중반 수년간에 걸친 고민은 끝이 났다. 이제는 지금까지의 내용을 바탕으로 신앙과 과학의 갈등을 어떻게 이해하고 풀어야 하는지, 그리고 창조과학을 비롯해 교회에서 과학을 대하는 지금까지의 접근방식에 어떤 문제점이 있으며 그렇다면 접근방식이 어떻게 바뀌어야 하는지를 알아보도록 하자. 생명과학과 컴퓨터공학을 복수전공한 기독교인으로서 나는 이 문제들에 대해 할 말이 정말로 많다.

5장

과학과 신앙에 대한 이야기를 시작할 때에는 과학은 '어떻게'를, 신앙은 '누가', '왜'를 다룬다는 것을 가장 먼저 살펴보아야 한다. 과학은 우리 우주에서 일어나는 일들을 실험과 관측에서 기반한 귀납적 법칙으로 설명해줄 수 있지만 '왜' 그 법칙이 있어야 하는지에 대해서는 "그냥 우리 우주가 그래." 밖에는 해줄 수 있는 말이 없다.

"사과를 손으로 잡고 있다가 놓으면 왜 사과가 땅으로 떨어질까?" 라는 질문을 해 보자. 많은 사람들이 "지구가 사과를 당기니까"라고 대답할 것이다. 보통은 이 정도에서 대화가 마무리되지만 조금 더 물어보자.

"지구가 왜 사과를 당겨?"

"그건 질량이 있는 두 물체 사이에는 만유인력이 작용하기 때문이야."

"왜 질량이 있는 두 물체는 서로 잡아당겨야 해?"

"왜냐하면 만유인력 법칙 만큼의 힘이 작용하기 때문이지."

"내 말은 왜 그 힘이 있어야 하냐는 거야. 왜 꼭 그 힘이 거리의 제곱에 반비례해야 해? 왜 중력 상수 G는 하필이면 그 값이어야 해? 다른 값이면 안 되나?"

"그건 그냥 우리 우주가 그렇게 생긴 거야."

이처럼 "왜?"라는 질문을 과학에게 계속 던지다 보면 결국에는 "자연이 그렇게 되어 있어"라는 답으로 가게 된다. 이것이 수학과 과학의 본질적인 차이다. 수학은 "왜?"를 반복하다 보면 공리계에 도착하게 되고, 그렇기에 "이런 공리들 때문에 그런 결론이 나온거야."라고 대답을 해 줄 수가 있다.

하지만 과학에게 "왜?"라는 질문을 하다 보면 그저 "지금까지 관찰해보니 우리 우주가 그렇더라."라고밖에 대답할 수 없는 단계에 다다르게 된다. 어쩌면 우리 우주 말고 다른 우주에서는 두 질량이 서로 당기는 것이 아니라 밀어내고 있을 수도 있다. 그 다른 우주에서의 자연 법칙은 우리 우주에서의 법칙과는 매우 다를 것이다.

이에 반해 신앙은 '누가'와 '왜'에 집중한다. 신앙은 사과가 땅으로 떨어지는 것은, 즉 두 질량 사이에 당기는 힘이 작용하는 것은 하나님께서 우주를 그렇게 만드셨기 때문이라고 말한다. 성경은 많은 경우 '어떻게'에 대해서는 자세히 다루지 않는다. 그 '어떻게'를 찾아내는 즐겁고 재미있는 지적 여행은 우리에게 선물로 주어진 과제이다.

'누가'와 '왜'를 다루는 신앙과 '어떻게'를 다루는 과학을 가지고 사람들이 상대편의 영역을 침범 하려 할 때 억지가 생겨나고 논란이 일어난다. 과학으로 신앙을 공격하는 사람들은 '어떻게'가 밝혀지면 그것으로 신이 없다는 것이 증명된다고 생각한다.

그렇게 '어떻게'를 다루는 과학을 바탕으로 '신은 없다'며 '누가'와 '왜'의 영역을 공격하는 사조가 꽤 널리 퍼져있다. 그러면 신앙은 "과학과 신앙은 영역이 다릅니다."라고 차분하게 설명하면 될 터인데 그게 아니라 거기에 말려서 거꾸로 '어떻게'의 영역으로 들어가 과학이 밝혀낸 사실들을 틀렸다고 주장하는 사조가 나타났으니 그게 바로 창조과학이다. 이러다 보니 문제와 갈등은 계속 꼬여만 간다.

간단한 예로 내가 직접 음성인식 밥솥을 만들었다고 해 보자. 그리고 내가 쌀을 씻어서 물에 불린 뒤에 그 밥솥에 넣고 음성인식으로 밥솥에게 "밥 지어!"라고 명령하여 밥을 지었다고 하자. 그런데 그에 대해 어떤 사람이 이렇게 말을 한다.

"물에 씻기고 불리운 쌀이 밥솥에 놓인 뒤에 밥솥 뚜껑이 닫히고 온도가 올라가서 밥이 된 거야. 그러니까 저 밥은 사람 없이 저절로 만들어진 거야."

이것이 과학이 신앙을 공격하는 사조의 방식이다. '어떻게'에 관한 앞부분은 맞지만 '누가', '왜'에 관한 뒷부분은 헛소리다. 설령 내가 밥을 하는 모습을 그 사람이 보지 못했더라도 바른 결론은 '누가 의도를 가지고 밥을 했는지, 아니면 밥솥이 저절로 동작했는지 나는 모르겠다'가 되어야 한다.

그런데 그 말을 들은 다른 사람이 이번에는 이렇게 말한다.

"저 밥은 저 사람이 배가 고파서 먹으려고 지은 거야. 저 사람이 말을 해서 밥이 만들어진 것이지 밥솥에서 밥이 만들어진 게 아니야."

이것이 창조과학으로 대표되는 신앙으로 과학을 배척하는 사조의 방식이다. '누가'와 '왜'는 맞았지만 '어떻게'에 대해서는 너무나도 편협하게 현상을 해석하고 있다. 이러한 현상이 현재 창조론과 진화론 사이의 갈등을 포함하여 신앙과 과학 사이에서 일어나고 있는 여러 갈등들의 공통된 양상이다.

신앙과 과학은 영역이 다르기에 조화롭게 공존할 수 있다. 어떻게? 각자가 자기의 영역에 있으면서 상대의 영역을 침범하지 않을 때 그럴 수 있다. 그러지 않고 서로가 상대방의 영역을 침범해 들어가는 순간 억지와 비방이 판을 치게 된다. 과학의 영역은 철저히 '어떻게'에 국한되어 있음을, 그리고 신앙은 '누가'와 '왜'를 다루는 것이라는 것을 아는 것이 중요하다.

다음 장에서는 과학이 신앙의 영역을 공격하는 사조가 강해짐에 따라 신앙에서 나타난 또 다른 반응인 과학으로 신앙을 뒷받침하려는 태도에 대해 알아보고 그러한 접근방식의 한계가 무엇인지, 왜 그런 접근방식이 궁극적인 답이 될 수 없는지를 살펴볼 것이다. 그리고 더불어 성경에 나타난 비과학적인 기적들을 신앙이라는 관점 하에서 어떻게 모순 없이 해석할 수 있을지에 대해서도 알아보고자 한다.

6장

과학으로 신앙을 공격하는 사조에 대해 신앙이 보인 또 다른 반응 중 하나는 과학에 기반하여 신앙을 증명하려는 태도이다. 창조과학이 과학을 부정하고 적대시한 것에 반해 이 접근방식은 과학이 발견해낸 것들을 인정하고 그것을 사용하여 신앙을 뒷받침하려고 시도한다. 얼핏 보면 논리적이고 합리적인 접근방법 같지만 이 방식에는 실은 해결될 수 없는 한계가 존재한다.

그 한계는 과학의 특정에서 연유한다. 다른 많은 학문들이 자기가 맞다고 주장하는 것에 반해 과학은 독특하게도 지금까지 자기가 밝혀낸 모든 것이 내일이면 다 틀린 것이 될 수도 있다는 사상 위에 세워져 있다. 그리고 실제로 어제까지 맞는 것으로 생각되던 것이 오늘 틀린 것으로 밝혀지는 사례는 과학에서 부지기수로 많이 발견된다.

패러다임 전환 수준의 큰 변화로는 상대성 이론이 뉴턴 역학을 대체하면서 새로이 물리학의 표준이 되었던 것을 들 수 있고, 개별적인 예제로는 너무나도 안정적이어서 다른 물질과 반응하지 않을 것이라고 생각되어 비활성 기체라고 불렸던 헬륨, 아르곤, 크립톤 등의 18족 원소들이 적절한 조건 하에서는 다른 물질과 반응하여 Na2He 등의 화합물을 만들 수 있음이 밝혀졌던 것, 유전 형질만 유전자를 통해 유전되고 생명체가 살아가면서 겪은 형질 변화인 획득 형질은 유전되지 않는다고 생각되었으나 후생유전학을 통해 획득 형질도 유전된다는 것이 밝혀진 사례 등을 들 수 있다.

이런 예는 과학사에서 수도 없이 나타나며, 앞으로도 과학은 계속해서 어제까지의 과학이 틀렸음을 증명하면서 발전해 나갈 것이다.

여기서 왜 과학으로 신앙을 뒷받침하려는 시도가 위험한지 바로 알 수 있다. 오늘까지의 과학을 바탕으로 성경이 옳다는 것을 증명했다고 해 보자. 그런데 만약 내일 과학이 바뀐다면? 그러면 어떻게 할 것인가?

과학으로 성경을 '증명'하려는 접근은 이와 더불어 앞에서 다루었던 문제, 즉 신앙에 있어 성경은 최종 권위를 갖고 있는 책이어야 하기 때문에 정의상 다른 무언가로 성경을 증명할 수 없으며 만약 다른 무언가로 성경을 '증명'한다면 지금의 성경이 아니라 그 무언가가 성경이 되어야 한다는 문제를 일으키게 된다.

신앙에 있어 성경은 공리, 즉 우리가 증명 없이 참으로 받아들일지 말지를 선택해야 하는 대상이지 증명의 대상이 아니다. 무언가를 '증명'한다는 것은 필연적으로 공리들을 필요로 하고, 그 공리들이 신앙에 있어서는 경전이 된다. 따라서 만약 어찌어찌 과학으로 성경을 '증명'해서 성경을 믿기로 했다면 그것은 과학을 믿은 것이지 성경을 믿은 것은 아닌 것이다.

그렇다면 성경을 믿기로 했을 경우 과학에 대해 가져야 할 바른 태도는 무엇일까? 이에 대해서는 대학생 시절 내가 친구와 나누었던 대화가 한 예가 될 수 있겠다는 생각이 든다.

내가 다닌 대학교의 초대 총장님 기념관 전시실 벽에는 그분의 유명한 말 중 하나인 "과학 법칙은 신(神)도 바꿀 수 없지요"가 큰 글씨로 쓰여 있었다. 그런 학교 분위기에서 교회를 다니던 내가 친구가 보기에는 신기했던 모양인지 하루는 친구가 나에게 전공에서 진화를 배우는 것이 내 신앙과 부딪히지 않는지를 물었다. 그때 내가 했던 대답은 대략 이러했다.

"진화는 내 신앙에 영향을 주지 않는다. 나는 온 우주를 하나님께서 만드셨다고 믿는다. 진화에 필요한 물질과 환경 및 그 외

모든 것을 다 하나님께서 만드셨다고 믿는다. 진화가 있었다면 하나님께서 원하셔서 있었을 것이고 진화가 없었다면 하나님께서 원하셔서 없었을 것이다. 사람은 확률을 제어할 수 없는 영역으로 생각하지만 내가 믿는 하나님은 생명체들이 세대를 거치는 과정에서 진화가 일어날 확률까지도 조절하실 수 있으신 분이시다."

그리 길지는 않은 대화였지만 나에게는 그때까지 내가 혼자 하고 있던 생각을 말로 정리할 수 있었던, 그리고 내 친구에게는 본인이 궁금했던 점에 대해 진지하게 이야기를 나눌 수 있었던 좋은 시간이었다.

이 장을 마치기에 앞서 우리 학교 초대 총장님이 말씀하셨던 과학 법칙은 신(神)도 바꿀 수 없다는 말에 대해 이야기를 하려 한다.

생명과학과로 입학했던 나는 재학 중에 컴퓨터공학을 복수전공하게 되었는데, 그 덕에 자연법칙과 기적에 대해 새로운 관점에서 생각해볼 수 있게 되었다.

내가 컴퓨터 프로그램으로 우주를 시뮬레이션한다고 해 보자. 흔히 말하는 물리엔진을 만드는 일, 즉 물리법칙을 코드로 구현하는 일부터 하게 될 것이다. 그리고 그 가상 공간 안에 사는 가상 인간들은 자기들이 컴퓨터 프로그램의 일부라는 것을 모른 채 살아갈 것이고, 그 가상 우주 속의 모든 것이 물리 법칙, 사실은 내가 만든 물리 엔진의 법칙을 따르고 있다고 생각할 것이다. 이제 내가 어느 시점에 그 가상 우주를 파일로 저장한 뒤 프로그램을 잠시 종료하고, 저장된 파

일에서 한 사람의 좌표값을 (x,y,z,t)에서 (x',y',z',t)로 바꾸었다고 해 보자. 즉 동일한 시각 t에 이 사람의 위치가 (x,y,z)에서 (x',y',z')로 바뀐 것이고 이 가상 인간 입장에서는 순간이동을 한 셈이 된다. 이제 가상 우주 시뮬레이션 프로그램을 다시 실행하면 그 속의 가상 인간들은 시간이 한동안 멈추어 있었다는 것을 전혀 모를 것이다. 그리고 한 사람이 갑자기 순간이동한 것을 보며 "과학법칙에 맞지 않는다", "빛보다 빨리 움직일 수는 없으니 순간이동은 불가능하다"라고 말할 것이다.

이 예제에서 내가 하고 싶은 말은 하나님께서 온 우주와 자연법칙을 만드셨다면 그것을 깨는 것도 하나님께는 얼마든지 가능하다는 것이다. 사도행전 8:39-40에는 다음과 같은 이야기가 나온다.

> 그들이 물에서 올라오니, 주의 영이 순식간에 빌립을 어디론가 데려 가셨습니다. 내시는 빌립을 다시 보지 못했습니다. 하지만 그는 기쁨에 차서 가던 길을 계속 갔습니다. 빌립은 아소도라는 성에 나타나, 거기에서부터 가이사랴에 이르기까지 온 마을을 다니면서 복음을 전했습니다.
>
> – 사도행전 8:39-40, 쉬운성경

실제로 하나님께서 "어떻게" 빌립을 순간이동 시키셨는지는 모른다. 하지만 만약 내가 가상 우주를 만들고 그 속에서 한 사람을 순간이동 시켜야 한다면 앞에서 말한 방법으로 쉽게 할 수 있을 것이다. 성경에 나오는 기적들은 이러한 방식으로 얼마든지 해석될 수 있다.

맺는 말(앞 단원들에 대한 요약 필요)

누가복음 16장에 나오는 부자와 거지 나사로 이야기 후반부에는 지옥에 간 부자가 천국에 있는 아브라함에게 아직 살아있는 자기의 형제들이 지옥에 오지 않게 도와달라고 부탁하는 부분이 나온다. 새 번역 성경으로 보면 다음과 같다.

> 부자가 말하였다. '조상님, 소원입니다. 그를 내 아버지 집으로 보내 주십시오. 나는 형제가 다섯이나 있습니다. 제발 나사로가 가서 그들에게 경고하여, 그들만은 고통 받는 이 곳에 오지 않게 하여 주십시오.' 그러나 아브라함이 말하였다. '그들에게는 모세와 예언자들이 있으니, 그들의 말을 들어야 한다.' 부자는 대답하였다. '아닙니다. 아브라함 조상님, 죽은 사람들 가운데서 누가 살아나서 그들에게로 가야만, 그들이 회개할 것입니다.' 아브라함이 그에게 대답하였다. '그들이 모세와 예언자들의 말을 듣지 않는다면, 죽은 사람들 가운데서 누가 살아난다고 해도, 그들은 믿지 않을 것이다.'
>
> – 누가복음 16:27-31, 새번역

부자는 죽어서 천국에 있는 나사로가 만약 다시 살아나서 자기의 형제들에게 나타나 경고한다면 자기 형제들이 회개할 것이라고 했다. 그런 부자에게 아브라함은 무엇이라고 대답했는가?

"그들이 모세와 예언자들의 말을 듣지 않는다면, 죽은 사람들 가운데서 누가 살아난다고 해도, 그들은 믿지 않을 것이다."

여기서 모세와 예언자들의 말이란 성경(당시에는 구약성경)을 의미한다. 무슨 뜻인가? 성경이 있어도 믿지 않는 사람에게 줄 수 있는 더 강한 증거는 없다는 것이다. 앞에서 거듭 살펴보았듯 신앙에 있어서 성경은 최종 권위를 갖는 경전이기 때문에 성경의 근거가 될 수 있는 그 무엇은 성경 그 자체밖에 없게 된다. 죽은 사람이 살아나는 놀라운 기적도 성경 그 자체에 비하면 아무것도 아닌 것이다.

한 가지 언급하고 넘어가야 할 부분은 특별 계시와 일반 계시이다. 특별 계시는 성경이다. 성경을 통해서 하나님께서는 스스로를 우리에게 자세히 드러내신다. 일반 계시는 자연이다. 성경은 사람이 자연을 보면서 하나님에 대해 어느 정도는 알게 될 수 있다고 말한다. 로마서 1장을 보자.

> 하나님께서는 사람들에게 하나님을 알 수 있게 하셨으므로 사람들 속에 하나님을 알 만한 것이 있다는 것은 분명합니다. 세상이 창조된 이래로 하나님의 보이지 않는 성품인 그분의 영원한 능력과 신성은 그가 만드신 만물을 보고서 분명히 알 수 있게 되었습니다. 그러므로 사람들은 핑계를 댈 수 없습니다.
>
> – 로마서 1:19-20, 쉬운성경

하지만 일반 계시, 즉 자연이 하나님에 대해 무엇이라고 말하는지에 대한 사람들의 해석은 성경이 하나님에 대해 무엇이라고 말하는지에 대한 해석보다 훨씬 다양하고 광범위하다. 대학생 때 세포생물학 수업을 듣고 나오면서 후배와 나누었던 대화가 아직도 생각이 난다.

나는 "내가 종교가 있는 걸 떠나서, 세포생물학을 배우면 배울수록 세포라는 게 너무나도 복잡하고 정교해서 이게 저절로 생겨났다고는 못 믿겠어"라고 말했었고 후배는 "저는 신이 있다면 세포를 이렇게 복잡하게 만들지는 않았을 것 같아요"라고 대답했었다.

같은 자연을 보고도, 같은 강의 시간에 같은 내용을 공부하고도 사람들의 생각과 해석은 이처럼 다를 수 있다. 그렇기에 신앙의 기반은 일반 계시인 자연이 아니라 특별 계시인 성경이 되어야 한다.

그러므로 믿음은 들음에서 생기고, 들음은 그리스도를 전하는 말씀에서 비롯됩니다.

– 로마서 10:17, 새번역

러시아의 대 문호 도스토옙스키가 했던 말을 인용하며 이 책을 마무리하려 한다.

"만약 누군가가 나에게 그리스도가 진리 밖에 있음과 진리가 그리스도 밖에 있음을 증명한다면, 그렇다면 나는 진리와 함께 있기보다는 그리스도와 함께 있는 쪽을 택하겠다."
(If someone proved to me that Christ is outside the truth and that in reality the truth were outside of Christ, then I should prefer to remain with Christ rather than with the truth.)

이제 내가 논리와 신앙에 대해 할 수 있는 이야기는 다 했다. 마지막으로 내 경험을 토대로 권유를 하고자 한다. 성경이라는 공리계를 선택하고 그에 맞추어 살아보라. 살아보면 살아볼수록 이것이 진리임을 단순히 머리만으로가 아니라 삶을 통해 경험하고 느끼고 깨닫게 된다. 물론 성경의 근거는 성경 그 자체이기에 이러한 내 경험도 성경을 뒷받침하는 근거는 될 수 없다. 어쨌든 나는 그렇다는 말이다.

「조나단 에드워즈의『신앙감정론』이 형성된 과정 연구」 中에서

조나단 에드워즈는 성령님께서 죄인을 거듭나게 할 때, 어떻게 죄인의 본성을 변화시키는지에 대해 그의 책에서 설명하고 있다. 본인의 논문 중에서 3부, 4부를 발췌한다.

(* 논문: 「조나단 에드워즈의 단행본『신앙감정론』(A Treatise Concerning Religious Affections, 1746)이 형성된 과정 연구 – 그의 생애, 사상과 관련하여」, 송인철.)

III. 에드워즈의『신앙감정론』(1746년) 서술의 동기가 된 작품들

A. 『신적이며 영적인 빛』(A Divine and Supernatural Light, 1734)에 나타난 신학

"신적이며 영적인 빛"이라는 제목의 이 설교는 노샘프턴의 부흥이 일어나기 바로 직전에 행해진 설교이다. 그렇기 때문에 이 설교에 대한 연구는 앞으로 일어날 부흥가운데 일어난 체험들을 어떻게 평가할 것인지에 대한 기준들을 제시하고 있다고 말할 수 있다. 그리고 다른 어떤 단일 자료들보다 그의 영적 통찰력의 특성을 더 잘 드러내 준다. 이 설교에서 그는 일종의 참된 부흥의 본질을 제시했다.

에드워즈는 "예수께서 대답하여 가라사대 바요나 시몬아 네가 복이 있도다 이를 네게 알게 한 이는 혈육이 아니요 하늘에 계신 내 아버지시니라"(마16:17)의 말씀을 통해 베드로가 알게 된 지식은, 사람이 계시해 줄 수 있는 이상의 지식이며, 너무 높고 탁월해서 다른 지식을 획득하는 방법으로는 얻을 수 없으며 하나님만이 가르쳐 주실 수 있다고 한다.[1]

그는 이 말씀을 토대로 하나의 교리를 발전시킨다. "교리: 자연적 수단으로 획득되는 것과는 전혀 성격이 다른, 하나님이 영혼에 직접 주입해 주시는 영적이고 신령한 빛이 있다."

그는 이 교리를 네 단계로 전개해 나간다.

첫째, 이 신적인 빛이 무엇인가? 둘째, 이 신적인 빛이 자연적인 수단으로 획득되는 것이 아니라, 하나님이 어떻게 직접 주시는가? 셋째, 이 교리가 진리임을 증명함. 넷째는 적용이다.

첫째 부분에서 그는 신적인 빛을 정의하기 위해서 신적인 빛이 아닌 것에 대해서 먼저 다룬다. 청교도에서의 회심의 첫 번째 단계는

---

1) 조나단 에드워즈, 『조나단 에드워즈 대표 설교 선집』 백금산 역 (서울: 부흥과 개혁사, 2005), 214쪽.

자신의 죄와 비참함을 깨닫는 것이다. 그러나, 에드워즈는 자연인이 자신의 죄와 비참함을 깨닫는다고 해서 그것이 신적이며 영적인 빛은 아니다고 말한다. 왜냐하면 성령의 일반 은혜와 특별 은혜가 있으며 자연인도 일반 은혜에 의해서 성령이 본성에 보조적인 역할을 하여 자신의 죄책과 비참함을 크게 깨닫게 할 수 있기 때문이다. 그러나 성령이 행하시는 특별 은혜는 양심과 본성에 관여하는 것을 초월하여 어떤 새로운 원리를 주입함으로써 생겨난다는 것이다.

성령이 비중생자에게 역사하실 때 성령은 그들 안에 내주하거나 연합하지 않기 때문에 마음 밖에서 활동한다. 그러나 성도는 성령님이 내주하시며 그들의 마음과 연합하여 초자연적인 생명과 행동의 원리로서 역사하시며 영향을 미친다. 성령은 하나님 자신의 "고유한 본성을 나누어 주시는 방식"[2]으로 역사한다.

예를 들면, 하나님은 자연인 안에서 생각, 자연적인 이성, 이해력, 자연적인 기능들을 도와주시지만, 그들의 영혼과 연합하지 않고 외부의 객체로서 역사하신다. 그러나 하나님이 거룩한 영향력 즉 영적인 작용을 하실 때는 특별히 "자신을 나누어 주시는 방식"[3]으로 역사하신다. 그렇기 때문에, 자연인이 자신의 죄와 비참함을 깨달을지라도 성령님의 일반 은혜에 의해서 내주하지 않는 방식으로 역사할 수 있다는 것이다.

그리고, 그는 이 신적이고 영적인 빛은 상상력 때문에 생긴 어떤 인상에 의한 것도 아니라고 한다. 그는 일부 열광주의자들의 오류를

---

2) 위의 책, 217쪽.
3) 위의 책, 218쪽.

지적하기 위해서 열광주의자들이 자신이 새로운 계시를 받았다고 주장하는 것과 같이 하나님의 말씀에 담겨 있지 않은 어떤 새로운 진리나 명제를 제시하는 것이 신적인 빛은 아니다고 주장한다. 영적인 빛은 새로운 계시와는 전혀 다르며, 오히려 하나님의 말씀이 가르치고 있는 내용을 바르게 이해하도록 돕는다는 것이다.

또, 사람들이 신앙적인 것에 대해 감동을 받고, 열심을 낸다고 해서 이것이 모두 이런 영적이며 신적인 빛의 결과는 아니다. 왜냐하면, 성경에서 세속적이며 악한 사람들이 신앙적인 것에 크게 영향을 받아 신앙적인 열심을 낼 수 있다는 것을 말하고 있기 때문이다.

그렇다면, 신적이고 영적인 빛은 무엇인가? 에드워즈는 "하나님의 말씀 안에 계시되어 있는 것들의 신적인 탁월함을 참되게 깨닫는 것이며, 이 때문에 생겨나는 것들에 대한 진리와 실재를 확신하는 것이다."[4]라고 정의한다. 이것에 대해 에드워즈는 더 상세히 설명한다.

신적이고 영적인 빛은 신앙의 대상에 대한 신적이며, 최상의 탁월함을 참되게 깨닫는 감각이다. 즉 하나님과 예수 그리스도, 구속, 복음에 계시된 하나님의 영의 탁월함을 이성적으로만 믿는 것이 아니라 마음으로 느끼는 것이다. 두 종류의 지식이 있다. 첫째는 단지 머리(head)와만 관계가 있는 이론적 혹은 개념적 지식이다. 두 번째는, 마음의 감각으로 아는 지식이다. 이것은 의지(will), 성향(inclination), 마음(heart)이 주로 관련된다.[5]

---

4) 위의 책, 219쪽.
5) 위의 책, 220-221쪽.

하나님의 말씀에 담겨 있는 것들의 신적인 탁월함을 이렇게 느낄 때 그것에 대한 진리와 실재를 확신하게 된다. 복음에 대한 적대감으로 가득 차 있는 사람의 지성이 기독교 교리의 신적 탁월함을 알게 되어 적대감은 없어지고, 편견은 제거되며, 이성은 성화되고, 진리에 대한 논증을 잘 받아들이게 된다. 그리고, 영적인 감각은 이성의 장애물을 제거할 뿐만 아니라, 적극적이며, 직접적인 방식으로 확신하게 해 준다.

에드워즈는 두 번째로 이 신적인 빛이 자연적인 수단으로 획득되는 것이 아니라, 하나님이 직접 부여하신다는 점을 강조한다. 이것은 하나님이 어떤 자연적인 수단도 사용하지 않는다는 말이 아니다. 그러나, 수단이 결과를 만들어 내는 직접적인 원인은 아니다. 하나님의 말씀은 이 빛의 일차적인 원인이 아니다. 하나님의 말씀은 단지 구원 얻을 수 있는 교훈의 내용을 지성에 전달해 줄 수 있지만 우리 가슴에 교리가 신적으로 탁월하다는 감각을 주지는 못한다. 그렇기 때문에, 하나님이 우리 가슴에 이 교리를 직접 전달해 주시지 않으면 우리는 그것을 획득할 수 없다.

신적인 빛은 하나님이 직접 부여하신다는 교리가 진리라는 것을 그는 성경[6]을 통해서 증명한다.

---

6) 고린도후서 4장 6절에 "어두운 데서 빛이 비취리라 하시던 그 하나님께서 예수 그리스도의 얼굴에 있는 하나님의 영광을 아는 빛을 우리 마음에 비취셨느니라." 이 구절은 명백히 하나님과 그리스도의 신적인 최고의 영광과 탁월함을 발견하는 일이 있으며, 이것은 특히 성도들에게 일어난다는 것을 보여 준다. 요한복음 6장 40절 "내 아버지의 뜻은 아들을 보고 믿는 자마다 영생을 얻는 이것이니 마지막 날에 내가 이를 다시 살리리라." 여기에 참된 신앙은 그리스도를 눈으로 보는 것이 아니라, 영적으로 보는 것에서 생긴다는 것을 분명히 드

그리고 신적인 것에는 아주 초월적으로 탁월한 것이 있다고 생각하는 것이 합리적이며, 하나님이 직접 부여하시는 것이며, 자연적인 수단으로 획득할 수 없다고 생각하는 것은 합리적이기 때문에 영적인 것들의 아름다움과 사랑스러움을 보는 것은 이성에 속한 것이 아니며 그것은 마음의 감각에 달려 있다

설교의 네 번째 부분에서 에드워즈는 이 교리가 삶에 어떤 영향을 미치는지를 설명한다.

이 교리는 어려운 논리적 훈련 없이도, 공부를 많이 하지 못했더라도 성령으로 말미암아 신적인 탁월함을 볼 수 있다는 것을 말해 주고 있다. 그리고 더 나아가 지금까지 묘사한 이런 신적인 빛을 우리 각자가 경험한 적은 있는지를 점검할 수 있다는 것이다.

신적인 빛은 인간의 어떤 학문보다 탁월하며, 가장 위대한 철학자들의 모든 지식보다 더욱 탁월하기 때문에, 모든 사람은 이런 신적인 빛을 간절히 추구해야 하며 또한 이 지식은 다른 모든 달콤하고 기쁜 지식들보다 더욱 뛰어나야 한다.

이 빛은 마음의 성향(inclination)에 효과적으로 영향을 미치며, 영혼의 본성을 변화시킨다.[7]

단순한 관념적인 혹은 이론적인 이해는 결코 이런 거룩의 열매를

러낸다. 또한 요한복음 12장 44-45절 "예수께서 외쳐 가라사대 나를 믿는 자는 나를 믿는 것이 아니요 나를 보내신 이를 믿는 것이며 나를 보는 자는 나를 보내신 이를 보는 것이니라" 여기서 그리스도를 믿는 것과 그리스도를 영적으로 보는 것이 함께 나오는 것은 이 두 가지가 같다는 것을 보여 준다.

7) 여기에서 에드워즈는 고린도후서 3장 18절을 인용한다. "우리가 다 수건을 벗은 얼굴로 거울을 보는 것같이 주의 영광을 보매 저와 같은 형상으로 화하여 영광으로 영광에 이르니 곧 주의 영으로 말미암음이니라."

맺을 수 없으며, 이 빛만이 삶에 전반적인 거룩의 열매를 맺게 할 수 있다.

B. 『놀라운 부흥과 회심이야기』[8](A Faithful Narrative, 1737년) 에 나타난 신학

노샘프턴은 82년의 역사를 지닌 200가구 정도의 마을이었다. 에드워즈는 노샘프턴 교회의 3대 목회자였는데, 제1대 목사는 엘레아자르 매더로서 1661년 7월부터 1669년까지 목회하다 소천했다. 제2대 목사인 에드워즈의 외할아버지 솔로몬 스토다드는 1669년에 이 교회에 부임해서 1672년부터 임직을 받아 1729년 2월에 소천할 때까지 약 60년 동안 목회했다. 특기할 만한 것은 조나단 에드워즈의 목회 시절의 1734-1735년의 부흥을 경험하기 57년, 53년, 40년, 24년, 18년 전에 이미 다섯 차례 영혼의 추수기 즉 소규모의 부흥을 경험했다는 것이다. 그러나 1734-1735년 부흥은 지금까지의 부흥보다 규모면에서 더욱 주목할 만한 부흥이었다.[9]

---

8) 에드워즈가 벤자민 콜먼 목사에게 보낸 편지를 바탕으로, 1737년 10월 12일 콜먼 목사가 런던에서 발간하였다.

9) 조나단 에드워즈, 백금산 역, 『놀라운 부흥과 회심 이야기』(서울: 부흥과 개혁사, 2006), 16쪽.
노샘프턴 교회를 중심으로 인근 32개 마을에서 일어났던 이 부흥을 오늘날 우리는 '코네티컷 계곡 부흥'이라 부르기도 한다.

1. 『놀라운 부흥과 회심이야기』에 나타난 부흥의 모습

뉴잉글랜드의 노샘프턴 사람들의 유일한 관심사가 천국, 회심이었으며, 주위사람들은 그런 비정상적인 모습을 바라보며 정신이상이라 말하는 사람까지도 있었다. 이러한 상황에 대해 에드워즈는 이렇게 기록한다.

> 그들의 유일한 관심사는 천국에 들어가는 것이었고, 모두 천국으로 침노해 들어가고 있는 것처럼 보였습니다. 이 위대한 관심사에 마음을 모두하는 것이 그들의 표정에도 나타났습니다. 그때 그리스도 밖에 누워 매일 지옥에 떨어질 위험에 처해 있다는 것은 가장 두려운 일이었습니다. 그리고 개인 집에서 신앙적인 목적을 위해 아주 빈번하게 함께 모임을 가졌습니다. 또한 이런 모임이 예고되면 사람들로 넘쳐났습니다. 노소를 막론하고 영원한 세상의 위대한 일에 대해 무관심한 사람이 마을에는 한 사람도 없었습니다.[10] 우리 주변에 있던 다른 사람들은 이 일에 대해 어떻게 반응해야 할지 몰랐습니다. 그것을 비웃고 조롱한 자도 많았으며, 우리가 회심이라 부르는 것을 '정신이상(distemper)'이라 말하는 사람도 있었습니다.[11]

---

10) 위의 책, 46-47쪽.
11) 위의 책, 49쪽.

1735년 3월부터 부흥이 코네티컷 주 32개 마을로 확산되었다.

그리고, 그는 청교도들에게 익숙한 회심의 필요조건들과 노샘프턴의 부흥이 일어났을 때부터 많은 회심자들의 체험을 성경의 원칙과 기준으로 판단하며, 성도들에게 조언을 하였다.

> 저는 성도들이 회심의 은혜를 받은 것으로 보일 때 이 사실을 본인에게 알려 주는 것을 원칙으로 삼았다는 이유로 많은 사람에게 비난과 질책을 받았습니다... 저는 성도 각자를 판단했다기보다는 회심의 필요조건과 사람들이 진술한 체험에 대해서만 판단했습니다. 성도들에게 성경의 원칙과 특성을 자기의 경우에 적용하도록 돕고 가르치는 일은 목사로서의 제 사명으로 생각지 않은 것이 아닙니다. 많은 사람이 이 일에 있어서 안내자를 필요로 한다고 저는 생각합니다.[12]

에드워즈는 회심에 수반되는 거룩한 감정 중의 하나는 말씀을 마음에 떠올리는 현상이라고 했다.[13] 그리고, 율법적으로 죄를 자각하고 큰 두려움에 떠는 사람들을 언급하면서 그는 그들이 회심했으며 회심 시점도 분명했다고 말한다.[14]

그는 구체적인 실례들과 그때의 체험과 현상들에 대해 기록했다. 먼저, 말씀에 대해 새로운 깨달음을 얻은 할머니가 구세주의 크신 은

---

12) 위의 책, 93쪽.
13) 위의 책, 97쪽.
14) 위의 책, 98쪽, "그런 사람들의 경우에는 제가 생각하기에 회심 시점이 일반적으로 가장 분명했습니다"

혜와 자신이 그분을 대적하는 죄를 짓느라 일생을 허비한 것에 대한 생각에 "슬픔이 복받쳐 금방이라도 쓰러질 듯"[15] 했다. 더욱이 어린 아이들도 그리스도를 간절히 사모하는 마음에 사로잡혔다. 어떤 이들은 그리스도의 죽음을 무릅쓴 사랑에 너무 감격하여 몸이 쇠약해질 정도였으며, 몇몇 사람은 하나님의 영광과 그리스도의 탁월함을 너무 크게 느껴 몸을 가누지 못할 정도였다.[16] 또한 그들이 경험한 큰 은혜에도 불구하고 그들은 광신자들의 주제넘고 교만하며 자기만족적인 태도를 전혀 보이지 않았고 오히려 온유하고 겸손하여 더 열심히 배우고자 하며 하나님 앞에 충분히 자신을 낮추지 못하는 자신을 책망하기까지 했다.[17]

많은 사람들은 영적인 기쁨으로 충만하여 음식 맛을 잃어버려 식욕도 느끼지 못했다. 그러나, 이들의 기쁨은 자신들이 지옥에서 벗어났음에 대한 안전함에서 비롯되기 보다는 하나님과 그리스도의 영광스런 탁월함에서 기인한 것이었다.[18] 그와 동시에 자신은 가련하고 무능력한 피조물이고 스스로는 아무것도 할 수 없으며 창조주이자 구주이신 하나님을 영화롭게 하기에는 전적으로 부족하다며 자신의 부족함과 무력함을 한탄했다. 그리고 성경 말씀을 사모하고, 주일을 기다리며 많은 사람들이 남에게 피해 준 일을 고백하고 꾼 돈을 갚는 일이 허다했다.[19]

---

15) 위의 책, 104쪽.
16) 위의 책, 104쪽.
17) 위의 책, 105쪽.
18) 위의 책, 106쪽.
19) 위의 책, 108쪽.

노샘프턴 부흥을 퀘이커 교도와 동일시하는 듯한 말들이 많이 오고 갔다. 또는 열광적인 체험들이 세상 종말에 대한 불안감 때문이라는 잘못된 소문이 나돌았다.[20]

그러나, 에드워즈는 부흥을 관찰하면서 마을 사람들에게 임한 역사가 외할아버지 스토다드 목사가 사역하면서 일어났던 회심자들의 경험담과 동일한 성령의 역사였다고 결론내린다.

사람들이 변화되는 속도가 아주 갑작스럽다는 점에서 그리고, 죄에 대한 각성과 은혜에 대한 체험의 정도가 아주 컸다는 점에서 이 부흥은 특별했다. 이 기간 동안 에드워즈가 목회하던 노샘프턴 교회의 예를 들면, 약 6개월 동안 성인 300여 명이 회심했으며, 성인만이 아니라 16세 이상 되는 젊은이들의 거의 전부가 회심했고, 노인들과 어린이들도 예외 없이 부흥을 체험했다.[21]

에드워즈는 본론의 세 번째 부분에서 특별한 두 편의 회심 이야기를 든다. 하나는 젊은 부인 아비가일 허친슨의 회심 이야기고, 다른 하나는 네 살 난 꼬마 여자 아이의 회심 이야기다. 우리는 조나단 에드워즈가 전해 주는 네 살짜리 꼬마 페베 비틀릿의 이야기를 통해 하나님의 영이 역사하시면 얼마든지 어린 아이도 회심할 수 있다는 사실을 보게 된다.

첫 번째 회심이야기에서 요절한 젊은 여인 아비가일 허친슨[22]은

---

20) 위의 책, 118쪽.
21) 위의 책, 22쪽.
22) 위의 책, 123쪽 에드워즈는 특별히 아비가일을 선택한 이유는 그녀가 현재 고인이어서 살

지적인 집안에서 태어났으며 집안 배경에는 광신을 조장할 만한 요소가 전혀 없었다. 그녀는 이성적이고, 얌전하고 차분하며 내성적인 성격을 가졌으며, 오랫동안 병약했지만, 우울증 증세를 보이고 있다고 할 만한 구석은 전혀 없었다. 그녀는 지난 겨울 한 젊은 여성의 회심 소식을 듣고 질투심이 발하여 자기가 회심할 수 있을 만큼 성경을 탐독하여 신앙적인 원리를 알아야 되겠다고 결심하여 실행하였다. 그러던 중에 자신의 죄성, 특히 죄악 된 본성과 악한 마음에 대해 놀랍게 깨달으면서 근심이 점점 커지게 되었다. 그녀를 사로잡아 두렵게 한 죄는 첫째, 자신의 원죄[23], 둘째, 약한 몸 때문에 고통 받으면서 하나님의 섭리를 원망한 죄, 셋째, 남들은 자기를 효성이 지극하다고 여겼지만 실제로는 부모님께 불효한 죄였다.

그녀는 "예수의 피가 우리를 모든 죄에서 깨끗하게 하실 것이요"(요일1:7), 이 말씀과 함께 그리스도의 탁월하심과 그리스도가 온 세상 죄를 감당하기에 충분하다는 사실이 생생하게 깨달아졌다. 그리고 그녀는 아침에 오빠에게 어젯밤 그리스도를 보았고(즉 믿음으로 깨달았다는 의미에서) 아직은 회심하기에 충분한 지식을 얻지는 못했지만 하나님은 이 일을 쉽게 하실 수 있다고 말했다. 영적으로 그리스도의 영광과 충만하심을 보며 기뻐하던 중, 그리스도가 없는 사람들의 비참한 상태를 생각하며 깊은 슬픔에 휩싸이고, 전도를 결심한다. 또 그녀는 일하는 가게에 최근에 회심한 것으로 여겨지는 세 사람이 들어오자 그들과의 이야기와 모습을 보고 가슴 벅찬 사랑에 압도되어 몸

아 있는 사람에 대해서보다는 더 자유롭게 설명할 수 있기 때문이라고 설명한다.

23) 자신은 아담의 죄에 대해 아무런 상관도 없다고 생각했지만 자신이 아담의 죄에 책임이 있고 그 죄로 온통 더럽혀졌다는 사실을 알게 되었다.(같은 책 126쪽 부연설명.)

을 가누지 못할 뻔 한다.

이 일 이후 곧 그녀는 사적인 신앙 모임에 나갔으며 그녀의 마음은 늘 하나님의 영광에 대한 인식과 생각으로 가득했다. 그리스도의 탁월함과 온유함, 사랑스러움을 며칠 동안 감미롭게 느꼈다. 언젠가 그녀는 한 여동생에게 몇 날 며칠을 계속해서 하나님과 그리스도의 영광에 매혹되어 자기 생명이 견딜 수 있는 극한까지 황홀경을 맛보았다고 말했다. 때때로 그녀는 얼굴에 함박웃음을 지으며 나타나곤 했는데, 당황해 하는 여동생에게 "마음에 감미로운 느낌이 가득해."하며 하나님 앞에 죄를 애통해하며, 엎드리면 엎드릴수록 감미롭고 즐겁다는 것을 얘기했다.

그 뒤로 아비가일의 병세는 점점 악화되었다. 그러나 그녀는 "그리스도를 위해서라면 고통이라도 달게 받겠다."라는 고백을 하며 살든지 죽든지 무조건 순종하겠다는 마음을 갖었다. 그러나, 음식을 삼킬 수 없도록 병이 악화되자 음식 없이도 마치 아무런 식욕도 없는 것처럼 완전히 만족한 듯 보였다. 여동생이 언니의 고통스러운 상태를 언급하자 그녀는 그래도 자기는 이 땅에서 천국 같은 삶을 산다고 말해 주었다. 1735년 6월 27일 금요일 정오경에 아비가일은 잠든 사람처럼 조용히 눈을 감았다.

두 번째는, 4세 꼬마 페베 바틀릿의 회심 이야기이다.

페베 바틀릿(Phebe Bartlet)은 윌리엄 바틀릿의 딸이다. 열한 살 된 페베의 오빠가 회심하여 페베에게 신앙의 위대한 일에 대해 진지하게 이야기해 주어 크게 감동하였다. 하루에도 여러 차례 자신의 신앙과 영혼의 문제로 기도하였고, 부모들은 그런 모습에 걱정하였다. 어느날 페베는 "내가 지옥에 갈까 겁나요"라며 울다가, 얼마의 시간이 지나자 갑자기 울음을 그치고 웃으면서 웃는 얼굴로 "엄마, 천국이 내게 오고 있어요" 라고 갑작스럽게 변화된 모습으로 말을 하자 엄마는 놀라게 되었다. 하나님에 대한 사랑에 사로잡히게 되고, 언니들의 구원문제 때문에 심하게 울게 되었다. 주일을 기다리며, 의도적이지 않게 가져온 자두로 인해서, 하나님의 계명을 어긴 것 때문에 고통스러워한다. 성경에 대한 이해력이 깊어졌으며 가난한 사람들에 대해 긍휼한 마음을 보였으며 교리 문답 암송을 생활화하였다.

2. 『놀라운 부흥과 회심이야기』에 나타난 신학

에드워즈는 사람들이 회심하는 순간과 그 이후에 사람들의 경험의 정도와 그 구체적인 양상에 큰 차이들이 있음을 발견한다. 어떤 이는 하나님의 공의에, 어떤 이는 구원의 방법에, 어떤 이는 그리스도의 사랑에 사로잡히게 되었다. 그는 청교도의 정형화된 회심의 단계들과는 다르게 회심을 경험할 수 있다는 점에서 신앙체험은 다양하다고 말한다. "여러분에게도 그런 하나님의 역사를 다양하게 관찰할 수 있는 기회가 있다면, 하나님은 영혼에 역사하실 때 어떤 이들이 상상하듯이 어느 특정한 단계나 한 가지 특정한 방법에 얽매이시는 분이 아님을 알게 될 것입니다."[24]

에드워즈는 회심에 있어서 하나님의 절대 주권을 강조하고 하나님이 어떤 특별한 회심의 방법과 단계에 매이지 않는다고 한다. 그럼

---

24) 위의 책, 110쪽.

에도 『놀라운 회심 이야기』에는 일정한 회심의 패턴이 나타난다.

고언(C. C. Goen)의 주장에 따르면, 에드워즈는 회심의 패턴을 세 가지의 단계로 제시한다. 첫 번째는 죄에 대한 깨달음(conviction)이다. 두 번째는 자신이 저주를 받아 마땅하다는 고백과 자신이 구원 받을 수 없다는 절망감이다. 세 번째는 죄용서의 기쁨과 황홀감을 경험하는 것이다.

고언은 에드워즈의 회심 체험은 기본적인 패턴이 있지만, 회심체험의 다양성을 인정하고 있다고 지적한다.[25] 콘라드 체리의 주장에 의하면, 에드워즈는 구원을 위한 준비가 대체로 어떤 특정한 단계들을 내포하고 있다는 사실을 인식하면서도, 성령의 사역을 경직된 일련의 단계들로 고정시키거나 인간의 체험을 보편적인 회심의 패턴으로 국한시키지는 않았다고 한다.[26]

에드워즈는 회심한 사람들은 자신의 영적상태에 대해 가지는 만족의 정도도 다양했다고 증언한다. 그러나, 높은 만족도를 보이더라도 백 퍼센트 확신하는 사람은 보기 드물었다. 회심 후에 자기 상태에 대해 의심과 두려움을 품는 사람들도 있는데, 그들은 대부분 자신의 부패한 본성이 여전히 남아 있기 때문에 크게 두려워했다. 또, 많은 사람이 회심하기 전보다 자기 마음의 부패에 대해 더 민감해져서 회심한 후에 더욱 부패했다고 한탄한다. 즉, 그는 회심한 사람들에게는 두 가지 감정이 공존함을 발견했다. 첫째는 은혜로 인한 만족함과 자신의 부패한 본성에 대한 한탄과 두려움이다.[27]

---

25) C. C. Goen, "Editor's Introduction," WJE-Y, 4:28-29.
26) 콘라드 체리, 『조나단 에드워즈의 신학』, 주도홍 역 (서울: 이레서원, 2000), 121쪽.
27) 에드워즈는 이 상반되는 감정이 함께 하는 것을 『신앙감정론』에서는 '감정들의 균형' 신학

이 점에 대해 에드워즈는 1735년 봄, 노샘프턴 교회가 부흥의 절정에 이르렀을 때의 상황을 이렇게 말한다.

이런 하나님의 역사가 진행되면서 참된 성도의 수가 늘어남에 따라 곧 마을에 영광스러운 변화가 생겼습니다. 그리하여 1735년 봄과 여름, 마을은 하나님의 임재로 충만했습니다. 일찍이 그때처럼 사랑과 기쁨, 그러면서도 고뇌로 충만한 적이 없었습니다.[28]

에드워즈는 상반되는 두 감정, 즉 기쁨과 고뇌, 사랑과 슬픔과 같은 감정들이 한 개인 안에서나, 공동체 안에서 공존하였다고 보고한다.[29]

에드워즈는 회심의 준비단계들에 대해서 인정하면서도, 성경에 나타난 회심의 사례들이 회심의 전 과정이 깨달음과 겸손의 긴 기간도 없이 "수 시간 내에" 이루어졌다는 사실을 지적한다. 노샘프턴에서 경험한 진정한 회심들은 긴 준비 기간이 선행되지 않았다는 것이다. 솔로몬 스토다드는 교회 내에서 신앙을 고백하는 신자들뿐만 아니라 오랫 동안 투쟁하면서 준비한 사람들도 포용하기를 주장했으며, 회심을 위한 준비 사역에 많은 시간이 소모된다고 주장했다. 콘라드 체리는 이 점에 있어서 에드워즈의 주장은 스토다드의 견해를

으로 발전시킨다.

28) 조나단 에드워즈, 『놀라운 부흥과 회심 이야기』백금산 역 (서울: 부흥과 개혁사, 2006), 20-21쪽.

29) 이러한 대조되는 감정 현상에 대해서는 『신앙감정론』의 "제3부 10번째 적극적 증거:신앙의 균형"에서 자세하게 설명하고 있다.

조심스럽게 거부하고 있다고 밝힌다.[30]

3. 부흥의 종결과 부흥의 결과

부흥이 약해지자 사탄의 역사가 강하게 나타나기 시작했다. 부흥이 사라지고 자살을 시도하는 사람들이 생겨났다. 영적이나 세상적인 어떤 것에 대해서도 특별한 고민이나 염려가 없던 경건한 사람들도 마치 누군가 그들에게 "네 목을 졸라라. 지금이 좋은 기회다. 지금! 지금이다!"라고 말하는 것 같은 느낌을 강하게 받았다.[31]

거의 같은 시기에 주목할 만한 광신적 망상에 빠져 하나님의 직접 계시를 받았다는 두 사람들이 나타났다.

그리고 부흥이 사라지자 영적 문제에서 세상적인 문제로 관심사가 이동하게 되었다. 이와 같은 사건이 있은 후, 회심하는 사람의 수가 아주 드물었다. 하나님의 성령은 이때 이후 얼마 있지 않아 우리 고장의 모든 지역에서 떠나시는 것이 아주 분명하게 드러났다. 대화의 주제들이 다가올 총독의 탁월함이나 의회 위원회, 인디언 조약, 그리고 스프링필드 논쟁으로 옮겨 갔다.

그러나 이러한 부정적인 결과와 다르게 부흥이후에 기질과 행동이 아주 거칠었는데 놀라울 정도로 부드러워지고 상냥해진 사람들이 있었다. 하나님의 특별한 역사가 중단되고 아주 일상적인 상황으로 돌아온 후에도 오랫동안 영혼이 빛, 사랑, 위로로 가득 차고 충만해

---

30) 콘라드 체리, 『조나단 에드워즈의 신학』, 주도홍 역 (서울: 이레서원, 2000), 120쪽.
31) 위의 책, 153쪽.

진 사람들도 있었다. 노샘프턴 마을에서는 계속 신앙적인 문제에 대한 대화가 많이 오가고 있었다. 많은 어린이는 여전히 어린이끼리 모이는 모임을 유지하고 있었다. 마을의 젊은이 가운데 과거의 방종하고 방탕한 삶으로 되돌아간 사람은 하나도 없었다. 아직까지 마을은 변화된 사람들로 남아 있었다.[32]

1737년 콜먼은 그에게 장문의 편지를 보내 영국에서 그의 『놀라운 회심 이야기』를 받아보고 흥분했다고 전해 주었다. 에드워즈는 이에 대해 한편으로는 격려가 되지만, "동시에 우리로 의기소침하게 하는 것은, 다른 사람들이 우리로 인해 기뻐하고 하나님을 찬양하는 동안에 우리가 얼마나 쇠퇴하고 있으며, 역동적이었던 신앙심이 우리 가운데서 점점 쇠하여 가고 있다"고 부흥의 쇠퇴에 대해 안타까워한다.[33]

C. 『성령의 역사 분별 방법』(The Distinguishing Marks of the Work of the Spirit of God,1741년)에 나타난 신학 [34]

에드워즈가 체험한 첫 번째 부흥은 1734-1735년에 그가 목회하

---

32) 위의 책, 157쪽.

33) 『전집』16:67쪽. "벤저민 콜먼에게 보내는 편지" 마즈던. 278쪽 재인용.

34) 원래의 제목은 『성령의 역사의 분별 표지: 특히 부흥에 동반된 특별한 상황을 고려하여 최근 이 지역의 많은 사람들의 마음 속에 나타났던 비범한 일에 적용함』(The Distinguishing Marks of a Work of the Spirit of God, Applied to That Uncommon Operation That Has Lately Appeared on the Minds of Many of People of this Land: With a Particular Consideration of the Extraordinary Circumstances with Which This Work Is Attended)이다.

던 노샘프턴 교회를 중심으로 코네티컷 강변에 있는 마을들에서 일어난 코네티컷 골짜기 부흥이다. 그리고 1740-1742년에 식민지 13개 지역 전체에 영향을 미친 부흥으로, 코네티컷 부흥과는 비교할 수 없이 큰 부흥이 일어나는데, 이것을 1차 대각성 운동이라고 한다. 이 부흥은 뉴잉글랜드 전 지역에 큰 영향을 미쳤다.

예일대학에서는 이 부흥에 대한 찬반이 한창일 때, 에드워즈는 뉴헤이븐에 도착하여 졸업식 설교에서 한편으로 대각성을 지지하였으며, 한편으로는 부흥 옹호자들의 영적 자만에 대해 경고하여, 하나님께로부터 온 것이라고 추측하는 "어떤 충격이나 강한 감동"에 이끌리는 것의 위험성을 경고했다. 예일대학에서 행한 정확한 설교 원고는 남아 있지 않지만, 그 이후에 곧바로 설교를 크게 증보하여 보스턴에서 『성령의 역사 분별 방법』 제목으로 출간되었다.

이 책은 일반적인 청교도 설교 구조와 같이 본문-교리-적용의 구조를 가지고 있다.

그는 이 책에서 자신은 부흥을 경험한 사람들을 직접 관찰하고 교제하였다는 점을 강조한다.

하나님의 섭리로 지난 몇 달 동안에 나는 최근 이 지방에서 일어난 그 역사의 중심에 있었던 사람들 가운데 살게 되었습니다. 그리고 특별히, 많은 사람들의 큰 시험거리가 된 특이한 현상들을 충분히 보고 관찰할 수 있었습니다. 예를 들어 사람들이 크게 부르짖는다든지, 비명을 지르고, 커다란 신체적 고통을 느낀다든지, 몸의 힘이 빠진다든지 등과 같은 것들을 말입니다. 그리고 여러 다른 마을들에서 매우 많은 수의 그러한 사람들과 아주 개별적으로 친교하게 되었습니다... 그 역사를 체험한 사람들이 기꺼이 마음을 열고 대해 준 목격자의 관찰을 통해 그 역사의 본질과 성향을 판단해 본다면, 또한 부지런히 특별한 조사를 한 것으로 판단한다면, 이 역사는 앞에서 말한 모든 표지들을 가지고 있습니다.[35]

에드워즈는 단순히 부흥을 관망하지 않고, 적극적으로 은혜를 체험한 사람들을 개별적으로 만나고 그들의 체험과 목격자들의 증언들을 조사했다. 그는 부흥반대파들이 대각성을 의심하는 데 일반적으로 사용되는 현상들[36]을 하나씩 차례로 검토해 나간다. 그리고 부흥반대파들이 반대하기 위해 주장하는 현상들이 "하나님의 성령의 사역인지 아닌지"를 알수 있는 현상이 아니라고 주장한다. 이러한 현상을 확실한 증거를 통해서만 판단할 수 있다고 말한다. 확실한 증거는 바로 그리스도에 대한 사랑, 세상적인 욕심과 야망의 포기, 성경에 대한 사랑, 진리의 영, 진정한 그리스도인의 사랑 등과 같은 것이라고 제시한다.[37]

이러한 성령의 확실한 증거에 앞서, 그는 먼저 성령의 역사 분별 기준에서 중립적인 9가지 분별 기준을 제시한다. 9가지는 아래와 같다.

---

35) 조나단 에드워즈, 『성령의 역사 분별 방법』, 노병기 역, (서울: 부흥과 개혁사, 2004), 149–150쪽.
36) 눈물, 진동, 신음, 큰 소리로 울부짖음, 육체적 고통, 온몸의 힘이 빠짐과 같은 현상이다.
37) 위의 책, 348쪽.

첫째, 아주 비범하고 특별한 일이 일어나는 것이다.

둘째, 몸에 특별한 현상이 일어나는 것이다.

셋째, 기독교에 대한 이슈가 사회에 공론화되는 것이다.

넷째, 상상력에 큰 영향을 받는 것이다. 즉 환상을 보거나, 상상하게 되는 것을 말한다.

다섯째, 다른 사람이나, 교회를 보고 자극되어 따라하는 것이다.

여섯째, 때로는 지혜롭지 못하고 비정상적인 행동을 하는 것이다.

일곱째, 사람들이 많은 실수를 저지르는 것이다.

여덟째, 이단에 빠지는 사람들이 생기는 것이다. 그런 사람들이 있다고 해서 부흥운동 자체가 잘못된 것은 아니다.

아홉째, 많은 목회자들이 율법 설교, 지옥 설교를 하는 것이다.

이 중립적인 증거는 성령의 역사라고 말할 수도 없고, 성령의 역사가 아니라고 말할 수도 없는 증거들이다. 이 기준들은 대부분 당시 부흥반대주의자들이 부흥을 반대하는 근거로 사용한 기준들이었다. 그는 중립적인 증거를 제시함으로써, 성령의 역사가 아니라고 주장하는 것이 잘못되었음을 밝힌다. 또한, 반대로 부흥찬성론자들은 이러한 역사가 일어나기만 하면 그러한 현상들만 가지고서 모든 것을 성령의 역사라고 주장하였다. 그는 이러한 것만 가지고 성령의 역사라고 주장하는 무조건적인 부흥찬성론자들도 틀렸음을 주장하고 있다.

그리고 에드워즈는 성령의 역사임을 증거하는 적극적인 5가지 증거들을 제시한다. 이 증거들은 "마귀가 설사 할 수 있다 할지라도 하고 싶어하지 않는 일들"이며, "마귀가 하려고 해도 할 수 없고, 하려고도 하지 않는 일들"이다.[38] 적극적인 증거 5가지는 아래와 같다.

첫째, 성령은 예수님을 가장 높인다.

둘째, 성령은 성경을 사랑하게 한다. 만약, 성경 이외의 다른 어떤 방법을 통해서 하나님과 교제하려고 만드는 운동이 있다면, 그것은 성령의 역사에 의한 것이 아니다.

셋째, 성령은 우리가 건전한 교리와 진리에 관심을 가지게 만든다.

넷째, 성령은 우리가 죄를 철저하게 각성하고 회개하게 만든다.

다섯째, 성령은 우리가 하나님을 사랑하고 또한 이웃을 사랑하게 만든다.

결론 부분에서 에드워즈는 부흥을 반대하는 사람들, 부흥에 대해 중립적인 태도에 있는 사람들, 부흥에 대해 찬성하고 있는 사람들에 대해 구체적인 행동지침을 제시한다.

먼저, 부흥을 반대하는 사람들은 오직 눈에 보이는 현상이나, 그들의 몇 가지의 실수를 가지고 부흥 전체를 반대해서는 안된다.

그리고, 부흥에 대해 찬성도 반대도 하지 않는 중립파들은 성령의 일에 대해 열심을 가지고 조사하고 연구해야 하며, 이러한 조사를 통해 성령의 일인 것을 알게 되었음에도 침묵한다면, 성령을 모독하는 것과 같으며, 부흥을 반대하는 입장에 서는 것과 마찬가지이다.

세 번째로 부흥찬성론자들에게 에드워즈는 현재의 부흥을 계속

---

38) 조나단 에드워즈, 노병기 역, 『성령의 역사 분별 방법』, (서울: 부흥과 개혁사, 2004), 134-135쪽.

유지하기 위해서는 무엇보다도 겸손해야함을 주장한다. 특별히 세 가지를 조심해야 한다. 첫 번째는 내적 충동이나 직통계시나 예언에 너무 집착해서는 안된다. 두 번째로, 목사들은 성경연구와 공부를 게을리해서는 안 된다. 세 번째로는 다른 사람을 함부로 판단해서는 안 된다는 점이다.

그는 신앙 고백을 하는 그리스도인들을 위선자라고 판단하는 것은 비성경적이며 정당하지 않다고 주장했다. 성경은 알곡과 가라지를 심판 때까지 남겨 두겠다고 말씀하였기 때문에, 가시적인 성도들을 "사랑의 관점에서 용납되도록"해야 한다는 것이다.

에드워즈는 현재의 부흥은 솔로몬 스토다드 시대의 부흥과 1735-1735년의 부흥과 동일하다는 점을 강조한다. 그리고, 다른 사람의 회심과 구원을 받았는지의 여부를 쉽게 판단해서는 안 된다고 주장한다.

나는 신앙의 능력에 대해 어느 정도 경험이 있다고 생각하는 사람들이 다른 사람과 조금의 대화를 한 것 가지고 다른 사람의 영혼의 상태를 분별하고 결정할 수 있다고 쉽게 생각하는 경향이 매우 크다는 것을 경험을 통해 알고 있습니다. 나는 옛날에는 사람의 마음이 그렇게 탐색할 수 없는 것이라고 상상하지 않았습니다. 지금의 나는 옛날보다 덜 관대하고(charitable) 덜 무자비합니다. 나는 악한 사람들 속에서, 위조된 것일 수 있지만, 경건의 명백한 모습을 옛날에 내가 알았던 것보다 더 많이 발견합니다. 그리고 경건한 사람들 안에 남아 있는 부패가 여러 방식으로 그들을 육적인 사람으로, 형식주의자로, 죽은 위선자로 보이게 하는 일이 많음을 나는 옛날보다 더 많이 발견합니다... 성도 안에 있는 영적이고 신적인 생명에 속하는 모든 것은 감추어진 것이라고 말씀하시는 성경이 굳건히 서도록 해야 합니다.[39]

그는 사람의 마음을 탐색하는 일에서 서툴렀음을 시인한다. 그러나 이제 그는 악한 사람들이 그가 생각하는 것보다 훨씬 위조된 경건을 보인다는 것을 알았으며, 경건한 자들 안에 여전히 부패하고 세속적인 것이 남아 있어서 그들을 위선자로 오인하게 되는 일이 많다는 것을 지적한다. 그래서 그는 교회 안의 정당한 교회 절차에 의해 출교하는 것 외에 "성도들과 위선자들을 공개적으로 분리하여, 그들이 만든 구분에 의해 참된 성도들을 하나의 가시적 모임"으로 만드는 일은 하나님의 의도가 아니라고 말한다.

IV. 에드워즈의 『신앙감정론』(A Treatise Concerning Religious Affections, 1746)에 나타난 신학사상

조나단 에드워즈가 목회하던 노샘프턴 교회에서 1734년에 놀라운 회심의 역사가 일어나고, 이 부흥은 코네티컷 계곡의 부흥으로 번지게 된다. 그리고 이후 1740년 많은 순회 설교자들의 사역을 통해

---

39) 위의 책, 198-199쪽.

서 뉴잉글랜드에 부흥이 다시 일어나게 된다. 이러한 일련의 부흥의 열기가 사라질 무렵에 부흥에 대한 찬반의 논쟁이 한창인 1746년에 부흥과 감정에 대한 깊은 고찰을 하며 『신앙감정론』를 저술했다.

에드워즈의 『부흥론』이 나온 지 두 달 후인 1743년 5월 매사추세츠주 보스턴에서 부흥 반대파였던 옛빛파가 과반수를 넘은 회합에서 부흥 반대결의안을 통과시켰다. 이들은 "충동에 의존하는 것(반율법주의와 유사한 것), 초청받지 않은 순회설교, 평신도 설교, 분리주의, 누가 회심하지 않은 자인가에 대한 검열관식의 단정적 판단 그리고 열광주의적 무질서"등등에 대해서 부흥 찬성파들을 비난했다. 찰스 촌시는 이들의 입장을 대변하며 1743년 9월에 『뉴잉글랜드 종교 상황에 대한 합리적인 생각』이라는 책을 발표하여 사탄은 감정(passion)을 통해서 이성(reason)에 역사하는 것이라며, 무분별한 감정의 표출을 비난한다.[40]

에드워즈는 촌시의 의견에 대한 반론을 제기하며 논문의 첫 장을 쓴다. "참된 신앙이란, 대체로, 거룩한 감정안에 있다."라는 명제를 변론하여 촌시가 감정을 열등한 동물적 열정으로 여겼던 것에 반론을 제기한다. 신앙에서 나오는 감정은 열등한 것이 아니며, "성경은 도처에서 믿음을 두려움, 소망, 사랑, 미움, 갈망, 기쁨, 슬픔, 감사, 불쌍히 여김 그리고 열정과 같은 감정과 깊이 연관시킨다"[41]

그러나 부흥반대파들의 부흥에 반대하는 것도 문제였지만, 에드워즈에게는 오히려 "많은 사람을 교만한 자기기만으로 빠져들게 하

---

40) Goen, "Editor's Introduction" WJE-Y, 4:79.
41) 조나단 에드워즈, 정성욱 역, 『신앙감정론』 (서울: 부흥과 개혁사, 2005), 158쪽.

는 극단적인 새빛파의 잘못된 강조점"이 문제였다. 에드워즈는 서문에서 "교회 역사에 훨씬 큰 해를 입힌 사람들은 공개된 대적들이 아니라 참된 신앙을 가진 것처럼 보이는 사람들이었다"고 강조한다. 사탄은 참된 신앙의 모조품을 만들어서 신앙 운동을 치명적으로 혼란스럽게 한다는 것이다. 에드워즈의 『신앙감정론』은 이성을 감정보다 우위에 두는 촌시의 전제를 논박하는 것이었지만 또한, 대각성운동의 과정에서 발생한 극단적인 열광주의자들에 대한 문제점을 드러내기 위한 것이었다.

A. 용어 설명 – 감정(affection)[42)]

에드워즈는 인간의 영혼에는 두 가지 기능(faculties)가 있다고 보았다. 첫째는 지성(understandion)이며 두 번째는 성향(inclination)이다. 지성은 "인식과 사유할 수 있는 기능 즉 사물을 분별하고 바라보며 판단할 수 있는 기능이다." 그리고 성향은 사물에게 호감이나 반감을 느끼는 것이며 "때로는 그것에 따라 행동을 결정하고 지배하기 때문에 의지(will)라고 불리기도 하며, 정신(mind)이 기능의 행사와 관련해서는 마음(heart)이라고 불리기도 한다." 성향은 애착을 가지는 방향이나, 반감이나 거절하는 방향으로 움직일 수 있다. 그리고 "정신

---

42) Affection이라는 용어를 우리말로 정확하게 나타내주는 우리말이 없다. 그래서 한국의 에드워즈 학자들은 "정서, 감정, 감화, 감흥, 감동" 등의 여러 가지로 번역하여 사용하고 있다. 그러나, 학자들 간에 가장 많이 사용되는 단어가 '감정'이기 때문에, 본 논문에서는 Affection을 '감정'으로 번역한다.

(mind)을 마음(heart)이라고 부르며, 이 기능을 더 활력 있게 느끼게 되는 것을 바로 감정(affection)이라고 부른다."[43]

또한 에드워즈는 감정(affection)와 격정(passion)을 구별한다. "감정(affection)이라는 말은 격정이라는 말보다 더 포괄적이다. 감정은 의지와 성향이 모두 왕성하고 생생하게 활동하는 것에 사용한다. 그러나 격정은 본능에 미치는 효과가 더 갑작스럽고 더 격렬하며 정신이 더 충동적인 상태가 되어 통제가 되지 않는 경우에 사용된다."[44]

에드워즈는 감정의 구체적인 예로 사랑, 갈망, 희망, 기쁨, 감사, 만족, 미움, 두려움, 분노, 슬픔, 긍휼 및 열정(zeal)등을 언급했다. 이것들은 현대인들이 인간의 정신을 지성과 감정과 의지로 구분했을 때의 감정(emotion)과 다르다. 감정(affection)은 의지와 결합된 것이며, 실천하도록 하는 동력이 되는 것이다.

지성과 감정의 관계에 대해서 에드워즈는 지성과 감정(affection)은 밀접한 관계가 있다는 사실을 언급한다. "지성(understanding)의 작용은 모든 합리적인 감정(reasonable affection) 안에 함축되어 있다." 또한, 그는 의지와 감정(affection)은 분리된 기능이 아니라 얼마나 느낄 수 있는지의 정도의 차이만을 보일 뿐이라고 설명한다.[45] 이상현은 "간단히 말해서, 에드워즈에게 지성과 감정 혹은 의지는 전혀 분리할 수 없는 것"[46]이라고 설명했다.

---

43) 위의 책, 148쪽.
44) 위의 책, 151쪽.
45) 위의 책, 149쪽.
46) Sang Hyun Lee, "Jonathan edwards and the Future of American Evangelicalism," Bible and Theology 2 (2002): 145.

B. 영적인 새로운 감각

1. "영적(spiritual)"이라는 용어의 의미

먼저 에드워즈는 "영적(spiritual)"이라는 용어를 "성령의 미덕(the virtues of the Spirit)"[47]이 나타나는 것이라고 설명한다. 단지 성령의 영향을 받거나, 성령의 은사를 가지고 있는 사람을 영적이라고 부르지 않는다. 그것을 성령의 일반적인 역사라고 한다. 오직 하나님의 영의 특별하고 은혜롭고, 구원하는 역사를 체험하는 사람만을 영적이라고 부른다. 그렇기 때문에 영적인 사람들은 독특한 자질(peculiar character)을 가지고 있으며, 이 자질 때문에 그들은 성화되지 못한 사람들과 구별된다.[48] 하나님의 성령의 일반적인 역사에 의한 영향에서 비롯된 효과들(effects), 일반적인 은사들(common gifts), 자질(qualities), 감정(affections)을 영적인 것이라고 말하지 않는다. 성령의 일반적인 역사만을 체험한 사람과 영적인 사람은 두 가지 점에서 크게 차이가 난다.

먼저 성령의 일반적인 역사만을 체험한 사람은 성령의 영향을 받을 수는 있지만, 그 안에 내주하시지는 않는다. 성령은 성도 안에 내주하면서 영혼의 기능과 연합하여 영혼 속에 새로운 본성과 생명의 원리나 원천이 된다. 하나님의 영은 이처럼 성도들에게 전달되고 그

---

47) 위의 책, 296쪽.
48) 위의 책, 292쪽.

들과 연합하게 되며, 성도들은 성령의 이름으로 일컬음을 받게 되어 "영적"이라고 불린다.[49] 이러한 연합을 통해서 성령이 자신의 고유한 본성으로 역사하시고 자신을 전달함으로써 열매를 맺는다. 성도들의 심령 속에 있는 은혜는 그 정도(degree)에 있어서는 하나님의 것보다는 무한히 적지만, 그 성질(nature)에 있어서는 하나님의 거룩함과 같은 것이기 때문에 "성령의 미덕(the virtues of the Spirit)"으로 나타날 때 이것을 "영적(spiritual)"이라고 부른다. 그러나, 성령의 일반적인 역사만을 체험하는 사람은 성령의 고유한 본성을 전달(communicate)받지는 못한다.

성도들이 받는 그런 은혜로운 영향들과 그들이 체험하는 하나님의 영의 역사들은 완전히 자연을 초월해 있으며, 사람들 안에 있는 자연적인 본성이나 자연적인 원리와도 전혀 질적으로 다르다.[50]

2. "본성의 새로운 원리(new principles of nature)"에 의한 감각

에드워즈는 새로운 영적 감각 그리고 그것에 동반되는 새로운 성향들은 새로운 감각기능이 아니라 "본성의 새로운 원리(new principles of nature)"라고 말한다. 여기에서 '본성의 원리'라는 말은 어떤 특별한 방식이나 종류에 따라 영혼의 감각 기능들이 작용할 수 있게 해 주는, 본성 안에 있는 토대를 말한다.[51] 콘라드 체리는 에드워즈의 마음의 감각을 신적 조명의 교리와 연결시켜 설명한다. 성령의 조명을 통

---

49) 위의 책, 297쪽.
50) 위의 책, 302쪽.
51) 위의 책, 304쪽.

해서 마음의 감각은 영적인 일들에 대한 실제적인 관념을 얻는다는 것이다. 콘라드 체리는 "이 마음의 감각은 새로운 기능(faculty)이 아니며, 기존의 감각 능력들(powers)에 초자연적으로 덧붙여진 새로운 능력이 아니다. 신앙의 지식 안에서 작동하는 이 능력은 인간에게 본성적으로 혹은 심지어 신앙과는 별개의 차원에서 주어진 기능 혹은 능력이다."라고 설명한다.[52]

에드워즈에게 "본성의 원리(principles of nature)"는 영혼의 개별적 기능들(다섯 가지 감각, 지성, 감정, 그리고 의지와 같은 것들)의 배후에서 작용하는 원리를 가리킨다. 새로운 영적 감각이 없는 거듭나지 못한 자연인은 단지 이 "본성의 원리"에 따라 움직인다. 하나님의 영이 거듭나지 않은 사람들의 마음을 대상으로 일할 때에는 그에게 있는 "본성의 원리"들을 움직이거나 보완하거나, 향상시키는 방식으로 역사하지만, 그에게 결코 새로운 영적 원리를 주지는 않는다.[53] 그래서 거기에는 초자연적이고 신적인 특성들이 전혀 없다.

그렇기 때문에 '상상력에 의한 인상'이나, 특이한 방식에 의해서 그리스도의 모습을 보게 되었다는 것이 영적이라는 것을 증명하지 못한다는 것이다. 심지어 비밀스러운 사실들(미래나 현재 사건에 대한 계시)을 직접 계시[54]를 받았다거나, 갑자기 말씀이 떠올랐다고 해서 본질

---

52) Cherry, Jonathan Edwards: A Reappraisal. (Bloomington, Ind.: Indiana University Press, 1990), 20.

53) 조나단 에드워즈, 『신앙감정론』 정성욱 역, (서울: 부흥과 개혁사, 2005), 304쪽. 에드워즈는 브살렐과 오홀리압이 공교하게 성막을 지은 것, 70인 장로들에게 영이 임한 사건, 사울에게 영이 임한 사건을 예로 들어서 이러한 것들은 단순히 본성의 원리에 성령이 은혜를 준 것이라고 설명한다.

54) 위의 책, 333쪽. 에드워즈는 예시로, 블레셋 왕 아비멜렉이 아브라함에 대한 계시를 받은

상 영적이거나 신적인 작용은 아닐 수 있다는 것이다.

3. 영적 감각의 근거

은혜로운 감정이 생기는 가장 객관적인 근거는 "하나님이 행하신 사역들에서 볼 수 있는 가장 탁월한 본질(the supremely excellent nature of divine things)"[55]에 있는 것이지, 그 일들이 자기 이익과 관련되었다는 데 있는 것이 아니다. 거짓된 감정은 자아와 함께 시작되며, 하나님 안에 있는 탁월함에 대한 감동은 부수적인 것이다. "하나님의 선하심과 그 본성의 아름다움과 영광"[56]은 참된 감정의 근거이다. 위선자들은 하나님이 무엇인가를 자신들에게 개인적인 이익을 준 것을 오히려 감정의 근거로 삼는다. 그래서, 그리스도와 그리스도의 아름다움과 온전하심의 자리에 자신의 이익과 체험을 올려 놓는다.

여기에서 말하는 "하나님의 선하심과 그 본성의 아름다움과 영광"은 신적인 일들(divine things)에서 드러나는 도덕적 탁월성에 기초한다. 에드워즈는 '도덕적인'이라는 말을 '도덕적(moral) 선악'과 '본성적(natural) 선악'으로 구별하여 설명한다. 하나님의 '본성적 선'은 예를 들어 하나님의 능력, 전지하심, 영원하심, 편재하심, 그리고 장엄함, 위엄을 뜻한다. 그리고 하나님의 '도덕적인 선'은 예를 들어 하나님의 의로우심, 진실하심, 신실하심과 선하심을 말하며, 이것을 한마디로 하나님의 거룩하심이라고 말한다. 그래서 하나님에게는 거

것과 라반에게 야곱에 대한 하나님의 특별한 은혜를 계시받은 것을 든다.

55) 위의 책, 346쪽.
56) 위의 책, 357쪽.

룩하심을 드러내는 도덕적 속성과 하나님의 위대하심을 드러내는 능력과 지식들과 같은 본성적인 두 가지 속성이 있다. "성도는 하나님의 본성적인 속성도 사랑하겠지만 하나님의 거룩하심 때문에 하나님을 사랑하는 것이 성도가 하나님을 사랑하는 가장 근본적이고 본질적인 것이다. 바로 여기서 하나님에 대한 참된 사랑이 시작된다."[57] 마귀들에게는 하나님의 도덕적 완전성의 아름다움에 대한 영적 감각이 전혀 없지만, 하나님의 본성적인 영광이나, 하나님의 크신 두려움과 위엄에 대해서는 상당히 많이 알고 있으며 그것에 대한 감각을 가지고 있기 때문에 하나님 앞에서 떨게 된다. 그러나 마귀들은 하나님의 도덕적 탁월성에 기초한 감각이 없다.

그러므로, 참된 영적 감각은 하나님의 '본성적 선'에도 근거하지만 본질적으로 하나님의 '도덕적 탁월성'에서 나오게 된다.

4. 영적 지식

에드워즈는 지식을 개념적인 지식(notional understanding)과 마음의 지식(the sense of heart), 두 가지로 구분한다. 전자는 마음이 사유하면서 사물들을 단지 바라보기만 하는 것이다. 후자는 마음이 단지 사유하거나 바라 볼 뿐만 아니라, 향유하고 느낀다. 전자는 삼각형과 사각형을 단순하게 아는 사변적인 지식(speculative knowledge)이며, 후자는 사랑스러움과 혐오스러움을 아는 것과 같은 감각적인 지식(sensible knowledge)이다.

---

57) 위의 책, 368-369쪽.

영적인 지식은 일차적으로 신적인 일들의 도덕적 아름다움에 대한 감각 또는 미각에 내재한다. 그렇기 때문에, 사변적인 지식이 아니라 감각적인 지식이다. 하나님의 도덕적 완전성과 아름다움은 창조와 섭리에서 나타나는 하나님의 모든 사역의 영광스러움을 드러내고, 성도는 그것의 아름다움을 사랑하게 된다.

반대로 이러한 하나님의 거룩하심에 대한 사랑함이 없이 단지 영적인 지식을 전달하는 방식에 대해 감동하는 것은 거짓 신앙과 종교의 방법이다. 고대의 영지주의자들과 몬타누스주의자들, 열광주의 분파 사람들, 그리고 다른 이단 세력들[58]에 속한 많은 사람들이 신적인 일들의 도덕적 아름다움에 대한 감각이 아니라, 자신들의 체험과 그 체험으로부터 비롯되는 감정에 바탕을 두고 있다.[59]

이러한 영적인 지식은 대부분 하나님의 가르침과 복음 안에 있다. 하나님의 은혜를 입은 모든 사람들은 복음에 있는 위대한 진리를 견고하고, 온전하며, 철저하고, 효과적으로 확신한다. 참으로 하나님의 은혜를 입은 사람들에게 복음에 있는 위대한 가르침들은 의심할 여지가 없고 논쟁할 여지가 없는 것으로 확립되고 확정된 것들이다. 그래서 그들은 복음에 속한 위대한 가르침에 자신들의 모든 것을 거는

---

58) 로마 교회의 많은 수도사들, 은자들, 은둔자들이 하나님과 그리스도와 하늘의 성도들과 천사들과 직접 대화했다는 체험이 이것에 속한다. 그리고 에드워즈는 여기에 속하는 분파들을 새뮤얼 러더퍼드 목사의 책 『영적 적그리스도 개요』(Display of the Spiritual Antichrist)를 참고하여 나열한다. 재침례파 교도들, 도덕률 폐기론자들, 가족주의자들, 니콜라스 스토크, 토머스 뮌처르, 존 베콜드, 헨리 파이퍼, 데이브드 조지, 카스터 슈벵크펠트, 헨리 니콜라스, 요하네스 아그리콜라와 같은 사람들의 추종자들과 뉴잉글랜드의 허친슨의 추종자들이다. 위의 책, 408쪽.

59) 위의 책, 389-397쪽.

것을 두려워하지 않는다.[60]

그러나 이러한 확신은 이슬람교도들이 교육받은 것으로부터 나오는 그러한 확신과 믿음은 아니다. 오히려 복음에 대한 확신은 성령이 우리 마음에 복음이 사실이며 거룩하다는 깨달음을 주셔서 그런 일들의 본질을 바르게 이해하게 되기 때문이다. 그래서, 성도는 복음에서 하나님의 초월성과 영광과 복음의 거룩함을 직관적으로 알게 된다. 복음에서 보여 주는 영적 탁월성과 아름다움에 대한 이 감각은 복음의 진리성에 대한 확신을 사람의 마음에 직접 심어 주는 경향을 갖는다.[61]

5. 감정들의 균형

에드워즈는 성도들이 경험하는 미덕들과 은혜로운 감정들은 어느 정도 균형을 갖는다고 한다. 그러나 위선자들에게서 소름끼칠 정도로 조화롭지 못한 경우들을 보게 된다. 성도들이 지닌 참으로 거룩한 감정에는 그들이 전인적으로 성화를 이루어 가기 때문에 자연스럽게 조화와 균형을 이룬다.

위선자들의 감정들에는 보통 조화와 균형이 없이 몇 가지 신앙감정에 크게 치우치는 경향이 있다. 어떤 면에서는 위대한 감정들을 체험하지만, 다른 면에서는 그렇지 않다. 그러나, 은혜로운 감정들은 예를 들면, 기쁨과 거룩한 두려움이 조화롭게 공존한다. 성도들에게

---

60) 위의 책, 414-416쪽.
61) 위의 책, 419-427쪽.

는 기쁨과 위로의 감정과 함께 죄에 대한 경건한 슬픔과 애통함이 함께 동반한다는 것이다.[62] 에드워즈는 위선자들의 신앙감정에 대한 편파성과 부조화에 대해 "사랑"의 감정을 예로 든다. 위선자들은 하나님과 그리스도를 향한 사랑을 크게 가장하고, 뽐내며 자랑한다. 하지만, 그들에게는 다른 사람들을 향한 사랑과 자비의 정신이 없다. 반대로, 위선자들은 사람들을 자비와 사랑으로 대하지만, 하나님을 향해서는 전혀 사랑하지 않는다. 그리고 위선자들의 사랑은 어떤 특정한 사람들을 향한 사랑은 흘러넘치지만, 그들의 사랑은 참된 그리스도인의 사랑처럼 원수까지도 포용하는 광범위하고 보편적이지 않은 사랑이다.

C. 영적인 새로운 감각에서 나오는 실천

1. 참된 겸손

에드워즈는 복음적 겸손이 `성경에서 참된 은혜에 속한 가장 본질적인 것임을 반복해서 강조하기 때문에 가장 중요한 표지로 생각했다.

그는 겸손을 율법적인(legal) 겸손과 복음적인(evangelical) 겸손으로 구분한다. 율법적인 겸손은 거듭나지 않고서도 은혜로운 감정이 없이도 경험할 수 있는 것이며, 복음적인 겸손은 참된 성도들에게 나타

---

62) 이 점에 대해서 에드워즈는 『놀라운 부흥과 회심 이야기』에서 설명하고 있다.

나는 것이다. 율법적인 겸손은 양심을 보조하는 성령의 일반 은혜에서 비롯된다. 복음적 겸손은 초자연적이고, 신적인 원리들을 심으시고 작용케 하시는 성령의 특별은혜에서 비롯된다.

율법적인 겸손은 자신이 하나님 앞에서 아무것도 아니라는 것을 알게 되지만, 자신을 낮추고, 하나님만을 높이고자 하는 성향이 없다. 그리고 영적인 지식이 없기 때문에 의지는 굴복되지 않으며 성향도 변화되지 않는다. 율법적인 겸손으로는 자기 스스로를 도울 수 없다는 절망에 이르게 되지만, 복음적인 겸손으로는 자발적으로 자기 스스로를 부인하고 부정하는 데 이르게 된다. 율법적인 겸손으로 사람들은 강제로 굴복하게 되며 땅에 엎드러지게 되지만, 복음적인 겸손으로는 하나님의 발 앞에 즐겁게 굴복하며 자유롭게 기뻐하며 엎드리게 된다.[63]

에드워즈는 이 두 종류의 겸손을 구별하는 데 많은 지면을 할애한다. 두 개의 차이점을 쉽게 설명하자면, 복음적인 겸손은 두 가지의 모습이 나타난다는 것이다.

첫째, 자신의 세상적인 성향들을 부인하고, 모든 세속적인 대상들과 쾌락들을 거부하는 것이다.

두 번째로 스스로를 높이려는 본능을 부인하고, 자존심과 영광을 거부하고, 자신을 비우는 것이다.

그러나 율법적인 겸손함은 전자를 행한다. 즉, 자신들이 어떻게 찌끼같이 낮았는지를 말하고 자신들을 매우 나쁘게 표현한다. 그러나, 그렇게 고백하는 자신이 탁월하고 훌륭한 성도로 인정받고 싶어

---

63) 위의 책, 440-444쪽.

하는 욕망을 제거하지 못한다는 것이다. 즉, 자신의 모습에 대해 놀라고 부끄러워서 다시는 입을 열지 못하는 겸손한 마음이 없다는 것이다.

에드워즈는 율법적인 겸손함에 대한 표지를 제시한다. 그 표지는 끊임없이 자신의 신앙 업적을 높이 평가하는 경향을 가진다는 점이다. 자신은 특별히 선하고 위대한 체험을 가진 사람이라는 생각에 빠져드는 것이다.[64] 그러나 참된 은혜와 영적인 빛을 받은 성도들은 자신의 현 상태를 바라보고 자신에게 은혜와 선함이 거의 없으며, 자신들이 너무 부패했다는 것을 당연하게 생각한다.

2. 성품의 변화

에드워즈는 기질, 감정의 변화와 본성의 변화를 구별한다. 회심의 역사를 경험했다고 생각하는 사람들에게는 단순한 기질과 감정의 변화가 아니라, 본성의 변화가 일어나며, 놀라운 영속적인 변화가 일어난다. 만약, 이러한 변화가 없다면, 어떤 감정적 경험을 했든지 그것은 헛된 것이다.[65]

비록 은혜는 악한 본성적 기질을 완전히 뿌리 뽑지는 않지만, 은혜의 강한 능력과 효과로 악한 본성적 기질을 고칠 수 있으며, 이러한 변화는 영속적이며, 과거의 익숙했던 죄의 기질로 돌아가지 않는다. 그래서 참으로 은혜로운 감정들은 그리스도의 성품인 사랑, 온

---

64) 위의 책, 452쪽.
65) 위의 책, 481쪽.

유, 평온함, 용서, 자비의 심령을 자연스럽게 닮아가게 된다. 그리고 그는 "사람들이 스스로 경험한 깨달음과 교훈들을 그럴 듯하게 이야기한다고 해도" 만약 이러한 성품과 정신이 나타나지 않는다면, 그들이 회심한 사람들이라고 생각하도록 해서는 안된다고 충고한다.[66]

3. 행위로 나타나는 신앙

에드워즈는 그리스도인의 실천 또는 거룩한 삶은 은혜의 모든 표지 가운데 최상의 표지라고 주장한다.[67] 거룩한 감정들은 그 감정들을 경험하는 주체인 성도에게 영향력과 효력을 미치게 되며, 그 결과로 기독교의 원리와 전체적으로 일치하고 그 원리에 따라 성도는 행위의 열매를 맺는다. 그리스도인의 실천과 거룩한 삶이 은혜의 주된 표지라는 사실은 성경이 명백히 가르치는 것이며, 이성 또한 같은 것을 가르친다.

그는 은혜의 작용을 두 가지로 구분한다.

첫 번째는 내재적 행동(immanent acts)이다. 이것은 영혼의 내부에 존재하는 은혜로서, 외적인 어떤 행위나, 실천적인 행위와 직접적인 관련없이 영혼의 내부에서 시작해서 내부에서 끝나는 작용을 말한다. 그런 것은 성도들이 종종 깊은 묵상으로 경험하는 은혜이다. 이때 마음 속에 있는 은혜는 마음의 생각들을 넘어서는 어떤 행동으로 바로 작용하지는 않지만, 그런 은혜가 더 간접적으로 실행에 옮겨지

---

66) 위의 책, 502쪽.
67) 위의 책, 567쪽.

는 경향이 있다.

두 번째는 은혜의 작용들(acts of grace)이다. 이것은 직접적으로 어떤 행위와 관련된다. 이 작용들은 외적인 행동을 지령하는 의지가 행위를 명령할 때 생기는 은혜의 작용들이다.[68]

거룩한 실천은 그리스도인들의 양심에 자기가 받은 은혜가 참된 은혜임을 보여 주는 최고의 증거라는 주장은 실천할 때 은혜가 온전해지고 완성된다는 성경 말씀과 일치한다.

---

68) 위의 책, 579쪽.

하나님의 선물, **믿음**

초판 발행 2025년 2월 20일

지은이 송인철, 송재우
펴낸이 방성열
펴낸곳 다산글방

출판등록 제313-2003-00328호
주소 서울특별시 마포구 동교로 36
전화 02-338-3630
팩스 02-338-3690
이메일 dasanpublish@daum.net
　　　　iebookblog@naver.com
홈페이지 www.iebook.co.kr

© 송인철·송재우, 2025, Printed in Korea

ISBN 979-11-6078-338-4 03230